문화관광론

정삼권 저

기문사
KIMOONSA
www.kimoonsa.co.kr

머리말

Preface

문화는 경제와 결합되어 문화의 산업시대를 열어가고 있습니다. 문화는 관광을 하는 사람들에게 최대의 매력이 존재하며, 특히 세계관광을 통한 문화비교는 상호 문화발전의 계기도 될 수 있고, 타 문화의 학습은 올바른 문화를 이해하는 최상의 방법이 되고 있습니다.

관광은 자연과 문화의 결합 또는 차이에 의해 가능하며 그 결합과 차이를 느끼고 체험하기 위해 이동하는 것입니다. 따라서 관광의 깊이를 가지려면 그 지역의 문화를 체험하면서 이해하는 것입니다.

본서는 문화와 관광의 개념을 체계적으로 이해하기 위하여 문화관광과 관련된 기본적인 개념과 다양한 관광을 소개하고 기술하였습니다. 총 13장으로 구성하여 1학기 동안에 학습이 용이하도록 구성하였습니다.

첫째, 문화, 문화관광, 문화자원, 문화재, 국립공원, 자연유산, 세계기록유산, 무형문화유산을 소개하였습니다. 둘째, 다양한 정보를 획득할 수 있는 문화 기관 및 관광 기관을 소개하였습니다. 셋째, 다양한 관광을 체험할 수 있는 한류문화, 전통시장, 시티투어, 해양관광, 야영관광, 문화축제관광, 개별여행을 소개하였습니다. 넷째, 관광을 재미있게 홍보할 수 있는 국외관광, 국내관광, 국제관광의 방송 콘텐츠와 관광기념품에 대해 기술하였습니다.

본서는 문화관광론에 관련된 내용을 충실하게 반영하려고 노력하였으나 미숙한 점들이 있을 것입니다. 부디 이러한 오류가 있음에 이해하여 주시기를 바랍니다.

끝으로 이 책을 만들기까지 교정에 힘써주신 기문사에 진심으로 감사를 표합니다.

저자 정삼권

차례

Cultural Tourism

제1장

문화

Cultural Tourism

제1장 문화

제1절 문화

학습 목표

1. 문화의 개념에 대해 이해한다.
2. 문화에 대해 구분하고 속성, 특징, 분류 등에 대해 고찰한다.

1. 문화

문화(文化, culture)는 '재배(栽培)하다', '경작(耕作)하다', '마음을 돌보다', '지적인 개발을 하다' 등을 뜻하며, 라틴어의 'Cultus'에서 유래, 'Cultura'에서 파생하였다. 문화는 인간의 사회사상, 가치관, 행동양식, 자연환경, 언어 등의 차이에 따른 다양한 관점의 이론적 기반에 따라 여러 가지로 정의하였다.

첫째, 사전적 관점에서는 문화를 "인간이 주어진 자연환경을 변화시키고 본능을 적절히 조절하여 만들어낸 생활양식과 그에 따른 모든 산물들"로 정의하였다(위키백과, 2018). 또한, "자연상태에서 벗어나 일정한 목적 또는 생활 이상을 실현하고자 사회구성원에 의하여 습득, 공유, 전달되는 행동양식, 생활양식의 과정 및 그 과정에서 이룩하여 낸 물질적 · 정신적 소득을 통틀어 이르는 것"으로 정의하였다(네이버국어사전, 2018). 문화는 주로 의식주를 비롯한 언어, 풍습, 종교, 학문, 예술, 제도 따위를 모두 포함한 “자연을 소재로 목적의식을 지닌 인간의 활동으로 실현되는 과정”이라고 정의하였다(글로벌세계대백과사전, 2018).

둘째, 학문적 관점의 인류학(anthropology)에서 문화를 “인간집단의 생활양식”이라고 정의하고, 문화의 본래 의미를 가장 폭넓게 해석하는 것이다.

인류학 관점에서는 정형화할 수 있고 기호로서 의사소통할 수 있는 모든 인간의 능력을 문화로 개념화하면서, 기술, 예술, 관습, 사상, 의상, 언어, 종교, 의례, 규범(법, 도덕 등), 가치관과 같은 것들을 포괄하는 “사회 전반의 생활양식”으로 문화를 정의하였다(Jary & Jary■, 1991, p.101).

지리학 관점에서는 문화를 한마디로 설명할 수 없는 복잡한 구성요소를 가지고 있지만, 일반적으로 “지표상의 한 지역에서 동일한 자연환경(기후, 지형, 식생, 토양)에서 그 환경에 적응하기 위해 치열한 인간의 상호작용을 통해서 형성한 그 민족만이 지니고 있는 독특한 삶의 양식을 포함한 삶의 총체(Totality)”라고 할 수 있다.

셋째, 조직적 관점의 유네스코(2002)에서 문화를 “한 사회 또는 사회적 집단에서 나타나는 예술, 문학, 생활양식, 더부살이, 가치관, 전통, 신념 등의 독특한 정신적, 물질적, 지적 특징”으로 정의하였다.

〈표 1-1〉 문화 정의

관점	근거	문화 정의
사전적	위키백과 (2017)	인간이 주어진 자연환경을 변화시키고 본능을 적절히 조절하여 만들어낸 생활양식과 그에 따른 모든 산물들
학문적	인류학	인간 집단의 생활양식, 사회 전반의 생활양식
	지리학	동일한 자연환경에서 형성된 독특한 삶의 양식을 포함한 삶의 총체
조직적	유네스코 (2002)	한 사회 또는 사회적 집단에서 나타나는 예술, 문학, 생활양식, 더부살이, 가치관, 전통, 신념 등의 독특한 정신적, 물질적, 지적 특징

문화의 개념은 인간이 만들어 낸 모든 것으로 한 인간 사회의 주요한 행동양식이나

■Jary, D. and J. Jary. 1991. The Harper Collins Dictionary of Sociology.

생활습관의 체계를 말한다. 문화와 사회 간에는 공간적 의미는 같으며, 시간적 의미에서 다른 차이가 있다.

〈표 1-2〉 문화와 사회 간의 공통점과 차이점

분류	공통점(공간적)	차이점(시간적)
문화	인간 공동 집단의 생활양식의 체계 생활양식 = 생활습관 + 행동양식	먼 과거 ~ 어제
사회		오늘 ~

2. 문화의 구분

문화 구분은 문화권을 나타내는 종교적, 언어적, 지리적, 기타 등의 특성 기준에 의해서 분류되기도 한다.

첫째, 종교적 구분은 한 사회의 대다수가 믿는 종교에 따라 문화를 구분하는 방법으로 이슬람 문화, 불교 문화, 유교 문화, 기독교 문화, 힌두교 문화 등으로 분류한다.

둘째, 언어적 구분은 사용되는 언어에 따라 문화를 구분하는 방법으로 영어권, 한자 문화권, 아랍권(Arab World), 인도아리아어 등으로 분류한다.

셋째, 지리적 구분은 역사적, 정치적 등의 의미에 의해 동양 문화권, 건조 문화권, 유럽 문화, 아프리카 문화권, 아메리카 문화권, 태평양 문화권 등과 같이 공통된 다수의 국가를 기준으로 분류한다.

넷째, 기타 구분은 식사도구에 따라 젓가락 문화권, 포크 문화권, 손가락 문화권으로 나눌 수 있으며, 이외에는 생활양식에 따라 유목 문화권, 원주민 문화권과 같이 구분하기도 한다.

문화 구분은 이처럼 개념의 다양성과 분류의 모호성을 가지고 있는 단어도 없다. 그만큼 문화의 범주와 폭이 넓다는 의미이다. 그러므로 문화의 정의를 간단하게 "한 집단의 생활양식"이라고 할 수도 있지만, 단어적인 의미보다 문화의 특성과 문화적 구성단위의 문화 속성(특질, Trait), 특징, 분류 등을 파악하고 접근하여야 그 의미를 좀 더 정확하게 파악할 수 있다.

사례

로스앤젤레스의 차이나타운과 부산의 차이나타운 경관은 매우 다르지 않다. 이것은 동일한 문화 집단의 생활양식은 거주 지역이 다르더라도 크게 달라지지 않으며, 생활양식이 쉽게 변하지 않기 때문이다.

3. 문화의 속성

문화 속성은 공통성(공유성, 공시성), 학습성(후천성), 축적성(통시성), 가변(변동)성, 체계(총제)성 등의 특성을 띠고 있으며 구체적으로 살펴보면 다음과 같다.

1) 공유성/공통성/공시성(共時性, Synchrony)

문화는 한 사회의 구성원들에게 공통적으로 나타나는 행동 및 사고방식을 공유한다(위키백과, 2016). 문화는 과거나 역사에 관해 언급하지 않고 사회마다 나타나는 공통적인 특징을 지닌다. 문화를 통해 공통적인 구성요소는 기호(언어), 가치, 규범이다. 언어는 문화의 믿음과 가치를 전달한다. 모든 사회에는 언어가 있고, 종교와 예술 활동 등이 공통적으로 나타난다. 공시성(共時性)은 "의미가 있는 우연의 일치"이며, '개성화된 인간의 의식의 커뮤니케이션을 통해서 현실의 사건이 형성된다'는 개념이다.

2) 학습성/후천성

문화는 타고나는 것이 아니라 학습에 의하여 계속 전승되어 전통적으로 이어지는 것이며, 후천적으로 습득된다(위키백과, 2016). 입양아들이 자신의 출생지 언어를 사용하지 않고 입양된 국가의 언어나 양부모의 언어를 사용하여 의사소통을 학습하면서 문화를 습득한다.

3) 축적성/통시성(通時性, Diachrony)

문화는 시간의 흐름에 따라 언어의 변화로 다음 세대로 전해지면서 기존 문화에 새로운 문화의 내용이 쌓이는 과정이다(위키백과, 2016; 사회학사전, 2010). 문화는 단기간에 형성되는 것이 아니고 문자의 기록 수단에 의해 책이나 문서로 저장되고 지속적으로 축적되어 형성된다. 원숭이류가 문화를 형성하지 못하는 것은 문자로 저장하거나 전달하지 못하기 때문에 문화가 즉시 단절되어 후대에 이어지지 않기 때문이다.

4) 변동성/가변성

문화는 고정된 것이 아니라 생활 조건이 변화하고 시간이 흐름에 따라 계속 달라진다(위키백과, 2016). 문화는 한 사회의 내적 요인을 해결하는 과정에서 나타나는 혁신(Innovation)과 외적 요인에 의해 변화하는 문화변동 그리고 관습과 균형을 찾는 과정에서 지속적으로 변화한다.

5) 총제(체계, 전체, 복합)성

문화는 문화의 영역이 따로 존재하는 것이 아니라 다른 영역과 밀접하게 연관되며(위키백과, 2016), 한 사회의 생활양식은 수없이 많은 부분이 체계적으로 구성되어 있다. 문화는 공동체의 구성원들이 공통으로 공유하는 의식주, 언어, 종교 등의 생활양식, 관습, 사고방식 및 가치관의 총체를 의미하며, 아름다움을 추구하는 예술영역에 국한되지 않는 포괄적인 개념이다.

4. 문화의 특징

1) 문화 상대성(Cultural relativity)

모든 문화는 각 사회의 고유한 가치와 특성을 가지고 있다. 모든 문화는 절대적으로 우월하거나 열등한 문화가 없으며 다를 뿐이다. 문화는 각기 다른 환경에 적응하기 위한 행동양식 및 그 결과이며, 문화현상은 환경과의 맥락에서 고찰해야 한다.

문화상대주의는 문화 간의 우열을 인정하지 않는 태도이다. 인간의 존엄성과 상대를 존중하는 기준으로 평가해야만 문화상대주의이다.

한편 절대주의나 제국주의는 잘못된 생각을 고치려 하지 않는 오류를 낳기도 한다. 세계문화의 다양성을 인정하고 각 문화의 독특한 환경과 역사적 · 사회적 상황을 고려하여 그 각각의 문화적 가치를 존중하고 이해해야 한다.

문화상대주의 이론은 1930년대 미국의 인류학자 베네딕트와 허스코비츠가 대표적으로 주창한 이래 현재까지도 다른 문화를 이해하고자 하는 인류학자들의 기본적 인식이 되고 있다.

예1 고대 인도는 소를 숭배하여 소고기를 먹지 않는다.

고대 인도인들은 소를 숭배하지 않았다. 소똥 등을 종교적으로 중요하게 쓰기는 했어도 소 자체를 신성하게 보지는 않았다. 인도의 옛 의서에는 소고기를 몸에 좋은 약으로 추천까지 했다. 인드라가 소고기를 좋아했다고도 한다. 그런데 인도가 영국 식민지가 되면서 외래문화가 들어오게 되자 힌두인들을 집결할 어떤 상징이 필요했고, 이런 이유로 '근대에 들어 만들어진 전통'이다.

예2 한국인은 복날에 개고기를 먹는다.

한국인이 개고기를 먹는 것은, 소는 농사에 사용되기 때문에 꼭 필요하여 먹을 수 없었다. 따라서 개고기를 먹게 된 것이다. 하지만 몇몇 사람들은 이를 이해해 주지 않고 애완견을 먹는다고 손가락질을 한다. 한국인은 개고기를 먹기 위한 종(種)만을 따로 키우고 특정 종(일명 똥개라 불림)만을 주로 먹는다. 그들이 왜 개고기를 먹었는지 그 이유를 알고 이해해 주는 관점이 바로 문화상대주의 관점이다.

2) 문화 다양성(Cultural diversity)

문화 다양성은 각 사회가 처한 자연 환경, 역사적 · 사회적 상황에 따라 다르게 나타난다. 문화의 다양성은 언어나 의상, 전통, 사회 형성하는 방법, 도덕과 종교에 대한 관념, 주변과의 상호작용 등 사람들 사이의 문화 차이를 말한다. 문화 다양성은 개인과 사회의 풍요한 자산으로 이를 보호, 증진, 유지하는 것은 현재와 미래 세대의 지속 가능한 발전을 위한 필수 요건이다.

예를 들면, 인사를 할 때 악수를 하는 사람, 포옹을 하는 사람, 고개를 숙이거나 몸을 숙이는 사람 등에서 볼 수 있듯이 상대방에게 반가움과 존경을 표현하는 마음은 같지만 그 표현 방식은 지역에 따라 다르게 나타난다.

유네스코는 세계 각국의 다양한 문화적 가치를 고양함으로 전 세계 인류가 직면한 문화의 획일화, 상업화, 종속화에 대응하고 아울러 다원적 가치를 상호 존중함으로써 민족 간 갈등과 대립을 극복하기 위해 노력하고 있다.

제31차 유네스코(2001년)에서 '세계 문화 다양성 선언(Universal Declaration on Cultural Diversity)'을 채택하고 제33차 총회(2005년)에서 '문화적 표현의 다양성 보호 및 증진 협약'을 채택하는 등 문화다양성을 문화사업의 핵심 의제로 설정하고 지속적으로 사업을 추진하고 있다. 이 두 가지 선언과 협약의 내용은 문화상품과 서비스가 단순한 상품이나 소비재로 다루어지지 않아야 하며, 이를 보장하기 위한 적절한 문화정책이 마련되어야 한다는 것을 역설하고 있다. 또한 문화 다양성의 진흥은 이러한 시점에 반드시 필요하고 강화되어야 한다는 점이다.

세계 문화 다양성 선언(Universal Declaration on Cultural Diversity)

제1조 문화 다양성 : 인류의 공동 유산

문화는 시공간을 통해 다양한 형태로 모습을 드러낸다. 이러한 다양성은 인류를 구성하고 있는 집단과 사회의 독특하고도 다원적 정체성으로 구현된다. 자연에는 생물의 다양성이 요구되듯이, 인류에게는 교류와 혁신과 창조성의 원천으로서 문화의 다양성이 요구된다. 이러한 의미에서 문화 다양성은 인류의 공동 유산일 뿐만 아니라, 현재 세대와 미래 세대를 위해 인정되고 보장되어야 한다.

제2조 문화 다양성에서 문화다원주의로

우리 사회가 점차 다양한 사회로 변화해 감에 따라, 공동생활의 의지뿐만 아니라 다원적이고 다양하고 역동적인 문화 정체성을 지닌 개인과 집단 사이의 조화로운 상호 작용이 반드시 보장되어야 한다. 모든 시민을 포용하면서 모든 시민이 참여하는 정책은 사회적 통합과 시민 사회의 생명력과 평화를 보장한다.

따라서 문화다원주의는 문화 다양성의 실현을 보장하는 정책의 표현이다. 민주적 체계로부터 분리될 수 없는 문화다원주의는 문화 교류에 도움을 줄 뿐만 아니라, 공공생활을 지탱하는 창조적 역량을 강화하는 데 기여한다.

제3조 발전을 촉진하는 요소로서 문화 다양성

문화 다양성은 누구나 참여할 수 있도록 선택 범위를 넓혀 준다. 문화 다양성은 발전의 토대로서 경제 성장의 관점에서 이해되어야 할 뿐만 아니라, 한층 더할 나위 없이 지적이고 감성적이며 윤리적이고 정신적인 삶을 실현해 낼 수 있는 수단으로 이해되어야 한다.

문화 다양성과 인권

제4조 문화 다양성의 담보로서 인권

문화 다양성을 지키는 행위는 도덕상의 의무로서 인간 존엄성에 대한 존중과 분리될 수 없다. 그것은 인권과 기본적 자유, 특히 소수집단에 속하는 사람들의 권리와 원주민의 권리에 대한 의무를 의미한다. 누구라도 문화 다양성을 구실로 삼아 국제법에 의해 보장되는 인권을 침해하거나 제한해서는 안 된다.

제5조 문화 다양성을 보장하는 조건으로서 문화적 권리

문화적 권리는 인권의 필수적 구성 요소로서 보편적이고 불가분적이고 상호 의존적인 성격을 띤다. 창조적 다양성이 활성화되려면 〈세계 인권 선언〉 제27조와 경제 · 사회 · 문화적 권리에 관한 국제 협약 제13조와 제15조에 명문화된 문화적 권리가 완전하게 이행되어야 한다.

따라서 모든 사람에게는 자신이 선택한 언어와 특히 자신의 모국어로 자신의 의견을 표현하고 자신의 작품을 창작해서 배포할 권리가 있다. 모든 사람에게는 자신의 문화적 정체성을 충분히 존중하는 질 높은 교육과 훈련을 받을 권리가 있다. 또한 모든 사람에게는 인권과 기본적 자유가 존중되는 조건 속에서 스스로가 선택한 문화생활을 누리면서 자신의 고유한 문화 활동을 전개할 수 있는 권리가 있다.

제6조 누구나 문화 다양성을 누릴 수 있는 권리의 보장

문자와 이미지를 이용해서 아이디어가 자유롭게 생산되도록 보장됨과 동시에, 모든 문화가 자유롭게 표현되어 널리 알려질 수 있도록 배려되어야 한다. 표현의 자유, 매체 다원주의, 다중 언어주의, 디지털 형식을 포함하여 예술과 과학 기술적 지식에 동등하게 접근할 수 있는 권리, 표현 수단과 유통 수단에 접근할 권리를 모든 문화에 부여할 수 있는 가능성 등이 문화 다양성을 실현하기 위해 보장되어야 한다.

문화 다양성과 창조성

제7조 창조성의 원천으로서 문화유산

창조는 문화적 전통에 기초하여 이루어지지만, 다른 문화와 접촉함으로써 꽃핀다. 이러한 이유로 해서, 모든 유산의 다양성 속에서 창조성을 진작하고 다양한 문화들 사이에 진정한 대화가 활발하게 진행될 수 있도록 하기 위해, 모든 유형의 유산은 인류의 경험과 염원에 대한 기록으로 잘 보존되어야 하고, 그 가치가 향상되어야 하고, 미래 세대에게 전달되어야 한다.

제8조 문화 상품과 문화 서비스 : 독특한 유형의 상품

오늘날 경제적이고 기술적인 변화의 시대를 맞이하여 창조와 혁신에 대한 어마어마한 전망이 열리게 됨으로써, 창작품 공급의 다양성, 저작가와 예술가의 권리에 대한 당연한 인정, 정체성과 가치와 의미를 전달하는 매개물로써 단순 상품이나 소비재로 취급되어서는 안 되는 문화 상품과 문화 서비스의 특이성 등에 대해 각별히 주의를 기울여야 한다.

제9조 창조성의 촉매로서 문화 정책

문화 정책은 아이디어와 작품이 자유롭게 유통되도록 보장함과 동시에, 지역적 차원과 세계적 차원에서 위력을 발휘할 수 있는 수단을 갖춘 문화 산업을 통해 다양한 문화 상품과 문화 서비스가 생산되고 유통되도록 기여할 수 있는 조건을 창출해야 한다. 모든 국가는 마땅히 국제적 의무 사항을 고려하여 문화 정책의 윤곽을 뚜렷하게 세우고 난 다음에, 운영 지침을 따르든 적절한 규정을 따르든 적합하다고 여겨지는 수단을 이용하여 문화 정책을 이행해야 한다.

문화 다양성과 국제적 연대

제10조 세계적 차원의 창조 역량과 유통 역량의 강화

세계적 차원에서 문화 상품과 문화 서비스의 유통과 교류가 현재 불균형 상태에 처한 현실을 감안하여, 가급적이면 모든 국가, 특히 개발도상국과 전환기에 처한 국가들을 대상으로 국제 협력과 연대를 강화해야 하고, 국내적 차원과 국제적 차원에서 성장하면서 경쟁할 수 있는 문화 산업을 육성해야 한다.

제11조 공공 부문과 민간 부문과 시민 사회 간의 협력 관계 구축

시장 지배력만으로는 지속 가능한 인간 발전에서 핵심적 역할을 담당하는 문화 다양성의 보존과 증진을 보장할 수 없다. 이러한 관점에서 보면, 민간 부문과 시민 사회 간의 협력 관계를 유지하면서 훌륭한 공공 정책이 펼쳐져야 한다.

제12조 유네스코의 역할

5. 문화의 분류

문화의 분류는 보는 각도와 학자에 따라 달라진다. 첫째, 문화가 사용되는 양식에 따라 인류문화와 개별문화 및 계층문화로 구분한다. 둘째, 문화가 사용되는 도구에 따라 물질문화와 비물질문화로 구분한다. 셋째, 문화가 사용되는 범위에 따라 보편문화, 특수문화, 선택문화로 구분한다(세계대백과사전, 2018).

1) 인류문화와 개별문화

첫째, 인류문화(人類文化)는 모든 인류가 공통적으로 지니고 있는 '행동양식'의 총체를 말한다. 행동양식은 언어, 물질문화, 예술, 신화와 과학적 지식, 종교, 가족과 사회의 조직, 소유, 통치 · 신념, 도덕 · 법률, 관습, 전쟁 등으로 구분하였다.

둘째, 개별문화(個別文化)는 민족으로부터 작게는 한 촌락의 주민에 이르기까지 기본적 사회조직을 형성하는 곳에서 찾아볼 수 있는 모든 '생활습관'을 말한다. 이 생활습관은 눈으로 볼 수 있는 행동양식이다.

행동(예제, 온돌방에서 한국음식을 먹는 것)에는 여러 가지의 행동양식을 추출할 수 가 있으며, 반대로 이들 행동양식이 결합되어 전체를 이룬 것이 행동이다. 즉, 부분은 개개의 행동양식이고 전체는 그 자체이다.

전체는 문화복합(文化複合)이며, 부분은 문화요소(文化要素)이다. 문화복합은 여러 가지의 문화요소로 구성되어 있다. 문화요소는 인종, 민족, 언어, 종교, 가옥 구조, 풍습, 농업 양식, 정치 체제, 사회 조직 등이다.

〈표 1-3〉 양식에 따른 문화

문화	인류 문화	개별 문화
사용 범위	전체	부분
사용 양식	행동	생활 습관/행동 양식
문화 구성	복합(複合)	요소(要素) / 단일
	지리적 문화	언어 / 종교적 문화
식사 문화	책상다리, 어른 먼저	온돌방, 방석, 젓가락, 겸상, 병풍, 동양화

문화복합은 동기(의리를 지킨다, 은혜에 보답한다)에 의해서 행해지는 여러 행동(의리행동, 보은행동 등)으로 일괄되게 그 자체로 일정한 양식을 갖는 것이다. 이러한 내부의 여러 관계가 하나의 개별 문화를 성립시키고 있는 것이다.

개별 문화는 내부 구조를 갖는 최상위의 문화복합이다. 개별 문화는 기본적인 사회 밑바탕의 뿌리이므로 사람들에게 매우 친숙한 체계인 반면에 그것이 어떠한 부분요소를 자기가 참여하지 않은 다른 문화에 대하여 해명하기란 결코 용이한 일이 아니다.

행동 : 한식집 온돌방에서 한국음식을 먹는다.

행동 양식 한식집에서는 한국식으로 책상다리를 하고 앉아 수저와 젓가락을 사용하여 밥과 국을 중심으로 한 요리를 먹는다. 장소는 일정한 형태와 크기를 갖는 온돌방으로 아랫목에는 병풍이 쳐있고 윗목에는 자개장이 놓여 있다. 창은 하얀 창호지를 바른 완자창이다.

이와 같은 장소에서 물적 배치(物的 配置)를 그런 모양으로 만들어 제각기 고유한 기능을 발휘하고 있는 점을 생각해보면, 하나하나를 일정한 행동양식으로 대체하여 볼 수가 있으며, 거기에서는 모든 행동양식이 질서있게 배치되어 있음을 발견할 수 있다.

2) 물질문화와 비물질문화

문화는 사용되는 도구에 따라 물질문화와 비물질문화로 구분한다.

첫째, 물질문화(material culture)는 도구 사용과 더불어 인류의 고유한 특성이다. 물질문화는 인간의 기본적인 필요와 욕구를 충족시켜주는 도구나 기술, 기계, 기구, 건물, 도로, 교량, 공예품, 예술품, 의상, 약품 등이다.

둘째, 비물질문화는 행동문화와 정신문화 또는 제도(규범)문화와 관념문화로 구분한다.

❶ 행동(제도, 규범)문화는 사회가 안전하고, 사회 질서를 효과적으로 유지하기 위한 사회 제도 및 행동의 기준이다. 예를 들면, 법률, 예절, 정치, 관습 등이다. 규범문화는 법률 · 명령 · 규칙 · 관습 · 민습 · 터부(taboo) · 유행 · 의식 · 예절 · 인습 · 예의 등을 들었다.

❷ 정신(관념)문화는 인간의 행동에 의미를 부여하며, 인간에게 삶의 방향을 제시해 주고 정신적 삶을 풍요롭게 만들어 주는 지식과 가치이다. 예를 들면 학문, 언어, 철학, 문학, 예술, 신화 등이다. 관념문화는 과학 · 종교 · 신화 · 전통 · 문학 · 미신 · 격언 · 속담 · 민화를 들었다.

〈표 1-4〉 사용도구에 따른 문화

문화	물질문화	비물질문화	
		행동문화	정신문화
사용 도구	도구 사용	제도(규범)	관념
문화재	유형	기록	무형
자원	유산	원형	요소
식사도구	젓가락, 포크	손가락	

3) 보편문화, 특수문화, 선택문화

문화는 사용되는 범위에 따라 문화를 보편문화, 특수문화, 선택문화로 구분한다. 첫째, 보편문화는 사회의 정상적인 성인 모두가 공유하고 있는 문화로 언어 · 신화 · 민속 · 육아방식 등이 있다. 둘째, 특수문화는 특정한 사람에게만 적용되는 문화이며 계층문화라고도 한다. 계층별 · 직업적 집단에 따라 달리 가지고 있는 문화이다. 셋째, 선택문화는 사람들이 자유롭게 선택하도록 허용되는 문화내용을 말하며, 유행 · 멋 · 비속어(swear word, 예절에 어긋나게 품위 없이 천한 말) 등이 이 범주에 속한다.

〈표 1-5〉 사용범위에 따른 문화

문화	보편문화	특수문화	선택문화
사용 범위	모두 공유	특정계층	자유선택
언어	표준어	방어, 은어	비속어
적용 분야	언어, 교육, 통과의례	종교, 레저, 직업, 학교	유행, 멋

문화의 분류는 보는 각도와 학자에 따라 달라진다.

Cultural Tourism

제2장

관광 및 문화관광

제1절 관광
제2절 문화관광

Cultural Tourism

제2장 관광 및 문화관광

제1절 관광

학습목표
1. 관광의 개념과 구조에 대해 이해한다.
2. 관광목적, 관광자원에 대해 학습한다.

1. 관광

관광(觀光, tourism)의 사전적 의미는 “다른 지방이나 나라의 풍광, 풍속, 사적(史蹟), 명승(名勝) 등을 유람(遊覽)하며, 관찰하는 것”이다(두산백과, 2018). 또는 “기분전환, 여가의 목적과 즐거움을 위해 다니는 여행(Travelling for pleasure)”이다.

여행(旅行, travel, tour)의 사전적 의미는 “자기의 거주지를 떠나 객지(客地)에 나다니는 일”이다.

관광(觀光)의 어원은 중국의 주역(周易)에서 유래하였다.

觀國之光 利用賓于王(관국지광 이용빈우왕)

국가를 관찰하면 영광(靈光)이요,
귀빈(貴賓)으로 활용(活用)하니 왕에게 이익(利益)이다.

觀國之光 尙賓也(관국지광 상빈야)

국가를 관찰하면 영광(靈光)이요,
장관 같은 상서(尙書)의 귀빈(貴賓)이구나.

2. 관광 구조

관광 구조의 3요소는 관광주체, 관광객체, 관광매체로 구성한다.

1) 관광주체

관광주체는 '관광객(tourist)' 이다. 그러나 관광을 조사하거나 연구대상으로 할 경우에는 통상적으로 '관광자' 라는 용어가 사용된다(관광용어사전, 2017). 관광객은 관광의 수요시장을 형성하는 주체이다.

2) 관광객체

관광객체는 관광객이 보고 즐기고 관찰하고 이용할 수 있는 관광대상이다. 관광대상은 관광자원과 관광시설로 구분한다. 관광자원은 자연자원, 문화(비자연)자원으로 구분할 수 있다. 관광시설은 관광객의 편의, 관람, 체험 등을 위하여 만들어진 시설을 통틀어 이르는 말이다. 관광객체는 관광의 공급시장을 발생하게 하는 중요한 흡입(Full) 요인이다.

3) 관광매체

관광매체는 관광의 주체와 객체를 연결시켜 주는 역할을 하며, 관광 관련 서비스를 제공한다. 관광매체는 대부분의 관광서비스를 유료로 제공하는 영리사업체와 무료로 제공하는 비영리사업체 그리고 국민 모두로 구별한다.

- 시간적 매체(숙박시설, 관광객 이용시설, 국제회의시설, 유원시설업, 관광 편의시설)
- 공간적 매체(교통, 도로, 항만, 운송시설업)
- 기능적 매체(여행업, 통역안내업, 기념품판매업, 관광정보안내소 및 홍보물 등)로 구분한다.

3. 관광 목적

관광이나 여행을 하는 목적은 인간의 내적 욕구에 따라(매슬로우, 1943) 관광동기로서 ❶ 타국(향)에 대한 지식, ❷ 자국(향)에 대한 애착, ❸ 자신에 대한 다른 자아 발견을 위해서이다.

〈표 2-1〉 관광 목적 및 매슬로우의 욕구이론

관광 목적	관광 개념	Maslow's Needs 매슬로(1943) 5단계
3. 다른 자아 발견	휴식으로 삶의 질 충전 자존감 상승	5. 자아실현 욕구(self-actualization) 성장(Growth) 욕구
2. 자국(향) 애착	다시 돌아올 목적 이동 지속되는 감사, 사회적 공감	4. 존경(esteem) 욕구 3. 소속(love/belonging) 욕구
1. 타국(향) 지식	일상의 생활권을 떠남 영리 목적으로 하지 않음 타 지역 관찰 및 체험	2. 안전(safety) 욕구 1. 생리(physiological) 욕구

C. Alderfer의 3단계 ERG 이론(1972년)

- 존재욕구(Existence needs)는 기본적인 욕구로 음식, 공기, 물, 임금 그리고 작업조건과 같은 것에 대한 욕구이다.
- 관계욕구(Relatedness needs)는 의미있는 사회적, 개인적 인간관계 형성에 의해서 충족될 수 있는 욕구이다.
- 성장욕구(Growth needs)는 개인의 생산적이고 창의적인 공헌에 의해서 충족될 수 있는 욕구이다.

ERG 이론에서는 세 가지 욕구가 다음과 같은 원리로 작용한다.

- 욕구좌절(Needs frustration)은 고차원 욕구인 성장욕구가 충족되지 않으면 저차원 욕구인 관계욕구를 더욱 원하게 된다는 것이다.
- 욕구강도(Needs strength)는 저차원 욕구인 존재 욕구가 충족될수록 고차원 욕구인 관계욕구에 대한 바람이 커진다는 것으로 매슬로우의 이론과 같은 시각을 가지고 있다.
- 욕구만족(Needs satisfaction)은 각 수준의 욕구가 충족되지 않을수록 그 욕구에 대한 갈망은 더욱 커진다는 것이다.

4. 관광자원

관광자원의 특징은

첫째, 역사적, 예술적, 창조적, 문화적, 사회적, 과학적, 기술적, 산업적으로 대표하는 것,

둘째, 지질학적, 지형학적, 문학적, 생태학적, 생물학적 등으로 탁월한 가치가 있는 것.

셋째, 교육적 가치가 있는 것이다.

관광자원은 자연자원, 문화(비자연)자원으로 구분할 수 있다.

〈그림 2-1〉 **관광자원 및 세계유산**

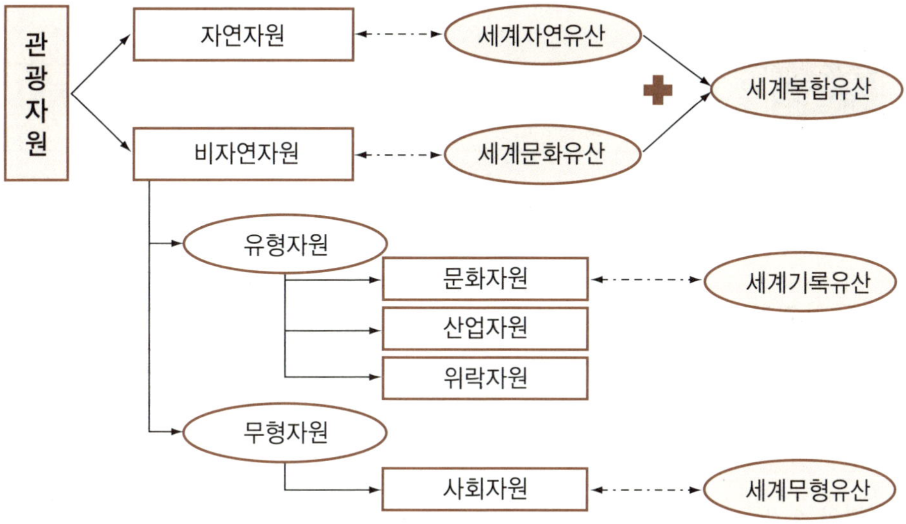

관광자원은 관광객체이다. 관광객체는 본래부터 가지고 고유(固有)한 매력(魅力)이 있어야 한다. 관광매력은 특유한 것과 사람을 끌어들이는 힘(Full)이고, 문화의 원형이며, 유산(heritage)이요, 요소(element)이다.

관광자원(시설) = 관광객체
관광객체 = 본래부터 가지고 있는 고유(固有)한 매력(魅力)
관광 매력 = 특유한 것 + 사람을 끌여들이는 힘(Full)
= 문화원형, 문화유산, 문화요소

제2절 문화관광

학습목표	
	1. 문화관광에 대해 이해한다.
	2. 전통문화 / 대중문화 / 문화충격과 관광에 대해 학습한다.

1. 문화관광

문화의 특징은 경제와 결합되어 문화의 산업시대를 열어가고 있다. 문화는 관광을 하는 사람들에게 최대의 매력을 존재하며, 특히 세계관광을 통한 문화비교는 상호 문화 발전의 계기도 될 수 있고, 타 문화의 학습은 올바른 문화를 이해하는 최상의 방법이 되고 있다.

관광은 자연과 문화의 결합 또는 차이에 의해 가능하며 그 결합과 차이를 느끼고 체험하기 위해 이동하는 것이다. 따라서 관광의 깊이를 가지려면 문화적이어야 한다. 관광은 자연뿐만 아니라 문화가 있어서 가능한 것이다.

관광 = 자연관광 + 문화관광

문화관광의 정의를 살펴보면 다음과 같다.

문화관광(cultural tourism)은 세계관광기구(UNWTO)에서 협의적인 정의로 "명소 및 기념물 방문, 자연, 민속, 예술, 언어 등의 학습여행, 공연예술 등의 관람을 위한 문화여행, 축제와 다른 문화 이벤트 참가를 위한 여행, 유물 및 유적지 방문과 같이 본질적으로 문화적 동기로 이동하는 것"으로 정의하였다.

광의적인 정의로 "개인의 문화수준을 향상시키고, 새로운 지식이나 경험, 만남을 증가시키는 등 인간의 다양한 욕구를 충족시킨다는 점에서 타국이나 타 지역의 생활양식이나 전통적 행동양식을 접하고 체험하는 모든 것"으로 정의하였다.

문화관광은 유네스코에서 “독특한 풍경, 시각 및 공연예술, 지방색 혹은 지방특산물, 삶의 방식, 가치, 전통, 행사 및 기타 독창적인 방식의 문화를 포함한 문화환경을 경험하기 위한 여행”이라고 정의하였다.

문화관광은 COMOS(세계유물 및 유적지 위원회)에서 “관광객들이 현재의 라이프스타일, 음식, 지형, 환경, 마을이나 지역, 장소에 대한 모든 문화적 측면을 경험하려고 다른 장소로 가는 모든 형태의 관광”으로 정의하였다.

문화관광은 한국관광공사에서 “문화적 동기에 입각한 관광활동의 한 형태로서, 그 내용은 학습, 예술 감상, 축제 및 문화이벤트, 유적방문, 자연, 민속, 예술의 연구 및 순례를 위한 여행 등을 포함함”이라고 정의하였다.

문화관광은 문화재청에서 “문화재자원의 유형문화재(국보, 보물, 중요문화재), 무형문화재(음악, 춤, 전통공예), 기념물(사적, 명승, 천연기념물), 민속자료 등과 박물관, 미술관, 콘서트 홀, 문화예술 축제, 이벤트, 공연 및 전시, 문화센터 등을 활용한 고유한 장소를 방문하는 행위”라고 정의하였다.

관광 = 자연관광 + 문화관광
문화관광 = 문화재 관광 + 예술 관광

문화관광은 국제관광에서 문화가 관광에 차지하는 비중이 크고 빠르게 성장하는 분야이다(UNWTO, 2004). 문화는 관광목적지를 알리고 지역의 이미지를 창조하는데 핵심적인 역할을 하며, 최근에는 지역경제를 활성화하는 원천으로서도 크게 주목받고 있다. 문화관광은 전통문화와 더불어 대중문화와 미래문화에도 관심을 가져야 한다.

2. 전통문화와 관광

전통(傳統)문화의 범위는 근 · 현대와 비교되는 말로서 다음 3가지 차원으로 나누어 볼 수 있다.

❶ **시대** 통시적 측면에 따른(고조선, 고구려, 삼국, 조선, 근-현대 등)

❷ **계층** 신분에 따른 문화(왕가, 양반, 평민 등)

❸ **특질** 문화 특질에 따른(정신 / 무형문화, 유형문화, 생활문화)

- **정신문화(무형문화)** 민속 무용, 놀이, 세시풍속(명절, 24절기), 효사상과 더불어 사는 삶, 한의학 등.
- **유형문화** 건조물, 전적 · 서적 · 고문서, 회화, 조각 · 공예품 등 유형의 문화적 유산으로서 역사적 또는 예술적 가치가 큰 고고 자료.
- **생활문화** 의식주 문화

전통문화는 오랜 역사 속에서 다른 나라 문화를 받아들여 새 문화를 만드는 과정을 중첩적으로 시행하면서 현재의 문화를 이룩한 것이다. 가장 한국적이고 지방적인 지역전통을 지역마케팅 수단으로 삼을 때 성공 가능성은 크다. 전통을 살린 문화상품은 차별화되며, 그 나라 그 지역이 종주국이기 때문에 경쟁의 우위를 보장받는다. 따라서 지역성을 살린 전통문화를 바탕으로 하는 관광만이 확실한 대안이 될 수 있다.

전통문화는 단절되어서도 안 되고, 고정적으로 답습되어서도 안 되며, 지속적으로 이어지고, 상황에 맞게 가변적으로 전승이 이루어져야 한다.

전통문화관광은 역사적으로 한 나라를 찾아 온 모든 관광객에게 관심의 대상이 되거나 대표적인 대상이 된다.

전통문화의 종류는 한국의 문학, 미술(수목화), 국악(정악, 민속악), 무용(궁중무용, 민속무용, 가면무용, 의식무용, 창작무용 등), 의복(관복, 예복, 한복), 요리(김치, 김, 불고기, 막걸리, 소맥 등), 건축(궁궐, 한옥), 놀이(윷놀이, 제기차기, 바둑, 장기 등), 문화재(인위적, 자연적으로 형성된 국가적, 민족적, 세계적 유산) 등이 다양한 부분에서 찾아볼 수 있다.

3. 대중문화와 관광

대중문화(大衆文化, mass culture)의 의미는 전통문화, 고급문화(high culture)에

대한 상대적 개념으로 다수 대중이 중심이 되어 수용하는 문화 현상을 통칭하는 개념이다(네이버지식백과, 2018).

대중문화의 일반적 특징은 수용자 수가 많고, 예술성보다는 상업적인 성격이 강하고, 분업에 의해 대량 생산되며, 유행성이 강하다는 것이다. 대중 매체의 발달은 대중문화를 전달하는 매개체인 대중에 맞는 것이라면 대량 생산하고 대량 전달하여 대중문화하고 있다.

(1) 대중문화의 순기능

대중 매체에 의해 널리 확산되며 대다수 사람들이 여러 가지 문화를 쉽게 접하고, 다양한 오락을 즐길 수 있게 하면서 생활의 활력을 제공해 준다. 그리고 다양한 지식과 정보를 제공하여 대중들의 삶의 질을 풍요롭게 해주고 대중들의 건전한 가치관을 형성하도록 도와주기도 한다.

한국의 드라마나 가요(pop)를 통한 한류(韓流, Korean wave) 현상으로 나타나고 있다. 한류 현상은 한국을 방문하고자 하는 욕구를 높일 뿐 아니라 한국에 대한 국가 이미지를 제고시켜 한국제품에 대한 구매의욕을 높이고 나아가 국제문화교류는 물론 국가경제 발전에 큰 동력이 되고 있다.

2) 대중문화의 역기능

대량으로 생산되어 대중에게 전달되므로 획일성을 띠게 되고, 대중 매체의 이윤 추구로 상업주의에 물들기 쉬우며, 권위주의적 정부가 대중 매체를 장악하여 대중 조작을 일삼게 되면 대중을 피동적으로 만들 가능성이 크다.

대중문화는 소비문화의 속성을 지니고 있으며, 끊임없이 바뀌어 가기 때문에 유행에 민감하여 개성이 무시될 가능성이 있다. 또한, 지나치게 오락성과 향락성을 추구하여 상품으로서의 이윤 추구에만 집착한다면 오히려 부작용을 심화시킬 수도 있다.

4. 문화충격과 관광

충격(shock)은 정신적인 자극적으로 받았을 때 일어나는 현상을 일컫는 의학 용어이다. 문화충격(culture shock)은 사람들이 완전히 다른 문화 환경이나 사회 환경에 있을 때 느끼는 감정의 불안을 서술하기 위해 쓰이는 용어이다. 용어는 1954년 인류학자 칼레르보 오베르그(Kalervo Oberg)가 처음 소개한 것이다.

인간은 새로운 문화를 소화하는데 어려움을 겪을 수 있다. 다시 말해, 무엇이 올바르고 무엇이 올바르지 않는지를 알기가 어려워진다. 새롭거나 다른 문화의 어떠한 양상에 대해 강력한 혐오(도덕 또는 미학)를 느끼기도 한다.

1) 문화충격의 결과

- 평소보다 많이 또는 적게 먹는다.
- 수면이 늘거나 잠이 잘 안 온다.
- 국가나 문화에 있는 시간을 불평한다.
- 사람들을 기피한다.
- 평소보다 더 자주 집에 전화한다.
- 공적인 상황을 걱정한다.
- 향수병이 생긴다.

2) 문화충격의 패턴

문화충격은 네 가지 반응패턴이 나오게 된다.

첫째, '자신의 문화를 유지하느냐 버리느냐'

둘째, '상대방 문화를 수용하느냐 거부하느냐' 의 두 가지 기준에 따른 것이다.

결과 ❶ 자신의 문화를 버리고 상대 문화에 완전히 흡수되는 '동화'

❷ 자신의 문화를 유지하면서 상대 문화에 적응하는 '통합'

❸ 자신의 문화에 천착(穿鑿)■ 하면서 상대 문화를 거부하는 '분리'

❹ 자신의 문화도 잃고 상대 문화에 적응하는 것도 실패하는 '주변화'

■ 천착의 사전적 정의는 1. 구멍을 뚫음. 2. 어떤 원인이나 내용 따위를 따지고 파고들어 알려고 하거나 연구함. 3. 억지로 이치에 닿지 아니한 말을 함.

〈표 2-2〉 **문화충격 반응패턴**

	자신 거부	자신 수용
상대 수용	자신 문화 : 버림 상대 문화 : 흡수 동화(Assimilation)	자신 문화 : 유지 상대 문화 : 적응 통합(Integration)
상대 거부	자신 문화 : 잃음 상대 문화 : 실패 주변화(Marginalization)	자신 문화 : 천착 상대 문화 : 거부 분리(Separation)

3) 역문화충격(reverse culture shock)

역문화충격(reverse culture shock)은 문화충격을 자국에서 두 번째 경험하는 것이다.

첫째 문화충격은 자신이 처음 접하는 문화에서 느끼는 생경(화목하지 못)함,

둘째 문화충격은 그 문화에 익숙해진 후 다시 자신의 고국으로 돌아가서 그곳의 문화를 새로운 시각으로 바라보게 될 때 느끼는 색다른 놀라움이다.

문화충격은 이민자나 이주노동자, 유학생들이 부정적으로 겪는 경우가 있으며, 관광으로 인한 문화충격은 일시적이며, 상대 문화를 긍정적으로 이해하여 통합하거나 다양성을 인정할 수 있다.

Cultural Tourism

제3장

문화자원 및 문화재

Cultural Tourism

제3장

문화자원 및 문화재

제1절 문화자원

학습목표

1. 문화자원의 개념과 유형에 대해 이해한다.
2. 문화자원(문화원형, 문화유산, 문화적 요소), 세계유산이 무엇인지 살펴본다.

문화(文化, culture)는 인간이 만들어 낸 모든 것으로 한 인간 사회의 주요한 행동양식이나 생활습관의 체계를 말한다.

자원(資源, resource)은 사전적 의미로 "어떤 목적을 위해 자연계(自然界)에서 얻고 생산되는 물질"을 의미하고 있다.

문화자원(文化資源)의 개념은 한국어사전에서 "특정 지역에서 발견되는 문화적 가치를 지닌 유 · 무형적인 자원이며, 유형과 무형의 문화재뿐만 아니라 민간 신앙, 공동 행사 따위를 포괄"한다.

문화자원의 특징은 지역성과 전통성을 지니고 있다.

문화자원의 유형은 오랜 기간 동안 누적(accumulation)되어온 문화원형(archetype), 문화유산(heritage), 문화적 요소(element)를 포함한다.

1. 문화원형

원형의 의미는 고유성, 정체성의 관점에서 '본래 모양' 으로서의 원형(原形, originality)과 '공통의 틀' 을 의미하는 원형(原型, archetype)이 있다. 문화는 인간 공통의 생활양식이므로, 공통의 틀의 의미로 원형(原型, archetype)으로 해석한다.

문화원형은 "전통문화 가운데 그 민족 또는 그 지역의 특징을 잘 담고 있어서, 다른 지역 또는 다른 민족과 구별되며, 아울러 여러 가지로 갈라진 현재형의 본래 모습에 해당되는 문화"라고 개념화하였다(문화관광체육부, 2011).

문화원형은 "민족 정체성을 구성하고 있는 집단적 무의식의 내용물이나 구체화된 보편적인 표상이나 결과물로서의 민족문화를 의미한다."라고 정신세계 측면에서 의미를 부여하였다(박정희, 2004, p.4).

문화원형은 세계적인 보편성과 민족 정체성, 한국적인 특수성을 지닌 전통문화의 원천이며, 전통문화 자원으로 "오랜 역사를 지닌 다양하게 축적된 문화적인 전통, 역사적인 사건, 신화, 전설, 만담 등 전통문화 속의 풍부한 이야기하기(storytelling)"이다(문화콘텐츠닷컴, 2002).

문화원형의 분류는 소재에 따라 이야기형(신화, 전설, 민담, 역사, 문학 등), 예술형(회화, 서예, 복식, 문양, 음악, 춤 등), 전략형(전투, 놀이, 외교, 교역 등), 기술형(건축, 지도, 농사, 어로, 음식, 의학 등)으로 분류하였다(한국콘텐츠진흥원. 2011).

문화원형의 자료는 한국콘텐츠진흥원의 문화콘텐츠닷컴(www.culturecontent.com)에서 다양한 주제별(정치/경제/생업, 종교/신앙, 인물, 문학, 의식주, 전승, 예술, 의례/놀이/연회, 기타), 시대별, 교과서별, 멀티미디어별, 유네스코 등재별로 디지털콘텐츠(약 30만 건)를 가공하여 창작소재를 제공하고 있다.

국내사례	최초 호랑이 기록 : 삼국유사의 단군신화(곰과 호랑이) 영화 〈왕의 남자〉, 드라마 〈주몽〉 : 문화원형의 설화 접목
해외사례	'반지의 제왕', '해리포터' : 신화 등을 창작소재 활용

2. 문화유산

유네스코(UNESCO)는 세계유산을 문화유산, 자연유산으로 구별하고 있다. 세계유산협약(1972) 제1조에서는 문화유산(cultural heritage)을 다음과 같이 정의하였다.

❶ 기념물은 건축물, 기념적 의의를 갖는 있는 조각 및 회화, 고고학적 성격을 띠고 있는 유물 및 구조물, 금석문, 혈거 유적지 및 혼합유적지 중 역사, 예술 및 학문적으로 현저한 보편적 가치를 갖는 있는 유산이다. 석굴암 및 불국사(1995), 창덕궁(1997), 한국의 역사마을 : 하회와 양동(2010).

❷ 건조물군은 독립된 또는 연속된 구조물들, 그의 건축성, 균질성 또는 풍경 안의 위치로부터 역사성, 미술성, 현저한 보편적 가치를 갖고 있는 유산이다. 해인사 장경판전(1995), 종묘(1995), 수원 화성(1997), 남한산성(2014).

❸ 유적지는 인공의 소산 또는 인공과 자연의 결합의 소산 및 고고학적 유적을 포함한 구역에서 역사상, 관상상, 민족학상 또는 인류학상 현저한 보편적 가치(outstanding universal value)를 갖고 있는 유산. 고창-화순-강화 고인돌유적(2000), 조선왕릉(2009), 경주역사유적지구(2000), 백제역사유적지구(2015).

> Article 1
> For the purposes of this Convention, the following shall be considered as "cultural heritage":
>
> monuments: architectural works, works of monumental sculpture and painting, elements or structures of an archaeological nature, inscriptions, cave dwellings and combinations of features, which are of outstanding universal value from the point of view of history, art or science;
> groups of buildings: groups of separate or connected buildings which, because of their architecture, their homogeneity or their place in the landscape, are of outstanding universal value from the point of view of history, art or science;

sites: works of man or the combined works of nature and man, and areas including archaeological sites which are of outstanding universal value from the historical, aesthetic, ethnological or anthropological point of view.

문화유산헌장

문화유산헌장은 전문과 5개 조항 총 405자로 구성되었다.

문화유산은 우리 겨레의 삶의 예지와 숨결이 깃들어 있는 소중한 보배이자 인류 문화의 자산이다. 유형의 문화재와 함께 무형의 문화재는 모두 민족 문화의 정수이며 그 기반이다.

더욱이 우리의 문화유산은 오랜 역사 속에서 많은 재난을 견디어 오늘에 이르고 있다. 그러므로 문화유산을 알고 찾고 가꾸는 일은 곧 나라 사랑의 근본이 되며 겨레 사랑의 바탕이 된다.

따라서 온 국민은 유적과 그 주위 환경이 파괴 · 훼손되지 않도록 노력하여야 한다. 문화유산은 한 번 손상되면 다시는 원상태로 돌이킬 수 없으므로 선조들이 우리에게 물려 준 그대로 우리도 후손에게 온전하게 물려 줄 것을 다짐하면서 문화유산헌장을 제정한다.

- 문화유산은 원래의 모습대로 보존되어야 한다.
- 문화유산은 주위 환경과 함께 무분별한 개발로부터 보호되어야 한다.
- 문화유산은 그 가치를 재화로 따질 수 없는 것이므로 결코 파괴 · 도굴되거나 불법으로 거래되어서는 안 된다.
- 문화유산 보존의 중요성은 가정 · 학교 · 사회 교육을 통해 널리 일깨워져야 한다.
- 모든 국민은 자랑스러운 문화유산을 바탕으로 찬란한 민족 문화를 계승 · 발전시켜야 한다.

1997. 12. 8.

3. 문화적 요소

문화산업진흥기본법(제2조4항)에서는 문화콘텐츠를 "문화적 요소가 체화된 콘텐츠"라고 정의하였으며, '문화상품'을 "예술성 · 창의성 · 오락성 · 여가성 · 대중성(이하 "문화적 요소"라 한다)이 체화(體化)되어 경제적 부가가치를 창출하는 유형 · 무형의 재화(문화콘텐츠, 디지털문화콘텐츠 및 멀티미디어문화콘텐츠 포함)와 그 서비스 및 이들의 복합체"라고 정의하였다.

문화관광체육부(2011)는 문화콘텐츠를 "문화원형과 문화적 요소(생활양식, 전통 문화, 예술, 이야기, 대중문화, 신화, 개인의 경험, 역사기록 등)를 발굴하고 그 속에 담긴 의미와 가치를 드러내 매체에 결합하는 새로운 문화 창조의 과정"이라고 개념화하였다.

따라서 문화적 요소는 한 사회의 문화에서 총체적으로 나타나는 독특한 문화 복합체이다. 문화적 요소는 그 지역의 유형의 문화유산(자연유산 제외)과 무형의 문화원형을 제외한 자원으로, 유형의 문화와 자연유산이 내포되어 숨어 있는 의미, 가치, 언어(그림), 규범, 예술, 기술, 상징 등으로 확장된 개념이다.

〈그림 3-1〉 문화자원의 구성

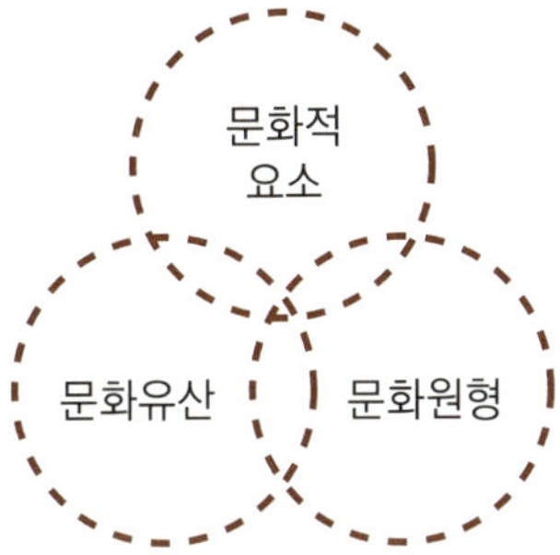

문화유산(유형)	문화원형(무형)	문화적 요소
기념물 건조물군 유적지 자연유산 제외	이야기형(신화, 전설, 민담, 역사, 문학 등) 예술형(회화, 서예, 복식, 문양, 음악, 춤 등) 전략형(전투, 놀이, 외교, 교역 등) 기술형(건축, 지도, 농사, 어로, 음식, 의학 등)	의미, 가치 언어, 그림 규범, 예술 등 유형, 자연 포함

4. 세계유산

세계유산(World Heritage)은 유네스코(UNESCO)에서 인류의 소중한 문화 및 자연유산을 보호하기 위해 지정한 것이다. 1972년 11월(제17차 정기 총회)에 채택된 "세계문화 및 자연유산 보호 협약"에 따라 정해진다. 세계유산 목록은 세계유산 위원회가 전담하고 있다.

세계유산은 역사적으로 중요한 가치를 가지는 문화유산과 지구의 역사를 잘 나타내고 있는 자연유산, 그리고 이들의 성격을 합한 복합 유산으로 구분된다.

1) 선정기준

세계유산 선정기준은 문화유산 6가지, 자연유산 4가지의 선정기준으로 삼고 있다.

〈표 3-1〉 문화유산 선정기준

Ⅰ. 독특한 예술적 혹은 미적인 업적, 즉 창조적인 재능의 걸작품을 대표하는 유산.

Ⅱ. 일정한 시간에 걸쳐 혹은 세계의 한 문화권 내에서 건축, 기념물 조각, 정원 및 조경 디자인, 관련 예술 또는 인간 정주 등의 결과로서 일어난 발전 사항들에 상당한 영향력을 행사한 유산.

Ⅲ. 독특하거나 지극히 희귀하거나 혹은 아주 오래된 유산.

Ⅳ. 가장 특징적인 사례의 건축 양식으로서 중요한 문화적, 사회적, 예술적, 과학적, 기술적 혹은 산업의 발전을 대표하는 양식.

Ⅴ. 중요하고 전통적인 건축 양식, 건설 방식 또는 인간 주거의 특징적인 사례로서 자연에 의해 파괴되기 쉽거나 역행할 수 없는 사회 · 문화적 혹은 경제적 변혁의 영향으로 상처받기 쉬운 유산.

Ⅵ. 역사적 중요성이나 함축성이 현저한 사상이나 신념, 사진이나 인물과 가장 중요한 연관이 있는 유산.

〈표 3-2〉 **자연유산 선정기준**

Ⅶ. 특별한 자연미와 심미적 중요성을 지닌 빼어난 자연 현상이나 지역.

Ⅷ. 생명체의 기록, 지형 발달과 관련하여 진행 중인 중요한 지질학적 과정, 또는 중요한 지형학적, 지문학적 특징을 비롯하여, 지구사의 주요 단계를 보여주는 매우 훌륭한 사례. 제주 화산섬과 용암 동굴(2007)

Ⅸ. 육상, 담수, 해안 및 해양 생태계와 동식물군의 진화 및 발달과 관련하여 진행 중인 중요한 생태학적, 생물학적 과정을 보여주는 훌륭한 사례.

Ⅹ. 과학적 또는 보전적 관점에서 뛰어난 보편적 가치가 있는 멸종 위기종을 포함하는 곳을 비롯하여, 생물 다양성의 현장보전을 위해 가장 중요하고 의미있는 자연 서식지.

2) 지정 현황

세계유산으로는 167개국 1,073곳이 지정되었으며, 이중 문화유산이 832곳, 자연유산이 206곳, 복합유산이 35곳이다. 대한민국 12곳과 민주주의인민공화국 2곳이 세계유산으로 지정되어 있다(2017년 기준).

〈표 3-3〉 **세계유산 지정목록**

세계유산 목록	기준	시대	주소
1. 석굴암 및 불국사(1995)	1, 4	신라	경북 경주시
2. 해인사 장경판전(1995)	4, 6	고려	경남 합천군
3. 종묘(1995)	4	조선	종로구
4. 창덕궁(1997)	2, 3, 4	조선	종로구
5. 화성(1997)	2, 3	조선	경기도 수원시
6. 경주역사유적지구(2000)	2, 3	신라	경주시
7. 고창-화순-강화 고인돌유적(2000)	3	청동기	
8. 제주 화산섬과 용암 동굴(2007)	7, 8		제주도
9. 조선왕릉(2009)	3, 4, 6	조선	18지역
10. 한국의 역사마을 : 하회와 양동(2010)	3, 4	조선	안동, 경주
11. 남한산성(2014)	2, 4	조선	경기도 광주
12. 백제역사유적지구(2015)	2, 3	백제	부여/공주/익산
13. 산사 : 한국의산지승원(2018)	3,4		
• 고구려 고분군(2004) • 개성 역사기념유적(2013)		고구려	

3) 잠정목록

잠정목록(Tentative Lists)은 세계유산으로 등재 신청을 하기 위하여 유네스코에 후보 명단을 제출하는 것이다. 각 나라들은 이 목록 가운데에서 세계유산의 등재를 신청하게 된다.

〈표 3-4〉 세계유산 잠정목록

문화유산	자연유산
1. 강진 도요지 2. 중부내륙 산성군(삼년산성, 상당산성, 미륵산성, 충주산성, 장미산성, 덕주산성, 온달산성) 3. 염전(전남 신안군, 영광군) 4. 대곡천 암각화군(울산 대곡리 반구대 암각화, 천전리 각석) 5. 낙안읍성(순천시) 6. 외암마을(충남 아산시) 7. 서원(소수서원, 남계서원, 옥산서원, 도산서원, 필암서원, 도동서원, 병산서원, 돈암서원, 무성서원) 8. 서울 한양도성 9. 김해, 함안, 가야고분군 10. 고령 지산동 대가야고분군 11. 화순 운주사 석불석탑군	1. 설악산 천연보호구역 2. 남해안 일대 공룡화석지(전남 해남 우항리, 보성 비봉리, 여수 사도리, 화순 서유리, 경남 고성 동명리) 3. 서남해안 갯벌(전북 고창, 부안, 전남 순천, 무안, 보성, 신안 목포) 4. 우포늪

제2절 문화재

학습목표
1. 문화재의 개념과 분류에 대해 이해한다.
2. 유형문화재, 무형문화재, 기념물, 민속문화재가 무엇인지 살펴본다.

1. 문화재

문화재(Cultural Heritage)는 인위적이거나 자연적으로 형성된 국가적 · 민족적 또는 세계적 유산으로서 역사적 · 예술적 · 학술적 또는 경관적 가치가 큰 것이다(문화재 보호법 제2조 정의).

우리나라는 문화재 보호법(1962년)을 제정 · 공포하여 문화재를 유형문화재, 무형문화재, 기념물, 민속문화재로 구분하여 규정하고 있다.

지정문화재는 중요도에 따라 국가지정문화재, 시 · 도지정문화재, 문화재자료로 분류된다. 국가지정문화재의 유형문화재는 중요한 것을 보물로 지정하고, 보물 가운데서 그 가치가 큰 것을 국보로 지정하고 있다. 국가지정문화재의 무형문화재는 무형의 중요한 것을 국가무형문화재로, 국가지정문화재의 기념물은 중요한 것을 사적, 명승, 천연기념물로 지정한다. 국가지정문화재의 민속문화재는 유형의 중요한 것을 국가민속문화재로 지정한다.

시 · 도지정문화재는 국가지정문화재로 지정되지 아니한 문화재 중 보존상 필요하다고 인정하여 지정한 문화재를 지칭한다.

문화재자료는 국가지정문화재, 시 · 도지정문화재로 지정되지 아니한 문화재 중 향토문화 보존상 필요하다고 인정하여 지정한 문화재를 지칭한다.

〈표 3-5〉 지정문화재 분류

<table>
<tr><th colspan="2">문화재</th><th>유형문화재</th><th>무형문화재</th><th>기념물</th><th>민속문화재</th></tr>
<tr><td rowspan="5">지정
문화재</td><td rowspan="3">국가</td><td>국가</td><td rowspan="3">국가
무형문화재</td><td>사적</td><td rowspan="3">국가
민속문화재</td></tr>
<tr><td rowspan="2">보물</td><td>명승</td></tr>
<tr><td>천연기념물</td></tr>
<tr><td>시 · 도</td><td>지방 유형문화재</td><td>지방 무형문화재</td><td>지방 기념물</td><td>지방 민속문화재</td></tr>
<tr><td colspan="5">문화재 자료</td></tr>
</table>

등록문화재는 지정문화재가 아닌 문화재 중에서 보존과 활용을 위한 조치가 특별히 필요하여 등록한 문화재이다. 특히, 일제강점기 이후 근대에 생성 · 건축된 유물 및 유적이 중점적으로 등재되어 있다. 남대문로 한국전력 사옥(제1호), 철원 노동당사(제22호), 경의선 장단역 증기기관차 화통(등록 제78호), 백범 김구 혈의(血衣) 일괄(제439호) 등이 있다.

예비문화재는 현재 등록문화재로 인정받기 위해서는 50년 이상 지나야 문화재로 인정된다. 그러나 50년을 채우지 못한 근현대 문화유산의 경우 보존 · 관리가 제대로 이뤄지지 않아 훼손되는 일이 잦았다. 이로 인해 50년을 넘기지 않아도 예비 보존하는 제도를 문화재청이 도입하였다. 주요 대상은 최초 텔레비전, 최초 자동차와 같은 첨단 산업기술분야, 최초의 국산품, 88올림픽 굴렁쇠 등 각종 국제경기대회 우승 기념물, 유명 예술작품 등이다.

비지정문화재는 문화재보호법 또는 시 · 도의 조례에 의하여 지정되지 아니한 문화재 중 보존할 만한 가치가 있는 문화재를 지칭한다.

<table>
<tr><td>등록문화재</td><td>지정문화재가 아닌 문화재 중에서 보존과 활용을 위한 조치가 특별히 필요하여 등록한 문화재</td></tr>
<tr><td rowspan="2">비지정문화재</td><td>일반동산문화재(문화재보호법 제60조)</td></tr>
<tr><td>매장문화재(매장문화재 보호 및 조사에 관한 법률 제2조)</td></tr>
</table>

2. 유형문화재

유형문화재는 유형(건조물, 전적(典籍), 서적(書跡), 고문서(古文書), 회화, 조각, 공예품 등)의 문화적 소산으로서 역사적 · 예술적 또는 학술적 가치가 큰 것과 이에 준하는 고고자료(考古資料)이다(문화재보호법 제2조1항).

문화재보호법 제23조(보물 및 국보의 지정)

❶ 유형문화재 중 중요한 것을 보물로 지정할 수 있다.
❷ 보물에 해당하는 문화재 중 인류문화의 관점에서 볼 때 그 가치가 크고 유례가 드문 것을 국보로 지정할 수 있다.

보물(寶物, treasure) 제1호는 흥인지문(1963년 1월 21일 지정)이다. 구 보신각 동종(2호, 국립중앙박물관), 서울 원각사지 대원각사비(3호, 탑골공원) 등이 있다. 국보(國寶, national treasure) 제1호는 숭례문(1962년 12월 20일 지정)이다. 서울 원각사지 십층석탑(2호, 탑골공원), 북한산 신라진흥왕순수비(3호, 국립중앙박물관) 등이 있다.

서울 원각사지 십층석탑(국보 제2호)

서울 원각사지 대원각사비(보물 3호)

자료 : 위키백과

3. 무형문화재

무형문화재는 여러 세대에 걸쳐 전승되어 온 무형의 문화적 유산 중 다음의 어느 하나에 해당하는 것이다(문화재보호법 제2조).

가. 전통적 공연 · 예술

나. 공예, 미술 등에 관한 전통기술

다. 한의약, 농경 · 어로 등에 관한 전통지식

라. 구전 전통 및 표현

마. 의식주 등 전통적 생활관습

바. 민간신앙 등 사회적 의식(儀式)

사. 전통적 놀이 · 축제 및 기예 · 무예

국가무형문화재 제1호는 종묘제례악이며, 인류무형문화유산으로 등재되었다. 양주별산대(楊州別山臺)놀이(2호), 남사당(男寺黨)놀이(3호, 인류무형문화유산) 등으로 현재 132호가 지정되어 있다.

국가무형문화재 보유자(重要無形文化財 保有者)는 연극, 음악, 무용, 공예, 의식, 무예, 놀이, 음식 등 국가무형문화재에 지정된 기술의 소지자로서 인정받은 사람이다. 문화재 보호법에 따라 국가가 문화재 위원회의 자문을 거쳐서 지정 · 보완하고 있다. 일상적으로 인간문화재(人間文化財)라고도 한다. 인간문화재는 역사적으로나 예술적으로 높은 가치와 문화적 기능을 지닌 사람을 지정하여 그 기능을 후계자에게 전수할 수 있도록 하며, 그 비용은 국가가 부담한다.

연극 인형극, 가면극 지정. 인형극은 꼭두각시놀음이 가면극은 양주별산대놀이, 송파산대놀이, 하회별신굿탈놀이, 봉산탈춤, 강령탈춤, 북청사자놀음, 통영오광대 등이 있다.

음악 종묘제례악, 판소리, 가곡 · 가사 · 범패 · 대취타 · 산조 등이 있다.

무용 진주검무, 처용무 · 승무 · 승전무 · 학무 · 살풀이춤 등이 있다.
공예 나전칠기장, 한산모시짜기, 옹기장 등이 있다.
의식 의례 또는 제의라고도 하며, 신이 설정된 공간에서 일정한 예식을 갖추고 행하는 법식이나 행사를 말한다. 강릉단오제 등이 있다.
놀이 남사당놀이, 강강술래, 안동 차전놀이, 고싸움놀이, 밀양 백중놀이, 줄타기 등이 있다.
음식 조선왕조 궁중음식이 국가무형문화재로 지정되어 있다.

4. 기념물

기념물은 국가지정문화재로 사적, 명승, 천연기념물로 구분하여 지정한다(문화재보호법 제25조).

가. 절터, 옛무덤, 조개무덤, 성터, 궁터, 가마터, 유물포함층 등의 사적지(史蹟地)와 특별히 기념이 될만한 시설물로서 역사적 · 학술적 가치가 큰 것.

나. 경치 좋은 곳으로서 예술적 가치가 크고 경관이 뛰어난 것.

다. 동물(그 서식지, 번식지, 도래지를 포함), 식물(그 자생지를 포함), 지형, 지질, 광물, 동굴, 생물학적 생성물 또는 특별한 자연현상으로서 역사적 · 경관적 또는 학술적 가치가 큰 것.

사적(史蹟) 기념물 가운데 선사시대의 유적 및 고분, 정치 및 전쟁에 관한 유적, 제사 · 신앙에 관한 유적, 산업 · 교통 · 토목에 관한 유적, 교육 · 사회사업 관계 유적, 분묘와 비석 등의 유적으로 중요한 것. 경주 포석정지(1호), 김해 봉황동 유적(2호), 수원 화성(3호, 세계문화유산).

명승(名勝) 기념물 중 유명한 건물이나 꽃 · 나무 · 새 · 짐승 · 물고기 · 벌레 등의 서식지, 유명한 경승지 · 산악 · 협곡 · 해협 · 곶 · 심연 · 폭포 · 호수 · 급류 등 특색있는 하천 · 고원 · 평원 · 구릉 · 온천지 등을 규정하고 있다. 명주 청학동 소금강(1호), 경남 거제 해금강(2호), 완도 정도리 구계등(3호).

천연기념물(natural monument, 天然紀念物) 기념물 중 동물(서식지 · 번식지 · 도래지 포함), 식물(자생지 포함), 지질 · 광물로서 중요한 것을 천연기념물로 지정한다. 대구 도동 측백나무 숲(1호), 서울 재동 백송(8호), 서울 조계사 백송(9호) 등 393개가 지정되었다.

천연(자연)보호구역은 일정한 지역에 동물 · 식물 · 광물의 천연기념물이 집중되어 있는 경우에는 하나하나 낱개를 지적하지 않고 일정 구역을 포함하여 지역단위의 넓은 자연 면적을 지정하고 있다. 한라산, 성산일출봉, 설악산, 홍도, 독도, 대암산-대우산, 창녕 우포늪 등이 있다.

5. 민속문화재

민속문화재는 의식주, 생업, 신앙, 연중행사 등에 관한 풍속이나 관습에 사용되는 의복, 기구, 가옥 등으로서 국민생활의 변화를 이해하는데 반드시 필요한 것이다(문화재보호법 제2조). 무형민속문화재는 국가무형문화재로 지정되므로, 민속문화재는 유형민속문화재만 다룬다. 용어는 중요민속문화재에서 국가민속문화재로 2017년에 바뀌었다.

국가민속문화재는 덕온공주당의(德溫公主唐衣)가 제1호이며, 단국대학교 죽전캠퍼스 석주선기념박물관에 소장 중이다. 심동신 금관조복(沈東臣 金冠朝服, 제2호), 광해군 내외 및 상궁옷(光海君 內外및尙宮옷, 제3호, 경남 합천 해인사). 양동마을과 하회마을의 고택이 있다.

비지정문화재 문화재보호법 또는 시 · 도의 조례에 의하여 지정되지 아니한 문화재 중 보존할만한 가치가 있는 문화재를 지칭한다.
일반동산문화재 국외 수출 또는 반출 금지 규정이 준용되는 지정되지 아니한 문화재 중 동산에 속하는 문화재를 지칭하며 전적 · 서적 · 판목 · 회화 · 조각 · 공예품 ·

고고자료 및 민속문화재로서 역사상 · 예술상 보존가치가 있는 문화재이다(문화재 보호법 제60조).

매장문화재 1) 토지 또는 수중에 매장되거나 분포되어 있는 유형의 문화재, 2) 건조물 등에 포장(包藏)되어 있는 유형의 문화재, 3) 지표 · 지중 · 수중(바다 · 호수 · 하천을 포함) 등에 생성 · 퇴적되어 있는 천연동굴 · 화석, 그 밖에 대통령령으로 정하는 지질학적인 가치가 큰 것이다(매장문화재 보호 및 조사에 관한 법률, 제2조).

6. 미래유산

미래유산은 지정문화재, 등록문화재로 등록되지 않은 한 도시의 근현대 문화유산 중에서 미래세대에게 전달할 만한 가치가 있는 유 · 무형의 것으로, 사람들이 근현대를 살아오면서 함께 만들어온 공통의 기억 또는 감성으로 미래세대에게 전할 100년 후의 보물이다.

1) 서울미래유산

서울미래유산은 2012년부터 미래유산 보전사업을 추진하여 2016년 54개(보신각타종 등), 2017년 38개(만화 꺼벙이 등)를 추가로 지정하였으며, 서울특별시 25개 구에 문화예술(84개), 정치역사(47), 시민생활(134개), 산업노동(66개), 도시관리(95개) 분야별로 총 464개의 미래유산이 있다(서울미래유산, 2017년 12월).

서울미래유산 상징 도안은 서울미래유산으로 등록된 문화유산임을 나타내기 위해 인장 형식으로 디자인하였으며, 문화유산에 현판으로 부착되어 서울미래유산의 가치를 표현하기 위해 사용된다. 인장색은 서울 대표색 중 '단청빨간색' 을 사용하였다.

2) 김포미래유산

김포문화재단은 김포시의 미래유산을 유형자산, 무형자산, 기념장소로 구분하여 역사적, 문화적 자산들을 제안받고 있다(김포문화재단, 2017).

미래유산 선정기준

지정문화재, 등록문화재로 지정되지 아니한 것 가운데, 시민들이 공유할 수 있는 공통의 기억과 감성을 지닌 근현대의 유산을 선정.

- 중요한 인물이나 사건 등을 이해하는데 현저하게 도움이 되는 것
- 특색있는 장소 또는 경관으로 도시 사람들에게 널리 알려진 곳
- 도시를 소재 또는 배경으로 하는 작품 또는 서울 사람들에게 널리 알려진 기념물
- 도시의 생활문화를 이해하는데 현저하게 도움이 되는 것 등

3) 전주미래유산

전주시는 미래유산 지정 및 보존을 체계적으로 추진하기 위해 '전주시 미래유산 보존 및 활용에 관한 조례'를 제정했으며, 이 조례에 따라 시민과 전문가로 구성된 '전주시 미래유산보존위원회'를 구성했다.

전주미래유산은 충경사, 동학농민군전주입성비, 곤지산 초록바위, 전주역 터, 미원탑 터, 장재마을, 남부시장, 모래내 전통시장, 삼천동 막걸리골목, 한지 제조 기술, 고미술거리, 전주동물원, 약령시거리, 행치마을, 어은쌍다리, 전주종합경기장, 호남제일문, 문화촌 공공건축물, 서학동 예술마을, 노송동 천사 등 공공장소와 공공 · 무형자산 등 20건이 선정되었으며, 또한 대장간과 서점 등 민간이 소유한 건물 30곳이 2017년 12월에 미래유산에 선정되었다.

제4장

국립공원 및 자연유산

Cultural Tourism

제4장 국립공원 및 자연유산

제1절 국립공원

학습 목표
1. 공원의 개념과 종류에 대해 이해한다.
2. 도시공원, 자연공원, 세계지질공원에 대해 고찰한다.

1. 공원

공원(公園, park)은 공공녹지로 자연지(自然地)나 또는 인공적으로 조성하여 대중에게 개방되어 휴식, 산책, 운동 등을 할 수 있는 넓은 공간의 정원이다.

〈그림 4-1〉 공원의 분류

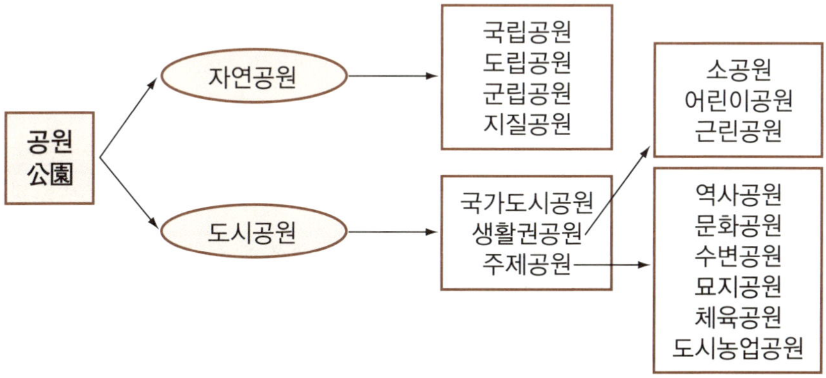

공원은 자연공원과 도시공원으로 구분할 수 있다. 자연공원은 공공녹지로 자연지역이며, 국립공원, 도립공원, 군립공원 및 지질공원으로 구분한다(자연공원법 제2조). 도시공원은 도시계획구역 안에서 자연경관의 보호와 시민의 건강 · 휴양 및 정서생활의 향상에 기여하기 위한 도시지역이며, 국가도시공원, 생활권공원, 주제공원으로 구분한다(공원녹지법 제15조).

2. 도시공원

도시공원은 도시지역에서 도시자연경관을 보호하고 시민의 건강. 휴양 및 정서생활을 향상시키는 데에 이바지하기 위하여 설치 또는 지정했다.

1) 국가도시공원

도시공원(300만㎡ 이상) 중 국가가 지정하는 공원이다.

■ 국립서울현충원, 국립대전현충원.

2) 생활권공원

도시생활권의 기반이 되는 공원의 성격으로 설치 · 관리하는 공원이다.

가. 소공원 소규모 토지를 이용하여 도시민의 휴식 및 정서 함양을 도모하기 위하여 설치하는 공원이다. 독립공원■(1897년), 탑골공원(사적 제354호)■■ 등이다.

나. 어린이공원(1500㎡ 이상) 어린이의 보건 및 정서생활의 향상에 이바지하기 위하여 설치하는 공원이다.

■ 독립공원은 1896년 독립협회가 서울의 독립문 일대에 조성한 공원이다. 독립협회는 자주독립의 상징물로 독립문의 건립과 함께 독립공원 건설을 당면의 목표로 하고 독립협회규칙 제2조에 이를 명기하고 있다.

■■ 탑골공원은 고종 때 원각사 터에 조성한 우리나라 최초의 공원으로 파고다 공원으로 불렸다. 탑골공원 팔각정(서울 시도유형문화재 제73호) 등이 문화재로 지정. 1992년 5월 28일 공원명칭을 파고다 공원에서 탑골공원으로 개정하였다.

다. 근린공원(1만m² 이상) 근린거주자 또는 근린생활권으로 구성된 지역생활권 거주자의 보건 · 휴양 및 정서생활의 향상에 이바지하기 위하여 2005년부터 설치하는 공원이다. 여의도근린공원(1997), 철산근린공원, 선유도공원.

탑골공원

탑골공원은 대한민국 최초의 근대공원이며, 원각사지 십층석탑이 있어 '동양의 불탑'이라는 뜻의 '파고다(Pagoda)' 라는 이름으로 지어졌다.
탑골공원 내 팔각정(서울시 유형문화재 제73호)은 1919년 3월 1일 만세운동의 발상지이며, 기미독립선언서를 낭독했던 곳이다.
공원 안에는 원각사지십층석탑(국보 2호), 원각사비(보물 제3호), 앙부일구(해시계) 받침돌, 만해 한용운 동상, 의암 손병희 동상 등이 있다.

탑골공원(1930년대)
자료 : http://www.google.co.kr/탑골공원

3) 주제공원

생활권공원 외에 다양한 목적으로 설치, 관리하는 공원이다.

가. 역사공원 도시의 역사적 장소나 시설물, 유적 · 유물 등을 활용하여 도시민의 휴식 · 교육을 목적으로 설치하는 공원이다. 사육신공원(노량진), 대구월곡(月谷) 역사공원, 제주신화역사공원.

나. 문화공원 도시의 각종 문화적 특징을 활용하여 도시민의 휴식 · 교육을 목적으로 설치하는 공원이다. 제주 돌 문화공원, 연수3호공원, 천안 한민족 역사문화공원, 생태예술공원(안양).

다. 수변공원 도시의 하천가 · 호숫가 등 수변공간을 활용하여 도시민의 여가 · 휴식을 목적으로 설치하는 공원이다. 대구 월광수변공원, 부산 민락수변공원, 울산 선암수변공원.

라. 묘지공원(10만m² 이상) 묘지 이용자에게 휴식 등을 제공하기 위하여 일정한 구역에 묘지와 공원시설을 혼합하여 설치하는 공원이다. 망우묘지공원, 서울외국인묘지공원(합정동), 동작동 충혼묘지공원.

마. 체육공원(1만m² 이상) 주로 운동경기나 야외활동 등 체육활동을 통하여 건전한 신체와 정신을 배양함을 목적으로 설치하는 공원이다. 손지정체육공원, 금정체육공원(현, 스포원파크(부산)), 석수체육공원, 화산체육공원(수원).

바. 도시농업공원(1만m² 이상) 도시민의 정서순화 및 공동체의식 함양을 위하여 도시농업을 주된 목적으로 설치하는 공원이다. 최초 강동구도시농업공원(매년 4월~10월에는 어린이들을 위한 영농체험장 운영, 12월~1월에는 얼음썰매장 운영), 노들섬 도시농업공원(서울시 제1호).

사. 그 밖에 시 · 도 또는 「지방자치법」 제175조에 따른 서울특별시 · 광역시 및 특별자치시를 제외한 인구 50만 이상 대도시의 조례로 정하는 공원.

도시자연공원

도시의 자연환경 및 경관을 보호하고 도시민에게 건전한 여가 · 휴식공간을 제공하기 위해 도시지역 안에서 식생(植生)이 양호한 산지(山地)의 개발을 제한할 필요가 있다고 인정하여 지정하는 용도구역의 하나를 말한다(국토계획법 제38조).

예) 서울 남산 도시자연공원, 서울 안산 도시자연공원, 관악산 도시자연공원, 청계산 도시자연공원, 불암산 도시자연공원, 서오릉 도시자연공원, 부산 이기대 도시자연공원

월드컵 공원은 서울특별시 마포구 상암동과 성산동 일원에 2002년 FIFA 월드컵을 기념하여 조성된 공원이다. 평화의 공원, 하늘공원, 노을공원, 난지천공원, 난지한강공원 등 5개의 공원으로 이루어져 있다.

4) 도시공원 현황(2015.12.31 기준)

생활권 공원			주제 공원					기타		합계
소공원	어린이 공원	근린 공원	역사 공원	문화 공원	수변 공원	묘지 공원	체육 공원	도시조례공원	도시자연공원	
4,318	10,864	5,034	184	422	494	59	305	12	74	21,766

시도	합 계	소공원	어린이 공원	근린 공원	역사 공원	문화 공원	수변 공원	묘지 공원	체육 공원	도시조례공원	도시자연공원
계	21,766	4,318	10,864	5,034	184	422	494	59	305	12	74
서울	2,122	399	1,201	424	12	45	13	4	4	-	20
부산	987	317	436	172	4	17	26	6	6	1	2
대구	796	141	476	160	2	6	4	-	7	-	-
인천	1,142	156	586	339	6	12	18	4	17	3	1
광주	619	75	398	126	6	2	6	3	3	-	-
대전	590	103	314	114	6	15	18	1	11	8	-
울산	574	89	337	112	6	6	19	1	4	-	-
세종	245	34	79	85	7	16	22	1	1	-	-
경기	5,802	1,252	2,825	1,216	49	145	152	17	138	-	8
강원	961	109	531	256	7	16	24	2	13	-	3
충북	1,021	192	459	309	10	12	27	1	10	-	1
충남	1,224	201	614	334	9	17	11	3	14	-	21
전북	752	118	338	251	7	18	9	4	5	-	2
전남	1,436	555	428	319	15	32	52	3	26	-	6
경북	1,621	268	891	358	11	28	37	3	16	-	9
경남	1,623	307	796	376	26	33	55	4	25	-	1
제주	251	2	155	83	1	2	1	2	5	-	-

대공원 = 근린공원

어린이대공원(서울)은 서울특별시 광진구 능동에 소재한 가족 단위의 휴식 공간으로 1973년 5월 5일 어린이날에 개장, 입장료는 2009년 5월을 기준으로 무료이며, 각 시설별, 서비스별 일부 유료 시설이 있다.

서울대공원(서울大公園, Seoul Grand Park)은 경기도 과천시에 있는 공원으로, 1984년 5월 1일에 개장하였다. 한국에서 가장 큰 동물원과 식물원이 있다. 놀이시설인 서울랜드가 있다.

생태공원(ecological park)은 1997년 최초로 샛강 생태 공원이 조성되었다.

아차산 = 생태공원

3. 자연공원

자연공원은 공공녹지로 자연지역이며, 국립공원, 도립공원, 군립공원 및 지질공원으로 구분한다(자연공원법 제2조).

1) 국립공원

국립공원(National Park)은 자연생태계나 자연 및 문화 경관(이하 "경관")을 대표할 만한 지역을 지정하여 관리하는 공원을 말한다(자연공원법 제2조). 자연생태계란 특별히 보호할 가치가 있는 천연적으로 아름다움을 가진 자연(산, 강, 평야, 바다 등)뿐만 아니라 희귀 생물들의 서식지, 그리고 그곳에 남겨진 뜻 깊은 유적지 등을 포괄한다(http://knps.or.kr/).

번호	명칭	지정	특징
1	지리산 국립공원	1967	최초 국립공원 지정
2	경주 국립공원	1968	국내 유일의 도시형 국립공원
3	계룡산 국립공원		
4	한려해상 국립공원		경남 통영시 한산도와 전남 여수시 의미
5	설악산 국립공원	1970	
6	속리산 국립공원		
7	한라산 국립공원		제주특별자치도에서 직접 관리
8	내장산 국립공원	1971	
9	가야산 국립공원	1972	경남과 경북 사이, 해인사
10	덕유산 국립공원	1975	
11	오대산 국립공원		
12	주왕산 국립공원	1976	경북의 청송군과 영덕군
13	태안해안 국립공원	1978	삼면이 서해와 접하며, 동쪽으로는 서산시와 접한다. 남쪽은 안면도
14	다도해해상 국립공원	1981	전남 신안군 홍도에서 여수시 앞바다까지섬과 반도가 많은 리아스식 해안 주변
15	북한산국립공원	1983	
16	치악산국립공원	1984	
17	월악산국립공원		
18	소백산국립공원	1987	
19	변산반도국립공원	1988	산과 바다 모두 국립공원 지정. 부안군
20	월출산국립공원		
21	무등산국립공원	2013	
22	태백산국립공원	2016	

국립공원은 지리산(1967년)이 처음 지정된 이후 태백산(2016년) 국립공원 지정까지 총 22개(산 17개, 도시 1개, 해상/해안 3개, 반도 1개) 곳이 지정되어 보호되고 있다. 세계 최초 국립공원은 미국 옐로스톤 국립공원(1872년)이다.

국립공원의 가치

가. 생태적 가치 자연생태계의 우리나라 총 서식 동물종의 약 62%와(특히 천연기념물의 70%, 멸종위기동물종의 54%가 국립공원 내 서식) 전체 식물종의 약 76.7%(멸종위기식물의 68%, 특정야생식물종의 76%)가 국립공원 내 서식 · 분포. 제주도는 세계자연유산, 세계지질공원, 생물권 보전지역으로 지정

나. 문화적 가치 문화재가 다수(우리나라 전체 문화재 중 국보 38점, 보물 141점, 명승 12개소 등 국가문화재 중 약 16%가 소재) 보존된 곳으로, 미래세대를 위한 문화 학술연구의 장소이다. 가야산 해인사의 장경판전, 경주의 불국사와 석굴암, 경주 역사유적지구(Historic Area)은 세계문화유산으로 지정

다. 여가공간적 가치 연간 3천500만 명 이상의 국민이 삶의 질 향상을 위해 찾는 휴식공간으로 국민의 정서함양과 여가활동을 통한 국민적 생산성 제고에 기여하는 여가 휴양공간.

라. 경제적 가치 우리나라 국립공원을 경제적 가치로 환산할 경우 64조 6천억 원, 보존가치 58조 원, 이용가치 6조 6천억 원으로 국민 1인당 135만 원의 가치 보유.

마. 상징적 가치 국립공원의 보전은 환경보전 문제에 대한 상징적 존재로 취급되며, 미래세대에 온전히 물려주어야 할 자연 유산으로 인식

2) 도립공원

시 · 도립공원은 광역시 · 도의 자연생태계나 경관을 대표할만한 지역으로 시장 · 도지사가 지정하여 관리하는 공원을 말한다(자연공원법 제2조, 2016). 도립공원은 금오산(현월봉 976m, 1970년 구미시)이 처음 지정되었으며, 제주곶자왈(2011년, 서귀포) 지정까지 총 29개 곳이 지정되어 보호되고 있다.

남한산성(南漢山城)은 도립공원(1971년)이며, 세계문화유산에 등재(2014년)되었다.

연번	공 원 명	위 치 (시 · 도 별)	면적 ㎢	지정일
계	29개소		1,124.876	
1	금오산	경북 구미, 칠곡, 김천	37.290	'70. 6. 1
2	남한산성	경기 광주, 하남, 성남	35.166	'71. 3.17
3	모악산	전북 김재, 완주, 전주	43.309	'71.12. 2
4	덕산	충남 예산, 서산	19.859	'73. 3. 6
5	칠갑산	충남 청양	32.946	'73. 3. 6
6	대둔산	전북 완주, 충남 논산, 금산	59.933	'77. 3.23
7	마이산	전북 진안	17.221	'79.10.16
8	가지산	울산, 경남 양산, 밀양	104.354	'79.11. 5
9	조계산	전남 순천	27.250	'79.12.26
10	두륜산	전남 해남	33.390	'79.12.26
11	선운산	전북 고창	43.683	'79.12.27
12	팔공산	대구 , 경북 칠곡, 군위, 경산, 영천	125.668	'80. 5.13
13	문경새재	경북 문경	5.494	'81. 6. 4
14	경포	강원 강릉	1.689	'82. 6.26
15	청량산	경북 봉화, 안동	49.470	'82. 8.21
16	연화산	경남 고성	21.847	'83. 9.29
17	고복	세종특별자치시(13.1.7, 군립→도립)	1.949	'90.1.20
18	천관산	전남 장흥	7.606	'98.10.13
19	연인산	경기 가평	37.445	'05. 9.15
20	신안 갯벌	전남 신안('13. 12. 31)	144.000	'08.06.05
21	무안 갯벌	전남 무안	37.123	'08.06.05
22	마라 해양	제주도 서귀포시('08. 9. 19)	49.755	'97. 8.23
23	성산일출해양	제주도 서귀포시('08. 9. 19)	16.156	'97. 8.23
24	서귀포해양	제주도 서귀포시('08. 9. 19)	19.540	'99. 1. 5
25	추자	제주도 제주시('08. 9. 19)	95.292	'00. 8.31
26	우도 해양	제주도 제주시('08. 9. 19)	25.863	'00. 8.31
27	수리산	경기 안양, 안산, 군포	6.963	'09. 7.16
28	제주 곶자왈	제주도 서귀포시	1.547	'11.12.30
29	벌교 갯벌	전라남도 보성군	23.068	'16. 1.28

3) 군립공원

군립공원(郡立公園)은 군의 자연생태계나 자연 및 문화 경관을 대표할만한 지역으로 지정된 공원을 말한다. 군립공원은 강천산(583m, 1981년 순창군)이 처음 지정되었으며, 병방산(2011년, 강원 정선) 지정까지 총 27개 곳이 지정되어 보호되고 있다.

연번	공 원 명	위 치 (시·도 별)	면적 ㎢	지정일
계	27개소		237.755	
1	강천산	전북 순창군 팔덕면	15.800	'81. 1. 7
2	천마산	경기 남양주시 화도읍, 진천면, 호평면	12.461	'83. 8.29
3	보경사	경북 포항시 송라면	8.510	'83.10. 1
4	불영계곡	경북 울진군 울진읍, 서면, 근남면	25.140	'83.10. 5
5	덕구온천	경북 울진군 북면	6.060	'83.10. 5
6	상족암	경남 고성군 하일면, 하이면	5.106	'83.11.10
7	호구산	경남 남해군 이동면	2.839	'83.11.12
8	고소성	경남 하동군 악양면, 화개면	3.134	'83.11.14
9	봉명산	경남 사천시 곤양면, 곤명면	2.645	'83.11.14
10	거열산성	경남 거창군 거창읍, 마리면	3.271	'83.11.17
11	기백산	경남 함양군 안의면	2.013	'83.11.18
12	황매산	경남 합천군 대명면, 가회면	21.784	'83.11.18
13	웅석봉	경남 산청군 산청읍, 금서·삼장·단성	17.960	'83.11.23
14	신불산	울산 울주군 상북면, 삼남면	11.585	'83.12. 2
15	운문산	경북 청도군 운문면	16.173	'83.12.29
16	화왕산	경남 창녕군 창녕읍	31.283	'84. 1.11
17	구천계곡	경남 거제시 신현읍, 동부면	5.871	'84. 2. 4
18	입곡	경남 함안군 산인면	0.995	'85. 1.28
19	비슬산	대구 달성군 옥포면, 유가면	13.382	'86. 2.22
20	장안산	전북 장수군 장수읍	6.274	'86. 8.18
21	빙계계곡	경북 의성군 춘산면	0.880	'87. 9.25
22	아미산	강원 인제군 인제읍	3.160	'90. 2.23
23	명지산	경기 가평군 북면	14.027	'91.10. 9
24	방어산	경남 진주시 지수면	2.588	'93.12.16

연번	공 원 명	위　치 (시 · 도 별)	면적 ㎢	지정일
25	대이리	강원 삼척시 신기면	3.664	'96.10.25
26	월성계곡	경남 거창군 북상면	0.650	'02. 4.25
27	병방산	강원 정선군 정선읍	0.500	'11. 9.30

4) 지질공원

국가지질공원(國家地質公園, National Geoparks)은 지구과학적으로 중요하고 자연 및 문화 경관이 우수한 지역으로 이를 보전하고 교육 · 관광 사업 등에 활용하기 위하여 인증한 공원을 말한다.

지질공원은 유네스코의 정의에 따르면 "특별한 과학적 중요성, 희귀성 또는 아름다움을 지닌 지질현장으로 지질학적 중요성뿐만 아니라 생태학적, 고고학적, 역사적, 문화적 가치도 함께 지니고 있는 지역으로 보전, 교육 및 관광을 통하여 지역경제 발전을 도모함"을 의미한다.

국가지질공원 인증 기본요건

공원면적 = 100㎢ 이상(육지 및 해상면적 포함).
지질명소 개소 수 = 20개소 이상('13년까지는 10개소 이상).
지질명소 = 퇴적명소, 화성명소, 수리명소, 고생물명소, 지형명소로 구분.
비지질명소 = 생태자연명소, 문화역사명소, 체험명소로 구분.

- "기본항목 필수조건"을 갖추고 "자체평가표" 점검결과 항목별 배점의 50% 이상이어야 함.

인증기간 = 고시일로부터 4년(4년마다 재평가)

〈표 4-1〉 국가지질공원

번호	명칭	인증	면적 ㎢	명소	특징
1	제주도	2012	1864	10	세계지질공원 인증(2010), 재인증(2014)
2	울릉도 · 독도	2012	128	23	
3	부산	2013	296	12	금정산, 태종대, 오륙도
4	강원 평화지역	2014	2067	21	철원-화천-양구--인제-고성
5	경북 청송	2014	845	24	세계지질공원 인증(2017), 꽃무늬 암석 구과 상유문암
6	무등산권	2014	246	23	광주-화순, 서석대, 광석대, 적벽
7	한탄 · 임진강	2015	766	20	포천11, 연천9
8	강원 고생대	2017	1990	21	태백5, 영월8, 평창2, 정선6
9	경북 동해안	2017	2261	19	경주3, 포항5, 영덕7, 울진4
10	전북 서해안권	2017	520	12	고창6, 부안6

〈표 4-2〉 국가지질공원 신청예정지

번호	추진 주체	명칭(면적)	지질명소	인증
1	전북	진안-무주 지질공원	마이산, 덕유산 등	국가지질공원 신청 예정
2	인천	옹진 · 강화 지질공원	두무진 해식애, 사곶 해변, 물범서식지, 강화 갯벌 등	
3	충북	단양 지질공원	고수동굴, 도담삼봉 등	
4	전남	전라남도 지질공원(신안, 목포, 해남, 진도)	해남 공룡화석지 등	타당성 조사
5	강원	설악권 지질공원(속초, 양양)	울산바위, 토왕성폭포 등	
6	충남	태안 · 서산 지질공원	신두리 사구, 보령 곤충화석지 등	심포지엄 개최('15. 2월)

4. 세계지질공원

세계지질공원(Global Geoparks)은 특별한 과학적 중요성, 희귀성 또는 아름다움을 지닌 지질공원으로 지질학적 중요성뿐만 아니라 생태학적, 고고학적, 역사적, 문화적 가치도 함께 지니고 있는 지역으로 유네스코가 지정한다.

세계지질공원 인증절차는 대한민국 국가지질공원으로 먼저 인증되어야 하며, 유네스코 한국위원회를 통해 신청한다. 세계지질공원은 35개국 127곳이 유네스코 인증을 받았다. 인증은 4년마다 재인증을 받아야 한다. 현재 제주도(2010, 인증; 2014, 재인증)와 경북 청송(2017 인증)이 인증받았다.

청송국가지질공원(Cheongsong National Geopark)

총면적 845.71㎢(경북 청송군 전체)

인구수 26,611명(외국인 포함)

지질명소 24개소

퇴적명소 청송자연휴양림 퇴적암층, 방호정 감입곡류천, 만안자암 단애

화성명소 기암 단애, 주방천 페퍼라이트, 급수대 주상절리, 병암 화강암 단애, 나실 마그마 혼합대, 면봉산 칼데라, 수락리 주상절리, 파천 구상 화강암, 청송 구과상 유문암

수리명소 주산지, 청송 얼음골, 달기약수탕

고생물명소 신성리 공룡발자국

지형명소 연화굴, 용추 협곡, 용연폭포, 절골 협곡, 백석탄 포트홀, 송강리 습곡구조, 노루용추 계곡

지질시대 분포 선캠브리아기, 쥬라기, 백악기, 신생대 제3기

주요 암종 분포

- **화성암** 응회암, 유문암, 현무암, 안산암 등
- **퇴적암** 세일, 이암, 사암, 역암, 석회암 등
- **변성암** 화강편마암, 각섬석편마암, 흑운모편마암 등

제2절 자연유산

학습 목표
1. 자연유산의 의의와 특징에 대해 이해한다.
2. 자연유산 유형, 자연휴양림, 생물권보전지역에 대해 고찰한다.

1. 자연유산

자연(自然, Nature)은 첫째, 인간의 영향이 미치지 않은 그대로의 현상과 그에 따른 물질 또는 산, 바다, 호수와 같은 자연 환경 그리고 사람을 제외한 인위적이지 않은 행동이나 현상 그리고 자연물 모두이다. 둘째, 사람을 포함한 하늘과 땅, 우주 만물이다.

유산(遺産, heritage)이란 선조로부터 물려받아 오늘날 그 속에 살고 있으며, 앞으로 우리 후손들에게 물려주어야 할 자산이다. 어느 것으로도 대체할 수 없는 우리들의 삶과 영감의 원천이다. 유산의 형태는 독특하면서도 다양하다.

자연유산의 특징

비이동성 관광객이 이동하여 볼 수 있는 대상으로 존재.
계절성 계절에 따라 신록, 단풍, 백설 등 그 특색이 다양함.
다양성 구성 정도에 따라 모양의 형태가 다 다름.
변동성 훼손, 파괴 및 조성 등의 변화될 수 있음.
저장 불능성 일반 제품처럼 어디 두었다가 필요할 때 활용할 수 없음.

세계유산은 유산들이 특정 소재지와 상관없이 모든 인류에게 속하는 현저한 보편적 가치를 지니고 있기 때문이다. 유네스코(UNESCO)는 세계유산을 문화유산, 자연유산과 복합유산으로 구별하고 있다.

세계자연유산의 정의는 세계유산협약(1972) 제2조에서 다음과 같다.

(1) 무기적 또는 생물학적 생성물들로부터 이룩된 자연의 기념물로 관상상 또는 과학상 현저한 보편적 가치를 갖는 것

(2) 지질학적 및 지문학적 생성물과 이와 함께 위협에 처해 있는 동물 및 생물의 종의 생식지 및 자생지로서 특히 특정 구역에서 과학상, 보존상 나아가서 자연의 미관상 현저한 보편적 가치를 갖는 것

(3) 과학, 보존, 자연미의 시각에서 볼 때 뛰어난 보편적 가치를 주는 정확히 드러난 자연지역이나 자연유적지

DEFINITION OF THE CULTURAL AND NATURAL HERITAGE

Article 2

For the purposes of this Convention, the following shall be considered as "natural heritage":

natural features consisting of physical and biological formations or groups of such formations, which are of outstanding universal value from the aesthetic or scientific point of view;

geological and physiographical formations and precisely delineated areas which constitute the habitat of threatened species of animals and plants of outstanding universal value from the point of view of science or conservation;

natural sites or precisely delineated natural areas of outstanding universal value from the point of view of science, conservation or natural beauty.

세계자연유산은 전 세계에 962곳이 등재되어 있으며, 그 중 복합유산을 포함해 217곳이다. 제주 화산섬과 용암동굴(2007)이 처음으로 세계자연유산으로 한라산, 성산일출봉, 거문오름 용암동굴계 등을 등재했다.

대한민국의 자연유산 잠정목록(Tentative Lists)은

- 설악산 천연보호구역
- 남해안 일대 공룡화석지(전남 해남 우항리, 보성 비봉리, 여수 사도리, 화순 서유리, 경남 고성 동명리)
- 서남해안 갯벌(전북 고창, 부안, 전남 순천, 무안, 보성, 신안 목포)
- 우포늪
- 제주도 △거문오름 상류동굴군(웃산전굴, 북오름굴, 대림굴) △수월봉(제주시 한경면 고산리) △차귀도(제주시 한경면 고산리) △소천굴(제주시 한림읍) △용머리해안(서귀포시 안덕면 사계리) 등이다.

2. 자연유산의 유형

자연유산의 유형은 산악(山岳), 구릉(丘陵), 고원(高原), 동굴(洞窟), 사막(沙漠), 온천(溫泉), 해양(海洋), 도서(島嶼), 하천(河川), 호소(湖沼), 산림, 수목, 화초, 동물 등으로 구별할 수 있다.

1) 산(山, mountain)

산은 주위보다 높이 솟아 있는 지형이다. 한국 고유어는 뫼 또는 메라고 지칭한다. 언덕보다 높고 험준한 곳을 산이라고 부르지만 높이에 대한 기준은 명확하지 않다. 브리태니커(Britannica) 백과사전은 2000피트(약 610m)보다 높아야 산으로 정의하고 있다. 지구상의 육지에는 1000m를 넘는 산이 육지의 약 1/4을 차지한다.

- 산악(山岳)은 높고 험준한 산이 커다란 지역에 무리를 이룬 것이다.
- 산맥(山脈)은 산봉우리가 연속되어 길게 이어져 있는 지형이다.
- 산지(山地)는 산봉우리가 연속되지 않고 넓은 지역에 많이 모여 있는 지형이다.
- 산계(山系)는 몇 가닥의 산맥이나 산지가 집합, 형성된 지형이다.

유명한 산은 대부분 국가에서 국립공원으로 지정되고 있다. 일반적으로 표고 100m 상승할 때마다 기온은 평균 0.6℃씩 내려간다.

한반도에서 가장 높은 산은 백두산(2750m)이고, 대한민국에서 가장 높은 산은 한라산(1956m)이다.

> 지구에서 가장 높은 산은 해발 8848m의 에베레스트 산이다. 태양계에서 가장 높다고 알려진 산은 화성의 올림푸스 산으로 높이가 27km나 된다.
>
> **세계 3대 산** 에베레스트(네팔 히말라야 산맥)산(8848m), 고오드윈 오스틴(캐시미르 캐라코랑 산맥), 마나슬루(네팔 히말라야 산맥).
>
> **세계 3대 산맥** 로키 산맥(4500km), 안데스 산맥(7000km, 남아메리카 7개국), 히말라야 산맥(2400km).
>
> **세계 3대 폭포** 나이아가라 폭포(Niagara Falls, 미국, 캐나다 국경), 빅토리아 폭포(Victoria Falls, 아프리카 잠비아, 짐바브웨 국경), 이과수 폭포(Iguassu Falls, 브라질, 파라과이 국경)

(1) 구릉(丘陵, Hilly Land, hilliness)

구릉은 완만하게 기복이 낮은 산이나 언덕이 계속(16km 내)되는 지형이다. 구릉은 산지보다 작은 규모의 것으로 '언덕'의 뜻으로도 사용된다. 한국에서는 대체로 해발 200~600m의 것이며, 그 밖의 다른 나라에서는 1,000m 이하의 것을 가리키는 경우도 있다. 선사유적지는 물이 흐르는 구릉지에서 발견된다.

(2) 오름

오름은 제주도에서 한라산 정상의 백록담을 제외한 전역에 분포하는 단성화산, 기생화산, 측화산(側火山, parasitic cone)을 일컫는다. 제주에서 통용되는 순 우리말이다. 오름의 어원은 우리말의 동사인 '오르다'에서 파생어로, 한자로는 악(岳)이나 봉(峯)으로 표시된다. 제주도에는 약 384개의 오름이 존재한다. 오름의 외형적 형태는 말굽형 174개, 원추형 102개, 원형 53개, 복합형 39개 순으로 분포한다.

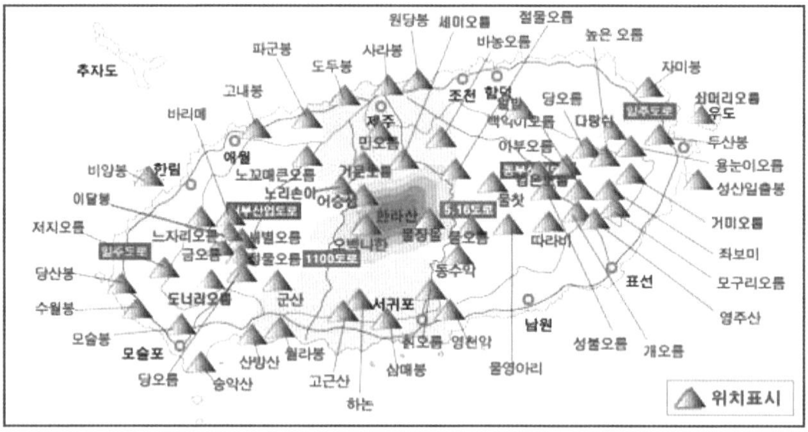

제주도 측화산 분포

자료 : http://cfile21.uf.tistory.com/image/271F203657D8D2CE23CED0

(3) 고원(高原, plateau)

고원(高原, plateau)은 주변 지역보다 상대적으로 해발고도가 매우 높으면서(약 2000m 이상), 지대가 평탄한 지역을 일컫는다.

한국의 고원은 개마고원, 낭림고원, 백두고원, 부전고원, 영서고원, 진안고원 등이 있다. 개마고원(蓋馬高原)은 조선민주주의인민공화국에 위치한 고원이다. 마천령산맥과 낭림산맥 및 부전령산맥으로 둘러싸인 약 4만km^2 넓이의 고원으로서 한국에서 제일 넓은 고원이다. 고원의 높이는 700~2,000m이며 남쪽에서 북으로 경사져 있다. 국가는 개마고원을 개마고원, 자강고원(慈江高原), 백무고원(白茂高原) 등으로 세분하고 있는데, 이에 따르면 개마고원의 면적은 약 14,300km^2이다.

2) 동굴(洞窟, Cave)

동굴은 사람이 드나들 수 있을 정도로 크고, 자연적으로 만들어진 굴이다. 동굴 종류는 석회동굴, 용암동굴, 해식동굴, 그리고 기타 동굴(석고동굴■, 암염동굴, 사암동굴)로 구분한다. 형성과정과 주변의 암석에 따라 매우 다양하다.

석회동굴은 퇴적동굴로 우리나라뿐만 아니라 전 세계에 분포하며, 주로 따뜻한 얕은 바다에 쌓였던 퇴적물이 암석으로 변한 것이다. 나중에 지각운동 등으로 솟아올라 때로는 산악지대와 같은 높은 곳에서 발견되기도 한다. 미국의 매머드(켄터키주) 동굴은 세계에서 가장 큰 석회암동굴로, 그 길이가 약 300km, 너비가 최대 150km, 높이가 80m에 이른다. 한국에서는 태백산맥의 석회암 지대에 석회암 동굴이 많으며, 평안북도 영변군의 동룡굴, 경상북도 울진군의 성류굴, 강원도 영월군의 고씨동굴, 충청북도 단양군의 고수동굴 등이 유명하다.

용암동굴은 화산암으로 이루어진 지역에 발달하는데, 지하에 있던 마그마가 화산활동과 함께 지표로 불출하여 용암으로 흘러내리면서 형성된다. 세계에서 가장 큰 용암동굴은 한국 제주도의 거문오름 용암동굴계(15km)이다. 만장굴(7.4km)은 1962년 김녕사굴과 함께 천연기념물 제98호로 지정되었다.

해식동굴은 해안선을 따라 위치한 절벽이 오랜 세월 파도에 깎이면서 형성된다. 따라서 암석의 종류와 상관없이 해안에서 파고의 영향을 받는 곳이면 어디서든지 만들어질 수 있다. 우리나라에는 제주도와 동해안의 가파른 해안선에 많이 분포되어 있다.

사암동굴을 형성하는 사암은 강이나 바다에 퇴적된 모래 알갱이가 지하에 깊이 묻히면서 암석으로 변한 것이다. 지각운동으로 지구 표면에 노출된 후, 지하수에 녹거나 또는 하천이나 바람에 깎이면서 동굴이 만들어진다.

이 밖에도 암석의 종류에 상관없이 암석의 약한 틈을 따라 깎이면서 만들어지는 절리동굴이 있다. 그리고 암석의 밑에 지하수에 녹을 수 있는 암석이 있으면 지하를 흐르는 하천에 깎여서 동굴을 형성하는 암석이나 광물의 이름을 따서 셰일동굴, 규암동굴, 운모동굴 등의 이름을 붙이기도 한다.

■ 세계에서 가장 큰 석고 동굴은 러시아의 해저 동굴인 오르다 동굴이다.

3) 바다(Sea)

바다는 지구 표면에서 소금물로 채워진 부분이다. 바다는 대양과 연결된 넓은 해역을 의미한다. 바다는 지구 표면의 70.8%를 차지하고 있다.

해양의 면적은 3억 6,105만km^{2}에 이르고, 해수의 부피는 13억 7,030만 km^{3}에 이른다. 해양의 깊이를 평균하면 4,117m가 되며, 최대 깊이는 11,034m이다.

바다는 육지와 가까운 연안일수록 깊이가 얕으며 대양으로 갈수록 깊어진다. 깊이 순서로 나열하면 연안(약 0m~30m) → 대륙붕(약 30m~200m) → 대륙사면(약 200m~1,500m) → 심해(약 1,500m~6,000m) → 해구(약 6,000m~11,000m)의 순서다.

해안형 국립공원 태안해안, 변산반도, 다도해해상, 한려해상 국립공원

세계의 해양(海洋)은 위치 · 형태 · 크기, 해수의 성질, 운동의 밀접한 관계에 따라 4개로 크게 분류(O. Krummer)한다.

대양 대면적의 고유 염분 · 조석 · 해류를 가진 해양. 오대양(五大洋)은 세계의 커다란 바다(大洋, ocean) 다섯 곳을 뜻하는 명칭. 오대양은 태평양, 대서양, 인도양, 북극해, 남극해로 구분한다. 태평양과 대서양은 파나마 운하로도 연결된다. 믈라카 해협은 태평양과 서쪽의 인도양을 이어주며, 마젤란 해협은 태평양과 동쪽의 대서양을 이어준다.

부속해 소면적으로 인접 육지와 대양의 조석 · 해류의 영향을 많이 받는 해양이다.

지중해 대륙에 깊숙이 들어가 있는 바다로 해협을 통하여 대양과 접속되는 해양이다.

연해 대륙 연변에서 도서 혹은 바다로 둘러싸인 바다(황해, 오호츠크 해(Okhotsk sea)이다.

세계 3대 미항 나폴리(이탈리아), 리우데자네이루(브라질), 시드니(오스트레일리아)

세계 4대 어장 오호츠크해(일본 근해), 뉴펀들랜드해(북미의 동해안), 북해(노르웨이 근해), 알라스카해

세계 바다를 축소한 관광지

아쿠아리움, 수산시장 COEX(2000), 롯데월드, 부산(SEA LIFE)해운대(2001), 아쿠아 플라넷 제주(서귀포)

4) 해변(beach, 海邊)

해변은 저조위 · 고조위의 해안선뿐만 아니라 폭풍에 의한 해일이 미치는 범위로 모래와 자갈 등으로 이루어진 해안이다. 해변은 자갈해변, 모래해변, 개펄해변 등으로 분류한다.

(1) 모래해변

해수욕장(Seaside resort)은 바다의 모래해변에서 해수욕을 하기 위한 환경이나 시설이 조성된 장소이다.

해수욕장은 해수욕장법 기준에 따라 지정된 '지정 해수욕장'(이하 지정)은 254개소, 비지정 해수욕장은 41개소, 기타 해수욕장은 15개소로 총 310개소이다. 해수욕장 이용객 현황은 2012년 75백만 명, 2013년 88백만 명, 2014년 70백만 명, 2015년 1억 명으로 나타났다(해양수산부, 2017).

(2) 자갈해변

자갈해변은 둥굴둥굴한 자갈이 있는 바닷가이다. 자갈해변은 예송리해변(보길도), 학동흑진주몽돌해변(거제시), 여차몽돌해수욕장(거제시), 주전몽돌해안(울산시), 제주 내도동 알작지 등이 있다.

(3) 개펄해변

갯벌(tidal flat) 또는 개펄은 조류나 강에 진흙이 쌓인 연안 습지(濕地)이다. 갯벌은 갯가(바닷물이 드나드는 곳의 가장자리)에 넓게 펼쳐져 있는 곳을 가리킨다. 갯벌은 모래나 개흙으로 된 곳이 있다. 개펄은 개흙으로 이루어진 땅을 말한다(서울신문, 2008. 4.1). 뻘은 개흙(갯바닥, 늪바닥, 갯가에 있는 거무스름하고 미끈미끈한 고운 흙)의 (경남, 전남) 방언이다(NAVER백과사전, 2017).

유럽 북해연안 갯벌(약 9,000㎢), 아마존 강 하구 갯벌, 미국동부해안 갯벌, 캐나다 동부해안 갯벌(약 30만ha), 대한민국 서남해안 갯벌(남한 2,489㎢, 북한 3,000㎢).

5) 하천(河川)

하천은 강과, 골짜기나 평지에서 흐르는 자그마한 내를 뜻하는 시내를 아울러 이르는 말이다. 강(江, River)은 물이 흐르는 길이다. 하늘에서 내린 비가 바다로 흘러가는 경로에 해당된다. 강은 한국 고유어로 '가람' 이라고도 한다. 하천은 하천법에 의한 국가하천, 지방하천, 소하천으로 구분하고 있다.

우리나라의 긴 강은 낙동강(洛東江, 510km), 한강(漢江, 494km), 금강(錦江, 402km), 섬진강(蟾津江, 225km), 영산강(榮山江, 117km)이 있고, 세계 4대 긴 강은 나일강(6671km, 이집트, 수단). 아마존강(6400km, 남미), 양자강(6300km, 중국), 미시시피강(6210km, 미국 중부)이다.

세계 4대 문명이 발생한 지역은 모두 강 유역이다. 4대 문명은 이집트 문명(나일강), 메소포타미아 문명(티그리스 강, 유프라테스 강), 인더스 문명(인더스 강), 황허 문명(황허 강)이다.

6) 호소(湖沼)

호소는 호수(湖水)와 늪(沼)을 모두 가리키는 말로, 육지에 둘러싸인 채 바다로 직접 연결되지 않은 물이다.

- **호수(湖水, lake)** = 최심부가 5m 이상 되는 곳, 못이나 늪보다 넓고 깊다.
- **늪지(swamp)** = 최심부의 깊이가 5m 이하이며, 침수식물이 무성한 곳으로 습지의 일종이다. 소(沼)라고도 한다. 연못(池, pond)은 지표상의 담수로 덮인 영역이다.

- **소택(沼澤, Marsh)** = 저습지(低濕地, morass)로 도처에 정수식물이 무성하고 최심부가 1m 이하인 곳이다.
- **습원(濕原, moor, bog)** = 습지식물이 무성히 덮여 있는 곳. 습기가 많은 초원이다.

세계 3대 호수 카스피해(구 소련, 이라크, 394,299㎢), 슈피리어호(미국, 캐나다, 82,414㎢), 빅토리아호(아프리카, 68,870㎢)

람사르 협약(Ramsar Convention)

람사르 협약(Ramsar Convention)은 습지의 보호와 지속가능한 이용에 관한 국제 조약이다. "습지에 관한 협약(Convention on Wetlands)"은 1971년 2월 2일 이란의 람사르에서 18개국이 모여 체결하였다. 지정습지는 169개국, 2,247개소(215백만 ha)이다(2016년 12월).
우리나라 습지보호지역은 총 43개소(환경부 23, 해양수산부 13, 지자체 7), 총 364.726㎢이다.
람사르 등록 습지는 총 22개소, 191.627㎢이다(2017년 6월 기준, http://www.wetland.go.kr/).

람사르 로고

번호	지 역 명	면적 ㎢	특 징	지정일자
1	대암산 용늪	1.06	희귀야생 동·식물이 서식, 국내 유일의 고층습원	1997년 3월 28일
2	우포늪	8.54	큰부리큰기러기, 가시연꽃 등 다수의 멸종위기 동·식물 서식, 국내 최대의 자연늪	1998년 3월 2일
3	장도 습지	0.09	멸종위기종 서식, 이탄층이 잘 보전, 도서지역 산지습지	2005년 3월 30일
4	순천만·보성갯벌	35.5	흑두루미 국내 최대 월동지, 수산자원 풍부	2006년 1월 20일
5	제주 물영아리오름 습지	0.31	물장군과 맹꽁이 등 서식, 독특한 식생경관을 지닌 화구호 습지	2006년 10월 18일
6	두웅 습지	0.065	희귀야생 동·식물 서식, 해안사구 배후에 형성된 사구습지	2007년 12월 20일

번호	지 역 명	면적 ㎢	특　징	지정일자
7	무제치늪	0.04	끈끈이주걱, 꼬마잠자리 등 희귀야생 동·식물 서식, 이탄층이 잘 발달된 산지습지	2007년 12월 20일
8	무안 갯벌	35.89	생물다양성 풍부하고 지질학적 보전가치가 있음	2008년 1월 14일
9	강화 매화마름 군락지	0.003	매화마름, 금개구리 등 서식. 국내 최초 람사르습지 지정	2008년 10월 13일
10	제주 물장오리오름 습지	0.628	팔색조, 삼광조 등 서식. 이탄층 발달한 산정 하구호습지	2008년 10월 13일
11	오대산 국립공원 습지	0.017	멸종위기종 서식. 이탄층 잘 발달된 산지습지	2008년 10월 13일
12	제주 1100고지 습지	0.126	멸기위기종 및 희귀종 서식, 독특한 지형에 발달한 고산습지	2009년 10월 12일
13	서천 갯벌	15.3	다수의 멸종위기종 조류 및 전 세계 물떼새 개체수 1% 이상 서식(검은머리물떼새)	2009년 12월 2일
14	고창·부안 갯벌	45.5	다수의 멸종위기종 조류 및 전 세계 물떼새 개체수 1% 이상 서식(흰물떼새)	2010년 2월 1일
15	동백동산 습지	0.59	지하수함양률이 높고 생물다양성이 풍부한 곶자왈지역	2011년 3월 14일
16	운곡습지	1.797	생물다양성이 풍부하고 멸종위기종 수달 등 서식	2011년 4월 7일
17	증도 갯벌	31.3	국제적인 보호 조류가 서식하는 연안 습지	2011년 9월 1일
18	한강 밤섬	0.27	자연생태계보전지역 지정. 대도시 속의 습지	2012년 6월 26일
19	송도 갯벌	6.11	저어새, 검은머리갈매기 등 주요 철새 도래지. 개발의 위험에서 벗어나지 못함	2014년 7월 10일
20	숨은물뱅듸	1.175	고산습지로 습지 내 지형의 기복에 따라 독특한 경관, 생물다양성 풍부, 자주땅귀개, 새호리기 등 법정보호종 다수 분포	2015년 5월 13일
21	한반도 습지	2.772	물다양성이 풍부한 자연형 하천습지. 한반도 지형을 닮은 지형과, 석회동굴, 자연교, 바위절벽 등 다양한 하천 침식 및 퇴적지형이 존재, 자연적 퇴적활동으로 인해 생성된 자연형 하천습지	2015년 5월 13일
22	순천 동천 하구	5.394	물억새 군락이 우세한 하도습지, 국제적으로 중요한 이동물새 서식지, 생물다양성이 풍부하고 멸종위기종 상당수 분포	2016년 1월 20일

자료 : 국립습지센터(http://www.wetland.go.kr/information/ramsarMsy.do)

7) 기타 자연유산

기타 자연유산은 사막, 온천, 산림, 동물, 식물(나무, 꽃 등) 등이 있다.

세계 3대 사막 사하라 사막(아프리카), 아라비아 사막(중동), 고비 사막(몽골)

자연유산보존협회

자연유산보존협회는 천연기념물과 명승지 및 이에 준하는 자연유산의 조사, 연구, 교육, 홍보활동 등을 통하여 효율적으로 보존, 관리하는데 기여함을 목적으로 1998년 6월 1일 설립허가된 대한민국 문화체육관광부 소관의 사단법인이다.

주요 사업

- 자연유산에 관한 조사, 연구, 교육, 홍보사업
- 자연유산의 보존을 위한 국제교류사업
- 자연유산의 보급, 보존을 위한 계획 등에 관한 사업
- 자연유산의 증식, 이동에 관한 사업
- 기타 목적 달성을 위한 사업

3. 자연휴양림

자연휴양림은 국민의 보건휴양, 정서함양, 산림교육 등을 위하여 조성한 산림(휴양시설과 그 토지를 포함)이다(산림문화 · 휴양에 관한 법률, 제2조). 자연휴양림이란 산림이 갖고 있는 울창한 숲, 맑은 공기, 깨끗한 물, 아름다운 경관 등을 산림 내에서 휴양, 휴식에 필요한 최소한의 기본시설만을 설치하여 국민들이 편안하게 이용할 수 있도록 마련한 국민 휴식공간이다.

국립자연휴양림은 전체 39개소로 북부지역팀 10개소(유명산, 산음, 중미산, 운악산, 속리산, 오서산, 희리산, 용현, 상당산성, 아세안), 동부지역팀 12개소(청태산, 복주산, 용화산, 백운산, 삼봉, 용대, 방태산, 대관령, 미천골, 두타산, 가리왕산, 검봉산), 남부지역팀 8개소(대야산, 칠보산, 청옥산, 검마산, 통고산, 운문산, 신불산, 황정산), 서부

지역팀 9개소(방장산, 덕유산, 운장산, 지리산, 남해편백, 회문산, 천관산, 낙안민속, 변산)가 조성 · 운영되고 있다.

북부지역팀(10)	동부지역팀(12)	남부지역팀(8)	서부지역팀(9)
유명산(가평)	청태산(횡성)	대야산(문경)	방장산(장성)
산음(양평)	복주산(철원)	칠보산(영덕)	덕유산(무주)
중미산(양평)	용화산(춘천)	청옥산(봉화)	운장산(진안)
운악산(포천)	백운산(원주)	검마산(양양)	지리산(함양)
속리산(보은)	삼봉(홍천)	통고산(울진)	남해편백(남해)
오서산(보령)	용대(인제)	운문산(청도)	회문산(순창)
희리산(서천)	대관령(강릉)	신불산(울주)	천관산(장흥)
용현(서산)	미천골(양양)	황정산(단양)	낙안민속(순천)
상당산성(청원)	두타산(평창)		변산(부안)
아세안(양주)	가리왕산(정선)		
	검봉산(삼척)		

※관리소 2개과 4개 지역팀 39개 자연휴양림

4. 생물권보전지역

생물권보전지역(Biosphere Reserve, 生物圈保護地域)은 유네스코의 MAB(Man and the Biosphere, 인간과 생물권) 프로그램(1971)에 따라 지정된 보호구역이다. 두 개 또는 그 이상의 생물이 보존되는 지역으로 인간 활동이 억제된다. 현재 120개국, 669곳이 생물권보전지역으로 지정되어 있다(2017년 3월).

MAB 로고

〈그림 4-2〉 생물권보전지역의 구역

생물권보전지역의 구역은 핵심구역(core area), 완충구역(buffer area), 협력(전이) 구역(flexible transition area) 등으로 지정하여 관리한다. 유효기간은 10년이다.

생물권보전지역은 설악산(1982), 제주도(2002), 신안 다도해(2009), 광릉숲(2010), 고창(2013) 5곳이 지정되어 있다. 한반도에서는 백두산(1989), 구월산(2004), 묘향산(2005), 칠보산(2014)이 지정된 곳이다.

예비신청지역 검토 중 순천시, 연천군, 강원도

우리나라의 유명한 숲

국립수목원, 물향기수목원■, 아침고요수목원■■
영상자료(http://www.unescomab.or.kr/biosphere/network.php).

(1) 국립수목원

국립수목원은 경기도 포천시 소흘읍 직동리와 경기도 남양주시 진접읍에 위치하고 있다. 국립수목원은 '광릉 숲'이 유네스코 생물권보전지역으로 2010년 지정되었다. 1999년 이전에는 광릉수목원이라 불렸다.

국립수목원은 1,120ha의 자연림과 102ha에 이르는 전문전시원, 산림박물관, 산림동물보전원, 산림생물표본관, 열대식물자원연구센터 등으로 이루어져 있다.

전문전시원(1984년~1987년 완공)은 식물의 용도, 분류학적 특성 또는 생육 특성에 따라 수생식물원, 식·약용식물원 등 22개의 전문전시원이 조성되어 있다. 총 102ha의 면적에 3,873종류의 식물을 식재하여 현장학습 장소로 활용되고 있다. 전문전시원은 관상 가치가 높은 나무를 모아 배치한 관상수원, 꽃이 아름다운 나무를 모아 전시한

■물향기수목원(Mulhyanggi Arboretum)은 경기도 오산시 청학로 211에 위치하고 있는 도립 수목원이다. 2000년부터 조성을 시작하여 2006년 5월 4일에 개장하였다.

■■아침고요수목원(The Garden of Morning Calm)은 경기도 가평군에 위치하여 10만 평의 넓이에 총 4,500여 종의 식물을 보유하고 있는 원예수목원이다.

화목원, 습지에 생육하는 식물을 모아놓은 습지식물원 이외에도 수생식물원, 식 · 약용 식물원, 희귀 · 특산식물 보존원, 소리정원, 덩굴식물원, 손으로 보는 식물원, 난대식물 온실 등으로 구성되어 있다.

산림박물관(1987년 4월 5일 개관)은 우리나라 산림과 임업의 역사와 현황, 미래를 설명하는 각종 임업사료와 유물, 목제품 등 11,300점의 자료들이 전시되어 있다.

산림동물보존원(1991년 개원)에는 백두산호랑이, 반달가슴곰, 늑대 등 12종의 야생동물이 서식하고 있다.

산림생물표본관(2003년 완공)은 국내외 식물 및 곤충표본, 야생동물 표본, 식물종자 등 94만 점 이상이 저장, 관리되고 있으며, 열대식물자원연구센터(2008년 완공)는 족보가 있는 열대식물 3,000여 종이 심어져 있다.

고창은 이미 람사르습지로 지정된 고창갯벌과 운곡습지, 고인돌 세계문화유산, 선운산도립공원, 동림저수지 야생동물보호구역 등을 핵심지역(91.28㎢)으로 정했고, 주변의 산림지 · 하천 · 염습지 · 사구 등은 완충지대(265.54㎢)로 설정했다. 이를 에워싸는 농경지와 14개 읍면 거주지역은 전이지역(314.70㎢)이다.

(2) 곶자왈

곶자왈은 제주도에 위치한 돌숲 지대를 일컫는 제주 사투리 나무숲을 뜻하는 '곶'과 황무지(자갈)를 뜻하는 '자왈'을 합쳐 만든 글자이다(한국민족문화대백과, 2016). 곶자왈은 돌이 많아서 지형이 울퉁불퉁하고, 나무와 덩굴들, 양치류 등이 우거져 있다. 곶자왈은 열대식물의 북방한계 식물과 한대식물의 남방한계 식물이 공존하는 독특한 숲을 만들고 있다.

제주의 곶자왈 지대는 한경-안덕(44.8㎢), 조천-함덕(43㎢), 구좌-성산(7.6㎢), 애월(3.5㎢) 곶자왈의 순으로 6.1% 정도 분포되어 있다.

〈그림 4-3〉 제주도 곶자왈 분포

제주도

제주도는 대한민국에서 가장 큰 섬으로, 한반도 남쪽 바다 건너에 있다. 섬의 면적은 1833.2㎢, 한국 면적의 1.83%에 해당한다. 대한민국의 섬 중에서 가장 인구가 많은 곳으로, 2016년 12월 말 기준으로 63만 7천여 명이다.

제주도는 한라산 국립공원(1970), 유네스코의 생물권 보전지역(2002년), 화산섬과 용암동굴 세계자연유산(2007), 세계지질공원(2010, 2014) 지정되었다.

제주도는 중앙의 한라산을 중심으로 완만한 경사를 이루어 동서 73km, 남북 31km의 타원형을 하고 있다. 일주도로 길이는 181km, 해안선은 258km이다. 북쪽 끝은 김녕 해수욕장이고, 남쪽 끝은 송악산이며, 서쪽 끝은 수월봉, 동쪽 끝은 성산 일출봉이다.

제주도의 지형

한라산은 거대한 화산 폭발로 바다에서 뜨거운 용암이 솟구쳐 올라와 산이 만들어졌다. 그 중 가장 크게 솟구친 분화구가 백록담이다.

오름은 기생 화산으로 큰 화산 옆에 붙어 있는 작은 화산을 뜻하며, 제주 방언이다. 제주도에는 거문 오름을 비롯하여 약 384여 개의 오름이 있다.

성산일출봉은 바다 속을 흐르던 뜨거운 마그마가 물속에서 폭발한 후 지각 변동이 일어나 폭발한 부분이 위로 솟구쳐 올라 만들어졌다.

주상절리는 용암이 흐르다가 차가운 공기, 바닷물과 만나 부피가 줄어들고 고체로 굳어지면서 오각형, 육각형 모양의 돌기둥이 되었다.

용암 동굴은 굳은 용암의 표면 아래에 생긴 동굴로, 용암의 표면이 굳은 뒤 내부 용암이 빠져나가면서 만들어진다. 대표적으로 만장굴이 있다.

제5장

세계기록유산 및 무형문화유산

Cultural Tourism

제5장

세계기록유산 및 무형문화유산

제1절 세계기록유산

학습목표
1. 세계기록유산의 개요에 대해 이해한다.
2. 세계기록유산의 등재 기준, 효과, 현황 및 등재 추진에 대해 고찰한다.

1. 세계기록유산 개요

세계기록유산(Memory of the World)은 유네스코(UNESCO)에서 기록물에 대해 제정하는 문화유산이다. 국제자문위원회가 심사하고 유네스코 사무총장이 승인하는 형식으로 선정된다. 국제자문위원회 회의는 1997년부터 2년마다 개최되고 있다.

세계기록유산의 정의는 전 세계 민족의 집단 기록이자 인류의 사상, 발견 및 성과의 진화 기록을 의미한다.

세계기록유산 상징 도안은 기억 사이의 공백 및 기억의 손실을 형상화하는 것으로 2009년 채택되었다.

Memory of the World

유네스코 세계기록유산 사업은 세계의 기록유산이 인류 모두의 소유물이므로, 미래세대에 전수될 수 있도록 이를 보존하고 보호하고자 한다. 또한 기록유산에 담긴 문화적 관습과 실용성이 보존되어야 하고, 모든 사람들이 방해받지 않고 접근할 수 있어야 한다.

세계기록유산은 인류 모두의 소중한 자산이라는 데 바탕을 두고, 세계기록유산의 주요 목적은 다음과 같다.

- 최적의 기술을 통해 전 세계기록유산의 보존을 돕는다.
- 기록유산의 보편적 접근성을 향상한다.
- 기록유산의 존재와 중요성에 대한 세계적 인식을 제고한다.

세계기록유산의 종류는 문자로 기록된 것(책, 필사본, 포스터 등), 이미지나 기호로 기록된 것(데생, 지도, 악보, 설계도면 등), 비문, 시청각 자료(음악 컬렉션, 영화, 음성 기록물, 사진 등), 인터넷 기록물 등이다.

2. 등재 기준

1) 유산의 진정성(Authenticity)

해당 유산의 본질 및 기원(유래)을 증명할 수 있는 정품이어야 한다.

2) 독창적(Unique)이고 비(非)대체적(Irreplaceable)

특정 기간 또는 특정 지역에 지대한 영향력을 끼쳤음이 분명한 경우이거나 해당 유산이 소멸되거나 유산의 품질이 하락한다면 인류 유산의 발전에 심각한 해악을 끼치리라 판단되는 경우이어야 한다.

3) 세계적 관점에서 유산이 가지는 중요성

한 지역이 아닌 세계적으로 어떠한 영향을 끼쳤는지 여부와 아래의 5가지 요소들 중에 반드시 한 가지 이상으로 그 중요성을 증명할 수 있어야 한다.

시간(Time) 국제적인 일의 중요한 변화의 시기를 현저하게 반영하거나 인류 역사의 특정한 시점에서 세계를 이해할 수 있도록 이바지하는 경우

장소(Place) 세계 역사와 문화의 발전에 중요한 기여를 했던 특정 장소와 지역에 관한 주요한 정보를 담고 있는 경우

사람(People) 전 세계 역사와 문화에 현저한 기여를 했던 개인 및 사람들의 삶과 업적에 특별한 관련을 갖는 경우

대상 / 주제(Subject / Theme) 세계 역사와 문화의 중요한 주제를 구현하고 있는 경우

형태 및 스타일(Form and Style) 뛰어난 미적, 형식적, 언어적 가치를 가지거나 형태 및 스타일에서 중요한 표본이 된 경우

4) 보조 요건

희귀성(Rarity) 독특하거나 희귀한 자료

원 상태로의 보존(Integrity) 온전한 하나의 전체로서 보존되어 있는 경우

위협(Threat) 해당 유산이 각종 위험 요소에서 안전한가 또는 안전을 담보할 수 있는 경비 조치가 적절한지의 여부

관리 계획(Management Plan) 해당 유산의 중요성에 비추어 적절한 보존 및 접근 전략의 존재 여부

3. 등재 효과

- 국제적 보존 · 보호를 받을 수 있는 법적기구로 발전 가능성 대비
- 보존관리에 대한 유네스코의 보조금 및 기술적 지원
- 세계기록유산 로고 사용 및 유네스코를 통한 지속적 홍보와 인식 제고 가능
- CD-ROM, 디지털 테이프와 오디오 CD 같은 디지털기술을 활용하여 세계기록유산을 가능한 많은 대중에게 제공할 수 있다.

세계기록사업 일반운영지침

보존(Preservation), 접근(Access), 인식 제고(Awareness), 기록유산 부산물들의 보급(Distribution of derived products)

4. 등재 현황

세계기록유산은 전 세계적으로 128개국 427건, 공동등재 34건에 이른다. 우리나라의 세계기록유산은 총 16건이 등재되었다. 세계에서 네 번째, 아태지역에서는 첫 번째로 많다. 중국 10건, 일본 5건이다(2017년 현재).

우리나라의 세계기록유산은 훈민정음(1997, 국보 제70호), 조선왕조실록(1997), 직지심체요절(2001), 승정원일기(2001), 해인사 대장경판 및 제경판(2007), 조선왕조의궤(2007), 동의보감(2009), 일성록(2011), 5.18 민주화운동 기록물(2011), 난중일기(2013), 새마을운동 기록물(2013), 한국의 유교책판(2015), KBS 특별생방송 '이산가족을 찾습니다' 기록물(2015), 조선통신사 기록물(2017, 한일공동), 조선왕실 어보와 어책(2017), 국채보상운동 기록물(2017)이 등재되었다.

우리나라의 세계기록유산

1. 훈민정음(訓民正音), The main text of Hunminjeongeum, 1997

훈민정음 판본에는 한글을 1443년에 창제됨과 1446년 음력 9월에 조선왕조(제4대) 세종대왕(재위 1418~1450)의 반포문(頒布文)이 포함되어 있다. 훈민정음 해례본(解例本)은 정인지(鄭麟趾) 등 집현전 학자들의 해설과 용례를 덧붙여 쓴 해설서이다. 훈민정음 해례본의 발간일을 양력으로 계산하여 10월 9일을 한글날로 지정한 뒤 1946년부터 매년 국가 기념행사를 개최하고 있다.

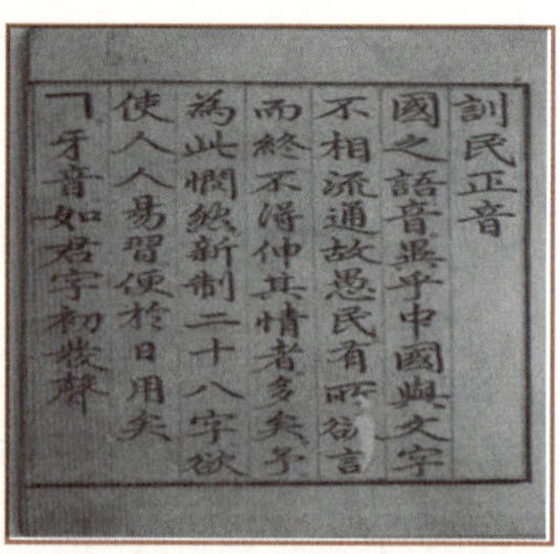
訓民正音
國之語音異乎中國與文字
不相流通故愚民有所欲言
而終不得伸其情者多矣予
為此憫然新制二十八字欲
使人人易習便於日用矣
ㄱ牙音如君字初發聲

유네스코가 문맹 퇴치에 기여한 이에게 주는 상을 세종대왕상(King Sejong Prize)이라 한다.

해례본은 간송 미술관에 보관되어 있으며 국보 제70호이다.

2. 조선왕조실록(朝鮮王朝實錄), 1997

조선 태조(太祖, 1392~1398, 제1대 왕)부터 철종(哲宗, 1849~1863, 제25대 왕)까지 470여 년간의 왕조 역사를 담고 있다.

매일 기록하여 정치와 군사 · 사회 제도 · 법률 · 경제 · 산업 · 교통 · 통신 · 전통 예술 · 공예 · 종교 등 조선 왕조의 역사와 문화 전반을 포괄한다.

후임 왕이 전왕의 실록의 편찬을 명하면 실록이 편찬되었다.

사초(史草), 시정기(時政記), 승정원일기(왕의 비서기관이 작성한 일기), 의정부등록(최고의결기관의 기록), 비변사등록(문무합의기구의 기록), 일성록(국왕의 동정과 국무에 관한 기록) 등의 자료를 토대로 작성되었다.

총 2,077 책이 보존되어 있다.

i) 정족산 사고본 1,181 책, ii) 태백산 사고본 848 책, iii) 오대산 사고본 27 책 iv) 상편 21책.

소장 및 관리기관 정족산본, 오대산본, 상편 : 서울대학교 규장각, 태백산본 : 국가기록원

3. 불조직지심체요절 하권(佛祖直指心體要節 下卷), Baegun hwasang chorok buljo jikji simche yojeol(vol. II), the second volume of "Anthology of Great Buddhist Priests' Zen Teachings" 2001.

고려 말에 백운화상(白雲和尙, 1299~1374)이 엮은 불조직지심체요절(직지)은 선(禪) 불교의 요체를 담고 있다. 불조직지심체요절은 직지심체요절, 직지심체, 직지심경(直指心經), 직지 등의 이름으로도 불린다.

직지는 1377년 7월 청주의 흥덕사(興德寺)에서 가동 금속활자를 이용해서 인쇄되었다. 본래 상(上), 하(下) 2권으로 인쇄되었으나 상권은 아직 발견되지 않았다.

직지는 현존하는 세계 최고의 가동(可動) 금속활자본으로 인쇄 역사상 중요한 기술적 변화를 보여 주고 있다.

소장 및 관리기관 프랑스 국립도서관

4. 승정원일기(承政院日記), Seungjeongwon Ilgi, the Diaries of the Royal Secretariat, 2001

승정원은 조선시대 국왕의 비서기관이다. 국왕의 모든 일상을 매일 일기로 작성하였으며, 승지(承旨)와 주서(注書)가 담당하였다.
조선왕조(17C~20C 초)에 관한 방대한 규모의 사실적 역사 기록과 국가 비밀을 담고 있다. 특히 19C 후반에서 20C 초 사이에 기록된 일기에는 서구의 영향력이 쇄국정책을 고수하던 조선왕조의 문호를 어떻게 개방하였는지 잘 보여 준다.

소장 및 관리기관 서울대학교 규장각

5. 고려대장경(高麗大藏經)판 및 제경판, Printing woodblocks of the Tripitaka Koreana and miscellaneous Buddhist scriptures, 2007

고려 왕조가 제작한 '삼장(三藏, Tripitaka, 산크리스트어로 '3개 광주리'를 의미) = 대장경 = 불경)'으로, 근대 서구 학계에 흔히 'Tripitaka Koreana'라고 알려져 있다.
13세기 고려 왕조(918~1392)의 후원을 받아 만들었으며, 목판의 판수 때문에 흔히 '팔만대장경'으로 불린다. 목판은 총 81,258판이다.
현재 해인사(海印寺)에 보관되어 있다.

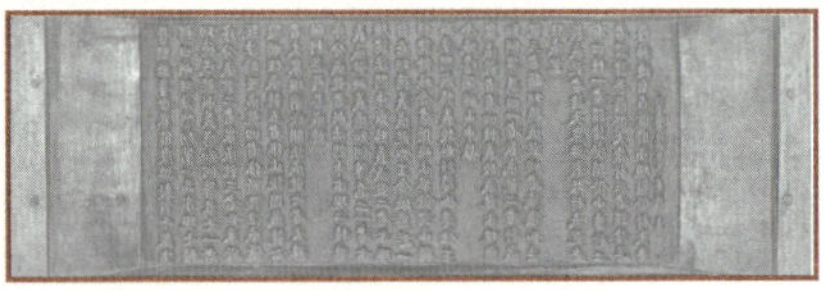

6. 조선왕조 의궤(儀軌, Uigwe), The Royal Protocols of the Joseon Dynasty, 2007

조선왕조(1392~1910) 510년간의 왕실 의례에 관한 기록물로, 왕실의 중요한 의식(儀式)을 글과 그림으로 기록하고 있다.

의궤는 왕실 생활의 다양한 측면을 자세하게 담고 있다. 혼인 · 장례 · 연회 · 외국사절 환대와 같은 중요한 의식을 행하는 데 필요한 의식 · 의전(儀典) · 형식 절차 및 필요한 사항들을 기록하고 있다. 왕실의 여러 가지 문화 활동 외에 궁전 건축과 묘 축조에 관한 내용도 담고 있다.

의궤는 대부분은 손으로 직접 작성하여, 대체 불가능성이 높다.

의궤는 3,895권이 넘는 책으로, 시대와 주제별로 분류 · 구성되었다.

소장 및 관리기관 외규장각(外奎章閣)은 1782년 2월 정조가 왕실 관련 서적을 보관할 목적으로 강화도에 설치한 규장각이다.

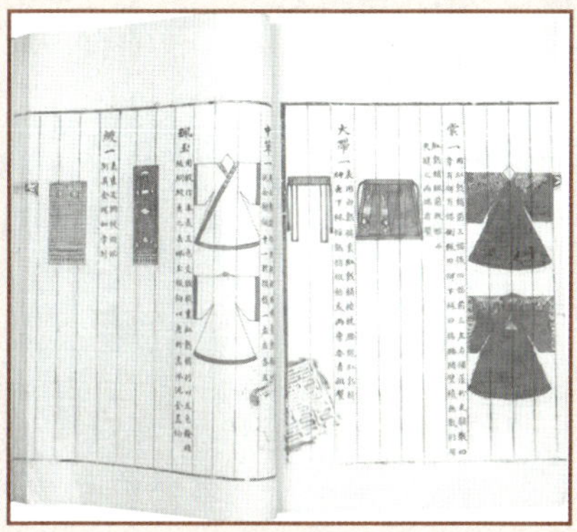

7. 동의보감(東醫寶鑑), Donguibogam : Principles and Practice of Eastern Medicine, 2009

'동양 의학의 이론과 실제'를 뜻하며, 1613년에 편찬된 의학지식과 치료법에 관한 백과사전적 의서이다. 왕명에 따라 의학 전문가들과 문인들의 협력 아래 허준(許浚, 1546~1615)이 편찬하였다. 국가차원에서 다양한 의학 지식을 종합하였고, 일반 백성을 위한 혁신적인 공공 의료사업을 수립하고 실행하였다.

중국 30여 회, 일본 2회 재판 간행하였고, 베트남을 비롯한 많은 아시아 국가에서도 계속 재출판되고 있으며, 일부는 각국의 언어로 번역될 계획. 1897년에는 미국의 랜디스(Dr. Landis) 박사에 의해 일부 영어 번역본으로 소개되었다.

소장 및 관리기관 초판은 2부만 남아 있다(각각 국립중앙도서관과 한국학 중앙연구원 장서각에 보관).

8. 일성록(日省錄), Ilseongnok : Records of Daily Reflections, 2011

일성록은 '하루의 반성문'을 의미한다. 왕들이 자신의 통치에 대해 성찰하고 나중의 국정 운영에 참고할 목적으로 쓴 일기이다.

조선 22대 왕 정조(正祖, 재위 1776~1800)가 왕위에 오르자 왕립 도서관인 규장각 신하들로 하여금 일지를 쓰게 하고 내용에 대해 자신의 승인을 받게 함으로써, 왕 개인의 일기에서 국사에 관한 공식 기록으로 바뀌었다.

소장 및 관리 규장각, 문화재청

9. 1980년 인권기록유산, 5.18 민주화운동 기록물, Arresting the demonstrating students, 2011

1980년 5월 18일부터 5월 27일 사이에 한국 광주에서 일어난 시민의 항쟁 및 가해자들의 처벌과 보상에 관한 문서 · 사진 · 영상 등의 형태로 남아 있다.

5 · 18 민주화운동은 한국의 민주화(직선제, 89' 6/29)에 중추적인 역할뿐만 아니라 동아시아의 다른 국가들에도 영향을 미쳤다. 1980년대 후에 필리핀, 타이, 중국, 베트남 등지에서 다양한 민주화 운동이 일어났다.

소장 및 관리기관 국가기록원, 광주광역시, 육군본부, 5 · 18기념재단, 국회도서관, 미국 국무성

10. 난중일기(亂中日記), Nanjung Ilgi : War Diary of Admiral Yi Sun-sin, 2013

이순신(李舜臣, 1545~1598) 장군의 진중일기(陣中日記)로, 일본의 조선 침략 당시였던 임진왜란(1592~1598) 때에 진중에서 쓴 친필일기이다.

난중일기는 임진왜란 1592년 1월부터 마지막의 노량(露梁)해전에서 승리를 앞두고 전사하기 직전인 1598년 11월까지 거의 매일 적은 기록으로 총 7책 205장의 필사본으로 엮어져 있다.

소장 및 관리기관 현충사(顯忠祠)

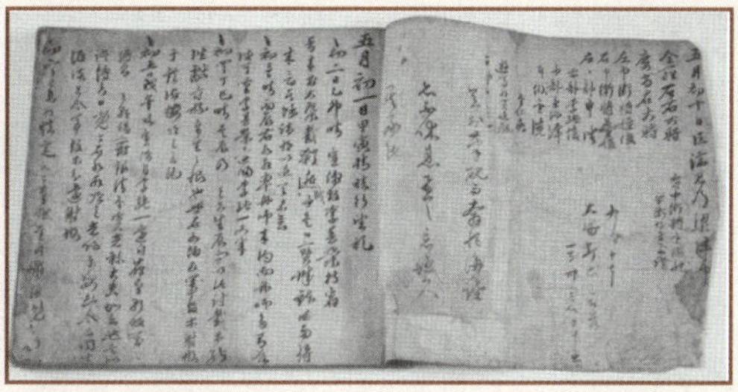

11. 새마을운동 기록물 Archives of Saemaul Undong(New Community Movement), 2013

1970년~1979년까지 전개된 새마을운동에 관한 기록물들이다. 이 기록물은 대통령 연설문, 정부 문서, 마을 단위의 기록물, 편지, 새마을운동 교재, 관련 사진, 영상 등으로 이루어져 있다. '새마을운동'이란 'New Community Movement' 또는 'New Village Movement'를 뜻한다.

소장 및 관리기관 국가기록원, 새마을운동중앙회

12. 한국유교책판(儒敎册版), Confucian Printing Woodblocks in Korea), 2015

조선시대(1392~1910)에 718종의 서책을 간행하기 위해 판각한 책판으로, 305개 문중과 서원에서 기탁한 총 64,226장으로 되어 있다.

보존 관리 한국국학진흥원

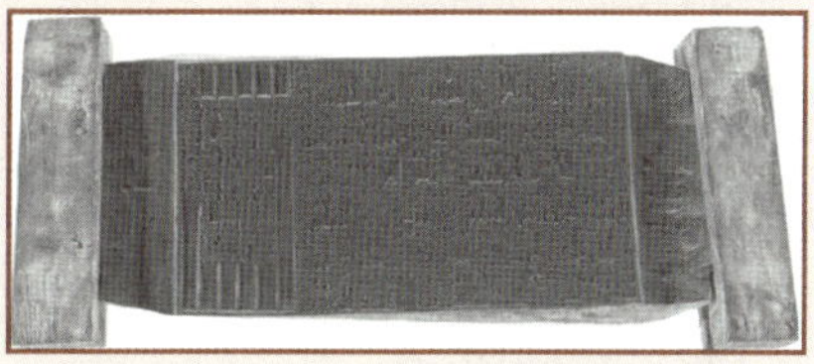

13. KBS 특별생방송 '이산가족을 찾습니다' 기록물, 2015

KBS가 1983년 6월 30일 밤 10시 15분부터 11월 14일 새벽 4시까지 방송기간 138일, 방송시간 453시간 45분 동안 생방송한 비디오 녹화원본 테이프 463개와 담당 프로듀서 업무수첩, 이산가족이 직접 작성한 신청서, 일일 방송진행표, 큐시트, 기념음반, 사진 등 20,522건의 기록물을 총칭한다.

소장 및 관리기관 한국방송공사(KBS), 국가기록원, 한국갤럽조사연구소

14. 조선통신사 기록물, 한일공동, 2017

1607년부터 1811년까지, 일본 에도막부의 초청으로 12회에 걸쳐, 조선국에서 일본국으로 파견되었던 외교사절단에 관한 자료를 총칭하는 것이다.

소장 및 관리기관 서울대학교 규장각한국학연구원, 국립중앙도서관, 국사편찬위원회 외 25곳, 이 자료는 한국과 일본에 소재하고 있다.

15. 조선왕실 어보와 어책, Royal Seal and Investiture Book Collection of the Joseon Dynasty, 2017

금 · 은 · 옥에 아름다운 명칭을 새긴 어보, 오색 비단에 책임을 다할 것을 훈계하고 깨우쳐주는 글을 쓴 교명이다.

옥이나 대나무에 책봉하거나 아름다운 명칭을 수여하는 글을 새긴 옥책과 죽책, 금동판에 책봉하는 내용을 새긴 금책 등이다.

책보(冊寶)는 조선조 건국 초부터 근대까지 570여 년 동안 지속적으로 제작되고 봉헌되었다. 1392년부터 1966년까지 570여 년이라는 장기간에 걸쳐 지속적으로 책보를 제작하여 봉헌한 사례이다.

소장 및 관리기관 국립고궁박물관

16. 국채보상운동 기록물, Archives of the National Debt Redemption Movement, 2017

국가가 진 빚을 국민이 갚기 위해 1907년부터 1910년까지 일어난 국채보상운동의 전 과정을 보여주는 기록물이다. 남성은 술과 담배를 끊고, 여성은 반지와 비녀를 내어놓았고, 기생과 걸인, 심지어 도적까지도 의연금을 내는 등 전 국민의 약 25%가 이 운동에 자발적으로 참여하였다.

소장 및 관리기관 한국금융사박물관, 국사편찬위원회, 국가기록원, 독립기념관, 국립고궁박물관, 국채보상운동기념사업회, 한국연구원, 서울대학교 중앙도서관, 고려대도서관, 연세대 학술정보원 등

자료 : http://heritage.unesco.or.kr/mows/

5. 등재 추진

세계기록유산에 등재 추진은 다음과 같다.

- 상주시 동학교당 기록물
- 조선시대 병영일지 군영등록(軍營謄錄) 기록물
- 일본군 위안부 관련 기록물(한중 공동 추진 중)은 보류했다 중국, 한국, 네덜란드 시민단체에서 등재 신청하였다.
- 일제 강제동원 피해 기록물
- 거제도 포로 수용소 관련 기록물
- 4.19 혁명 기록물 - 2018년 등재 신청 후보
- 음식디미방과 수운잡방
- 조선시대 불교 경판 3만 장
- 석각 천문도 천상열차분야지도 각석, 조선의 금속활자
- 기타 장서각에 있는 16만 3천여 조선 왕실, 사대부 도서 중 등재 추진할만한 왕실 족보류, 종묘기록류, 군영등록류 자료 선별 중

- 기타 규장각에 있는 용비어천가, 대동여지도, 동궁일기, 내각일력 등 30만 여 점의 조선시대 고지도와 왕실 문서, 왕실 족보, 정부기록물 중 등재 추진할만한 자료 선별 중이다.

제2절 무형문화유산

학습목표
1. 무형문화유산의 개요에 대해 이해한다.
2. 인류무형문화유산 등재 목적, 기준, 효과, 현황에 대해 고찰한다.

1. 무형문화유산 개요

무형문화유산(無形文化遺產, Intangible cultural heritage, ICH)은 유네스코의 사업 중 하나이다. 유네스코의 세계유산이 건축물 등 유형문화재의 보호와 계승을 목적으로 하고 있는 반면, 민속, 전통 등 무형(무형문화재)을 보호 대상으로 보호와 계승을 하는 것을 목표로 한 것이다.

2003년 제32회 유네스코 총회에서 채택된 무형문화유산 보호협약 제2조에서는 무형문화유산을 "관습, 묘사, 표현, 지식 및 기술 및 이와 관련된 기구, 물품, 가공품 및 문화 공간이며, 사회 집단 및 경우에 따라서는 개인이 자기의 문화 유산의 일부로 인정하는 것을 말한다"고 정의하였다. 무형문화유산은 전통 문화인 동시에 살아있는 문화이다.

이 도안은 형태가 없는 '무형'을 추상적으로 표현하기 위해 삼각형, 사각형, 원이 끊기지 않고 서로 연결되고 하나가 되는 모습을 보여준다.

무형문화유산 도안

무형문화유산의 특징(협약 제2조 1항)은

- 세대와 세대를 거쳐 전승
- 인간과 주변 환경, 자연의 교류 및 역사 변천 과정에서 공동체 및 집단을 통해 끊임없이 재창조
- 공동체 및 집단에 정체성 및 지속성 부여
- 문화 다양성 및 인류의 창조성 증진
- 공동체 간 상호 존중 및 지속 가능한 발전에 부합

2. 등재 목적

인류무형문화유산(Intangible Cultural Heritage of Humanity) 등재 목적은 문화 다양성의 원천인 무형유산의 중요성에 대한 인식을 고취하고, 무형유산 보호를 위한 국가적, 국제적 협력과 지원을 도모하기 위함이다.

인류무형문화유산(Intangible Cultural Heritage of Humanity)

1992 유네스코 프로그램 '인류구전 및 무형유산 걸작' 운영.

2003 '세계문화유산 및 자연유산 보호협약'을 모델로 한 무형유산분야 국제협약 '무형유산보호협약(Convention for the Safeguarding of the Intangible Cultural Heritage)' 채택.

2006 무형유산협약이 발효됨에 따라 기존의 '인류구전 및 무형유산 걸작' 프로그램 종료(기존 등재목록은 대표목록으로 전환)

2008 무형유산보호를 위해 '대표목록(Representative List)'과 '긴급보호목록(Urgent Safeguarding List)' 수립 및 공표.

3. 등재 기준

- 무형유산협약(제2조 1항)에 명시된 무형유산의 조건을 충족할 것.
  1) 무형문화유산은 공동체, 집단 및 개인들이 그들의 문화유산의 일부분으로 인식하는 실행, 표출, 표현, 지식 및 기술뿐 아니라 이와 관련된 전달 도구, 사물, 유물 및 문화 공간 모두를 의미한다(무형유산협약 제2조 1항).
  2) 무형문화유산은 특히 다음의 범위에 해당하는 것을 의미한다.
     (a) 무형문화유산의 전달체로서의 언어를 포함한 구전 전통 및 표현
     (b) 공연 예술
     (c) 사회적 실행, 의식, 그리고 축제
     (d) 자연과 우주에 대한 지식 및 관습
     (e) 전통적 공예 기술
- 무형유산의 중요성에 대한 인식 제고에 기여함으로써 전 세계 문화 다양성을 보여주고 인류 창의성을 증명하는 데 기여할 것
- 해당 유산을 보호하고 증진할 수 있는 보호 조치가 구체화되어 있을 것
- 공동체, 단체, 개인의 자유로운 동의에 기반한 광범위한 참여가 있을 것
- 해당 유산이 등재신청 당사국이 자국의 영토 내에 있는 무형유산을 위해 만든 분류목록(inventory)에 포함되어 있을 것

4. 등재 효과

- 무형유산의 국내적, 국제적 가시성 제고를 통한 무형유산의 이해 증진
- 무형유산 보호를 위한 유네스코의 지원가능
  국제적 차원에서의 정보 및 경험 교환 지원
  무형유산의 보전의 다양한 측면과 관련된 연구, 전문가 및 활동가 지원
  필요한 인력에 대한 훈련 및 규범마련 지원
  보호를 위한 재정 및 기술 지원

5. 등재 현황

인류무형문화유산 목록은 2001년 19건의 유산이 처음 지정되었고, 현재 128개국 378건이며, 공동등재 27건이 등재되었다(2017년 현재).

긴급보호목록은 2009년 처음 선정되었다. 긴급한 보호가 필요한 무형문화유산목록에 등재된 무형유산은 26개국 47건(2016년 12월 현재)이다.

우리나라는 종묘제례 및 종묘제례악(2001), 판소리(2003), 강릉단오제■ (2005), 강강술래(2009), 남사당놀이(2009), 영산재(2009), 제주 칠머리당 영등굿(2009), 처용무(2009), 가곡, 국악관현반주의 서정적노래(2010), 대목장, 한국 전통목조건축(2010), 매사냥, 살아있는 인류문화(2010), 택견(2011), 줄타기(2011), 한산 모시짜기(2011), 아리랑, 한국의 서정민요(2012), 김장, 김치를 담그고 나누는 문화(2013), 농악(2014), 줄다리기(2015), 제주해녀문화(2016) 등 총 19건이 등재되었다.

우리나라는 총 세계 3위의 무형문화유산 보유국이다. 북한은 조선민요아리랑(2014), 김치만들기(2015) 2건이 지정되었다.

우리나라의 무형문화유산

1. 종묘제례 및 종묘제례악, Royal ancestral ritual in the Jongmyo shrine and its music, 2001

조선 왕조(14세기~19세기)의 조상들에게 바치는 유교 의례. 왕과 왕비의 신주(49위)가 모셔져 있으며, 추존된 왕과 왕비의 신주(34위)가 봉안됐다.
종묘제례는 종묘에서 행하는 제향의식으로, 조선시대의 국가제사중 규모가 크고 중요한 제사이다.

■ 단오(端午) 또는 수릿날은 한국 명절의 하나로, 음력 5월 5일이다. 더운 여름을 맞기 전의 초하(初夏)의 계절이며, 모내기를 끝내고 풍년을 기원하는 기풍제이기도 하다. 한국에서는 음력 5월 5일 단오와 관련된 전통적인 행사가 각 지방에서 열린다. 대한민국의 국가무형문화재 제13호로 지정되었다.

종묘제례악은 종묘에서 제사를 드릴 때 연주하는 기악(樂)과 노래(歌), 춤(舞)을 말한다.

2. 판소리, Pansori epic chant, 2003

1명의 소리꾼과 1명의 고수(북치는 사람)가 음악적 이야기를 엮어가며 연행하는 장르. 국가무형문화재(1964년) 제5호로 지정되었다.
판소리 다섯마당은 충, 효, 의리, 정절 등 조선시대의 가치관을 담은 춘향가, 심청가, 수궁가, 흥보가, 적벽가 등이 예술적인 음악으로 정착되었다.

3. 강릉 단오제, Gangneung Danoje festival, 2005

단옷날(음 5월 5일)을 전후하여 펼쳐지는 강릉지방의 향토 제례의식이다.
단오제의 행사는 음력 4월 5일 신주근양(神酒謹釀, 신에게 드릴 술을 담그는 일)부터 음력 5월 7일 송신제(送神祭, 신을 대관령으로 보내는 제사)에 이르기까지 4주 동안 펼쳐진다.

그 밖에 관노가면극, 그네, 씨름, 농악경연대회, 농요경창대회 등 많은 민속놀이와 다양한 행사가 개최된다.

4. 강강술래, Ganggangsullae, 2009

풍작과 풍요, 다산을 기원하는 풍속의 민속놀이, 주로 음력 8월 한가위에 연행한다. 한 사람이 '강강술래' 의 앞부분을 선창(先唱)하면 뒷소리를 하는 여러 사람이 이어 받아 노래를 부른다. 이 민속놀이는 강강술래 노래를 부르다가 기와 밟기, 덕석몰이, 쥐잡기놀이, 청어 엮기 등 농촌이나 어촌 생활을 장난스럽게 묘사한 놀이를 하는 것이 특징이다.

5. 남사당놀이, Namsadang Nori, 2009

여러 사회 계층의 사람들을 묘사한다.

남사당놀이의 여섯 종목은 다음과 같이 설명할 수 있다.

- **농악대(풍물)** 도로행진과 개인놀음으로 구성된다.
- **가면극(덧뵈기)** 13명의 연희자가 등장하는 4마당은 공연의 시작을 알리는 마당씻이, 잘못된 외래문화 수입을 비판하는 옴탈마당, 양반을 조롱하는 샌님잡이, 문란한 성에 대해 비판하는 먹중으로 구성한다.
- **조선줄타기(어름)** 팽팽한 외줄 위에서 여러 가지 곡예를 펼치는 사이사이에 바닥의 어릿광대와 재담을 주고받는다.
- **꼭두각시놀음(덜미)** 31종의 인형 총 51개가 등장하며 2마당 7거리로 공연된다.
- **땅재주(살판)** 이 마당에서는 지상에서 다양한 곡예를 펼친다.
- **사발돌리기(버나)** 약 40cm 길이의 나무 막대기를 사용하여 쳇바퀴를 돌리는 복잡한 기술을 선보인다.

6. 영산재(靈山齋), Yeongsanjae, 2009

부처가 인도의 영취산에서 법화경(Lotus Sutra)을 설법하던 모습을 재현한 불교의식. 국가무형문화재(1973년)로 지정되었다.

사람이 죽은지 49일이 되는 날 영혼을 극락으로 천도하는 천도재의 한 형태이다.

하늘과 땅의 영가(靈駕)와 모든 성인(聖人)을 맞이하는 의식에서 시작하여 부처의 영적세계의 사고방식을 표현하는 봉송(奉送) 의례로 마무리한다.

봉송 의례는 노래, 의식적 장식, 바라춤, 법고춤, 나비춤과 같은 불교의식의 무용이 거행된다.

7. 제주 칠머리당 영등굿, Jeju Chilmeoridang Yeongdeunggut, 2009

바다의 평온과 풍작과 풍어를 위해 마을의 무당들이 바람의 여신인 영등할머니와 용왕, 산신령들을 위해 벌이는 굿이다.

음력 2월 1일 영등환영제와 2월 14일 영등송별제, 2번 하며, 환영제보다 송별제가 훨씬 큰 규모로 치러진다.

8. 처용무(處容舞), Cheoyongmu, 2009

처용의 가면을 쓰고 추는 탈춤으로 궁중 무용이다. 국가무형문화재(1971년) 제39호 지정되었다.

오방(五方)을 상징하는 흰색 · 파란색 · 검은색 · 붉은색 · 노란색의 의상을 입은 5명의 남자들이 추는 춤이다. 악귀를 몰아내고 평온을 기원하거나, 음력 섣달그믐날 악귀를 쫓는 의식인 나례(儺禮)에서 복을 구하며(求福) 춘 춤이었다.

9. 가곡(歌曲), 국악 관현반주로 부르는 서정적 노래 Gagok, lyric song cycles accompanied by an orchestra, 2010

국악 관현반주로 부르는 서정적 노래이다. 국가무형문화재(1969년)로 지정되었다.
시조시(고유의 정형시)에 곡을 붙여서 관현악 반주에 맞추어 부르는 전통음악으로 '삭대엽(數大葉)' 또는 '노래' 라고도 한다.
가곡의 원형은 만대엽, 중대엽, 삭대엽 순이나 느린 곡이다.

10. 대목장(大木匠), 한국의 전통 목조 건축, Daemokjang(traditional wooden architecture), 2010

대목장은 전통 목공기술을 가지고 있는 목수를 일컫는다.
활동 범위는 전통적인 한옥, 궁궐, 사찰과 같은 기념비적 목조 건축물에 이르는 역사적 건축물의 유지보수와 복원, 재건축에까지 이른다.
국가무형문화재(1982년) 제74호로 지정되었다.

11. 매사냥, 살아있는 인류유산, Falconry(a living human heritage)(동시지정), 2010

매나 기타 맹금(猛禽)을 길들여서 야생 상태에 있는 사냥감을 잡도록 하는 전통 사냥이다. 매사냥의 전통은 벨기에, 체코, 프랑스, 스페인, 모로코, 몽골, 카타르, 사우디아라비아, 슬로바키아, 시리아, 아랍에미리트연합 등 60여 개 국가에서 발견된다.

12. 택견, 한국 전통 무술, Taekkyeon(a traditional Korean martial art), 2011

한국의 전통 무술이다.
특징은 첫째, 손발과 몸 동작이 근육의 움직임과 일치하고, 유연하며 자연스럽게 주고받을 수 있는 무술. 둘째, 음악적이며 무용적인 리듬을 갖고 있어 예술성 짙은 무예. 셋째, 공격보다는 수비에 치중하고 발을 많이 움직인다.
택견 중심지는 한국택견협회가 있는 충주시이다.

13. 줄타기, Jultagi, tightrope walking, 2011

한국 전통방식으로 음악 반주에 맞추어 줄타기 곡예사와 바닥에 있는 어릿광대가 서로 재담을 주고받는다는 점에서 독특하다.
줄타기 연행(演行)은 40여 가지 기술을 야외에서 한다.
국가무형문화재(1976년) 제58호로 지정되었다.

14. 한산(韓山) 모시짜기, Weaving of Mosi(fine ramie) in the Hansan region, 2011

모시짜기는 전통적으로 여성이 이끄는 가내 작업인데 어머니가 딸 또는 며느리에게 기술과 경험을 전수한다.
충청남도 서천군 한 마을의 중년 여성이 전수하며, 약 500여 명이 있다.
모시는 다양한 의류를 만드는 데 쓰인다. 흰색 의복은 한국의 역사 · 문화적 상징으로서 정체성을 나타내기도 한다.

15. 아리랑, 한국의 서정민요, Arirang, lyrical folk song in the Republic of Korea, 2012

한민족의 가장 대표적 민요이다.

유명한 아리랑은 강원도의 '정선아리랑', 호남 지역의 '진도아리랑' 경상남도 일원의 '밀양아리랑' 등 3가지이다.

'아리랑' 전승 민요는 약 60여 종, 3,600여 곡으로 추정하며, 노래의 형식은 간단하게 후렴과 사설로 이루어진다.

대표적인 구조는 '아리랑 아리랑 아라리요 아리랑 고개를 넘어간다(후렴)', '나를 버리고 가시는 님은 십리도 못 가서 발병난다(사설)' 가 있다.

16. 김장, 김치를 담그고 나누는 문화, Kimjang, making and sharing kimchi, 2013

한국 사람들이 춥고 긴 겨울을 나기 위해 많은 양의 김치를 담그는 것이다.

김장 후에 가정마다 김치를 나누어 먹는 관습을 통해, 혁신적인 기술과 창의적인 생각이 공유되고 축적된다.

북한은 김치 만들기 전통을 2015년에 지정하였다.

17. 농악, Nongak, community band music, dance and rituals in the Republic of Korea, 2014

마을 공동체 의식과 농촌 사회의 여흥 활동에서 유래한 대중적인 공연예술이다.

타악기 합주와 함께 전통 관악기 연주, 행진, 춤, 연극, 기예 등이 함께 어우러진 공연예술로 발전되었다.

마을신과 농사신을 위한 제사, 액을 쫓고 복을 부르는 축원, 봄의 풍농 기원과 추수기의 풍년제, 마을 공동체가 추구하는 사업을 위한 재원 마련 행사, 그리고 전문 농악패들에 의한 여흥 등 다양한 목적으로 연행되었다.

18. 줄다리, Tugging rituals and games(동시지정), 2015

필리핀, 베트남, 캄보디아, 대한민국에서 지정되었다.

풍농을 기원하고 공동체 구성원 간의 화합과 단결을 위하여 동아시아와 동남아시아 도작(稻作, 벼농사) 문화권에서 널리 연행되었다.

영산줄다리기(국가지정, 26호), 기지시줄다리기(국가, 75호), 삼척기줄다리기(강원지정, 제2호), 감내게줄당기기(경남 제7호), 의령큰줄땡기기(경남 제20호), 남해선구줄끗기(경남 제26호) 등이 있다.

19. 제주해녀문화, Culture of Jeju Haenyeo(Women Divers), 2016

제주도의 여성 공동체에는 최고령이 80대에 이르며 생계를 위해 산소마스크를 착용하지 않고 수심 10m까지 잠수하여 전복이나 성게 등 조개류를 채취하는 해녀(海女)가 있다.

해녀들은 한번 잠수할 때마다 1~2분간 숨을 참으며 하루에 최대 7시간까지, 연간 90일 정도 물질을 한다.

해녀들은 물질 능력에 따라 하군, 중군, 상군의 세 집단으로 분류되며 상군 해녀들이 나머지 해녀들을 지도한다.

자료 : 국가무형문화재 보존회

Cultural Tourism

제6장

박물관 관광 및 안보관광

제1절 박물관 및 미술관 관광
제2절 안보관광

Cultural Tourism

제6장

박물관 관광 및 안보관광

제1절 박물관 및 미술관 관광

학습 목표

1. 박물관 및 미술관의 개념과 정의에 대해 이해한다.
2. 박물관 및 미술관의 역할, 구분, 현황에 대해 고찰한다.

1. 박물관 개념

박물관(博物館)은 미술, 문화, 역사, 과학 등 다양한 분야의 학술적 자료를 수집, 보존, 연구하고 대중에 전시하는 기관이다. 박물관은 인류에 의해 생산된 유무형의 문화유산과 자연유산 중 중요한 자료나 물품을 수집하고 보관하며, 일시적이든 장기적이든 물품들을 일반인들에게 공개하는 역할을 한다.

박물관은 어린이, 성인 등 일반인들에게 다양한 행사 및 체험을 제공하며, 특정한 주제의 강의나, 지역 문화 전시회나, 영화 및 공연을 주최한다. 박물관은 일정한 요금을 내는 곳도 있고, 무료 관람이 가능한 곳도 있다. 또, 어떤 박물관은 특정한 날이나 요일에 무료 관람을 허가한다. 박물관은 수익을 필요로 하거나 일반인들을 상대로 전시물을 판매하지 않는다. 오늘날 박물관은 사람들에게 다량의 정보를 제공하고 문화 유산과 자연 유산을 미래에 전승하는 매우 중요한 역할을 하고 있다.

2. 박물관 및 미술관 정의

기관	정의
국제 박물관 협회	지식의 증대, 문화재와 자연대의 보호교육, 그리고 문화의 발전을 목적으로 자연계와 인류의 대표적 유산을 수집, 보존, 전달 및 전시를 하는 사회적 기관이다.
영국박물관 협회	박물관은 대중의 이익을 위해 물적 증거와 관련 정보를 수집, 문서화, 보존, 전시 교육(해석)하는 기관이다.
미국박물관 협회	예술적, 과학적, 역사적, 기술적인 재료를 포함한 교육적이고 문화적 가치를 지닌 유물과 표본물을 소장하며, 단순히 일회적인 전시회를 열기 위한 목적이 아닌, 대중에게 교훈과 즐거움을 주기 위한 목적으로, 이를 유지하고 보존하며 연구, 해석 정리하고 전시하는, 공익에 의해 운영되고 대중에게 개방된 연방정부와 주정부의 조세감면 혜택을 받는 비영리적이고 항구적인 기관이다.
박물관 및 미술관 진흥법 (제2조 정의)	1. "박물관"이란 문화 · 예술 · 학문의 발전과 일반 공중의 문화향유 및 평생교육 증진에 이바지하기 위하여 역사 · 고고(考古) · 인류 · 민속 · 예술 · 동물 · 식물 · 광물 · 과학 · 기술 · 산업 등에 관한 자료를 수집 · 관리 · 보존 · 조사 · 연구 · 전시 · 교육하는 시설을 말한다. 2. "미술관"이란 문화 · 예술의 발전과 일반 공중의 문화향유 및 평생교육 증진에 이바지하기 위하여 박물관 중에서 특히 서화 · 조각 · 공예 · 건축 · 사진 등 미술에 관한 자료를 수집 · 관리 · 보존 · 조사 · 연구 · 전시 · 교육하는 시설을 말한다. 3. "박물관자료"란 박물관이 수집 · 관리 · 보존 · 조사 · 연구 · 전시하는 역사 · 고고 · 인류 · 민속 · 예술 · 동물 · 식물 · 광물 · 과학 · 기술 · 산업 등에 관한 인간과 환경의 유형적 · 무형적 증거물로서 학문적 · 예술적 가치가 있는 자료 를 말한다. 4. "미술관자료"란 미술관이 수집 · 관리 · 보존 · 조사 · 연구 · 전시하는 예술에 관한 자료로서 학문적 · 예술적 가치가 있는 자료를 말한다.

자료 : https://ko.wikipedia.org/wiki/박물관(2017)

3. 박물관 및 미술관 역할

1) 교육적 역할

박물관은 대중들에게 박물관에 전시된 소장품을 통해 그들의 정치, 경제, 사회, 문화 등 환경요인의 변화에 대한 정보를 습득하여 그들의 삶을 풍요롭게 해준다.

또한 문화의 중요한 곳으로 후원자 그룹, 자원봉사자, 프로젝트 등과 같은 다양한 방식을 통해 지역 공동체가 박물관 업무에 실제적으로 참여할 수 있는 기회를 제공하고,

비공식교육기관으로서 각종 문화 행사와 활동이 용이하도록 박물관의 시설과 공간을 제공할 수 있다.

2) 경제적 역할

박물관은 관광사업의 콘텐츠 중 하나로 지역 경제를 활성화하는데 큰 역할을 한다. 박물관 내의 뮤지엄샵이나 레스토랑, 주차장, 인접한 호텔, 상가는 관광객의 욕구를 충족, 소비성향을 가속화할 수 있다. 박물관 주변이 하나의 문화단지로 형성되고 관광사업과 연계된다면, 결과적으로 직업의 창출과 고용이 증대되어 지역 경제를 활성화하는 데에도 기여할 수 있다.

3) 국가적 역할

일반 대중의 자긍심과 국가적, 정체성을 고양할 수 있다. 소장품을 통해 변화와 연속성을 설명하고 자국의 문화를 홍보함으로써 국가적 단결을 촉진시키는 결과도 가져올 수 있다.

4) 문화적 역할

박물관은 그 사회를 반영하고 문화 앞에 사회적 불평 등을 줄이면서 일반 대중으로부터 문화의 다양성을 이해시키는 역할을 한다. 전통적 문화 가치를 함양할 수 있다. 사회적 역할로 박물관은 인류문화와 자연에 대한 기록을 가능한 한 원형의 상태로 다음 세대에게 물려 줄 윤리적 책임이 있다.

4. 박물관(博物館) 및 미술관 구분

1) 설립 · 운영 주체에 의한 분류(박물관 및 미술관 진흥법, 제3조)

(1) **국립박물관 및 미술관** 국가가 설립 · 운영한다.

(2) **공립박물관 및 미술관** 지방자치단체가 설립 · 운영한다.

(3) **사립박물관 및 미술관** 법인 · 단체 또는 개인이 설립 · 운영한다.

(4) **대학박물관 및 미술관** 대학 교육과정의 교육기관이 설립 · 운영한다.

2) 전시주제에 의한 분류

(1) **종합박물관** 특정한 주제를 가지지 않고 문화재나 유물을 종합적으로 수집하고 관리한다.

(2) **전문박물관** 특정한 주제를 가지고 전문적으로 수집하고 관리한다. 전문박물관에는 인문계의 기념박물관, 미술박물관, 민속박물관, 역사박물관 등과 자연계의 자연사박물관, 과학박물관, 산업박물관 등이 있다.

3) 전시방법에 의한 분류

(1) **전통박물관** 실내 전시형, 상설전시관, 어린이 박물관, 장애인 박물관

(2) **야외전시박물관** 실외 전시형

(3) **사이버박물관** 온라인 전시형

5. 박물관 및 미술관 현황

국립박물관은 국가에서 운영하는 박물관을 말한다. 국립박물관은 국립중앙박물관을 비롯하여 대중 도시(공주, 광주, 경주, 김해, 나주, 대구, 부여, 전주, 제주, 진주, 청주,

춘천)에 있으며, 국립고궁박물관, 국립등대박물관, 국립해양박물관 등의 40곳이 있다. 공립박물관(332곳), 사립박물관(315곳), 대학박물관(94곳)이 있다.

국립미술관은 국가에서 운영하는 미술관을 말한다. 국립미술관은 국립현대미술관 1곳이다. 국립현대미술관은 3관(덕수궁관, 과천관, 서울관)으로 분산되어 있으며, 청주관(수장보존센터, 2012~2018)이 건립 중이다. 국립미술관(11곳), 공립미술관(50곳), 사립미술관(140곳)이 있다.

1) 국립중앙박물관(國立中央博物館)

국립중앙박물관(National Museum of Korea)은 고고학 · 미술사학 · 역사학 및 인류학 분야에 속하는 문화재와 자료를 수집 · 보존 및 전시하여 일반 공중의 관람에 제공하며, 이에 관한 연구 · 조사와 전통문화의 계몽 · 홍보 · 보급 및 교류에 관한 사무를 관장한다. 문화체육관광부의 소속기관이다. 1972년 7월 19일 발족하였으며, 2005년 10월에 서울특별시 용산구에 위치하였다.

박물관 본관은 지하 1층, 지상 6층으로, 3개 층으로 나누어 전시된다. 길이 404m, 최고 높이 43.08m의 건물이다. 박물관은 본관(동관, 서관) 상설전시관과 어린이 박물관, 야외 전시장이 별도로 갖추어져 있다.

상설전시관은 무료로 관람하며, 6개관 50개실로 약 12,000점의 유물을 전시하여 제공하고 있으며, 전시물은 외부전시일정 및 유물의 보존 상태를 위하여 주기적으로 교체하고 있다. 주변에는 한글박물관, 용산가족공원, 전쟁기념관 등이 있다.

상설 전시관	전시 내용(약 12,000점)
선사 · 고대관	구석기, 신석기, 청동기/고조선, 부여/삼한, 고구려, 백제, 가야, 신라, 통일신라, 발해.
중 · 근세관	고려, 조선
서화관	서예, 회화, 불교회화, 사랑방
기증관	이홍근, 기증문화재, 김종학, 유강열, 박영숙, 최영도, 박병래, 가네코 가즈시게, 유창종, 하치우마 다다스, 이우치 이사오

상설 전시관	전시 내용(약 12,000점)
조각 · 공예관	백자, 분청사기, 청자, 금속공예, 불교조각
아시아관	인도/동남아시아, 중앙아시아, 중국, 신안해저 문화재, 일본
어린이박물관	현장(당일)과 인터넷(예약)을 통해 관람권을 받음.

2) 국립현대미술관

국립현대미술관(National Museum of Modern and Contemporary Art, MMCA)은 미술작품 및 자료의 수집 · 보존 · 전시 · 조사 및 연구와 이에 관한 국제교류 및 미술 활동의 보급을 통한 국민의 미술문화의식 향상에 관한 사무를 관장한다. 대한민국 문화체육관광부의 소속기관이다. 1969년 8월 23일 발족하였다.

국립현대미술관은 과천관(과천시), 서울관(종로구), 덕수궁관(중구), 청주관(청주시)이 있다. 과천관, 덕수궁관은 상설전시관으로 무료 관람할 수 있으나 기획전시는 별도의 관람료가 있다.

덕수궁관은 서울 덕수궁 정문(대한문)에서 덕수궁 입장료를 내야 들어갈 수 있으며, 한국 최초의 근대식 석조건물인 덕수궁 석조전에 1998년 개관하였다.

청주관은 국립미술품수장보존센터로써 국가와 사회의 문화예술자산인 미술작품에 대한 가치 보존 및 활용 목적으로 건립 중이다.

3) 국립고궁박물관(國立古宮博物館)

국립고궁박물관(National Palace Museum of Korea)은 궁중유물의 연구 · 조사 · 수집 · 보관 및 전시에 관한 사무를 관장한다. 문화재청의 소속기관이다. 2005년 8월 16일 발족하였으며, 개관일은 2007년 11월 28일이다. 서울특별시 종로구에 위치한다.

조선, 대한제국 시대의 왕실 복식 및 생활 관련 유물 약 40,000여 점을 소장 · 전시하고 있다. 국보 2점과 다수의 보물들이 있으며, 이것 외에도 흥선대원군의 아버지인 남연군을 장지까지 운반했던 국가민속문화재(제31호) '남은들상여'가 있다.

국립고궁박물관(자료 : google.co.kr)

4) 국립등대박물관

국립등대박물관(자료 : http://위키백과)

국립등대박물관(國立燈臺博物館)은 산업 기술의 발달과 시대적 변화로 항만 표지와 해양 수산의 시설과 장비를 보존 전시되었으며, 체험 문화 공간이다. 1985년 2월 7일에 개관하였다. 경상북도 포항시에 위치해 있다.

5) 국립민속박물관

국립민속박물관(자료 : 위키백과)

국립민속박물관(國立民俗博物館, National Folk Museam of Korea)은 한민족과 세계 각국의 생활양식 · 풍속 및 관습과 이에 사용된 도구 및 자료의 수집 · 보존 · 조사 · 연구 · 전시 · 교육 및 교류에 관한 사무를 관장한다. 대한민국 문화체육관광부의 소속기관이다. 1992년 10월 30일 발족하였으며, 서울특별시 종로구에 위치한다.

국립민속박물관은 박물관을 찾은 국내외 관람객들을 위해 매주 주말에 우리민속한마당 공연을 개최하고 있다.

(1) 상설전시

제1전시관(한민족생활사) 선사시대의 생활도구, 청동기시대, 삼국시대의 생활과 문화, 고려의 인쇄 · 청자문화, 조선의 과학기술 · 한글창제에 대한 자료를 복원, 전시하고 있다.

제2전시관(생업 · 공예 · 의식주) 생활민속, 생업, 수공예, 의 · 식 · 주 생활을 살펴볼 수 있다.

제3전시관(한국인의 일생) 출생과 죽음, 교육, 관례 · 혼례, 교통과 통신, 전통놀이와 사회제도, 민간신앙, 상례 · 제례를 전시하고 있다.

(2) 야외전시

사계절 텃밭, 원두막, 물레 · 연자 · 디딜방아문 · 무인석, 돌하르방, 장승동산, 신라의 안압지, 황룡사 9층탑, 경복궁 근정전 등의 모형도 있다. 박물관 주변에는 천하대장군과 지하여장군, 돌하루방, 연자방아 등의 전시물들이 있다.

6) 국립해양박물관(國立海洋博物館)

국립해양박물관(자료 : 위키백과)

국립해양박물관(Korea National Maritime Museum)은 해양 유물을 발굴하고 보존하며 그 가치를 연구하고 해양 문화와 해양 개발에 대한 관심을 고취하기 위해 2012년 7월 9일에 개관한 해양에 관한 종합 박물관이다.

이 박물관은 규모 면에서 대한민국에서 세 번째로 크며, 부산항과 오륙도가 눈앞에

보이는 대한민국 부산광역시 영도구 동삼동에 위치하고 있다. 대한민국 해양수산부 소속기관이었던 국립해양박물관은 2015년 4월 19일 특수법인으로 설립되었다.

시설은 상설전시관 8곳, 기획전시관, 해양도서 5만여 권과 멀티미디어실이 있는 해양도서관, 어린이박물관, 야외의 원형광장, 수족관(지름 11m, 깊이 4.8m), 입체 영상을 즐길 수 있는 4D 영상관, 박물관 주위의 바다를 감상할 수 있는 전망대 등이 있다.

7) 대한민국역사박물관(大韓民國歷史博物館)

대한민국역사박물관(National Museum of Korean Contemporary History)은 대한민국 근-현대 역사자료의 수집 · 보존 · 조사 · 연구 · 전시 · 교육 및 교류에 관한 사무를 관장한다. 대한민국 문화체육관광부의 소속기관이다. 2012년 3월 30일 발족하였다. 서울특별시 종로구에 위치해 있다.

박물관은 대한민국의 역사를 시대별로 4개의 전시실로 나누어져 있다. 제1전시실에서는 대한민국의 태동(1876년~1948년 광복), 제2전시실에서는 대한민국의 기초 확립(1948년~1961년), 제3전시실에서는 대한민국의 성장과 발전(1961년~1987년), 그리고 제4전시실에서는 대한민국의 선진화, 세계로의 도약(1987년~)을 주제로 전시가 구성되어 있다.

소장자료는 119,545점이며, 주요 자료는 기미독립선언서, 「님의 침묵」 초간본, 정부수립 이후 최초의 초등학교 1학년 교과서인 「바둑이와 철수」와 같은 희귀 자료와 4 · 19 혁명 당시 여고생의 일기, 5 · 18 민주화 운동 당시 경찰관의 일지와 같은 개인의 기록을 통해 현대사를 조명할 수 있는 자료, 파독 광부 · 간호사 관련 자료, 새마을 운동 관련 자료, IT산업 발전사 관련 자료 등 대한민국의 발전을 위해 흘린 땀방울과 그 성과들을 담고 있는 자료들이다.

'우리역사보물창고'에서는 어린이가 직접 체험하면서 근현대사를 배울 수 있다. 또한 근현대사 전반에 걸친 다양한 주제의 특별전시를 통해 대한민국 근현대사에 대한 심층적인 내용을 살펴볼 수 있다. 박물관에서 다양한 교육프로그램과 문화행사도 운영하고 있다.

8) 서울역사박물관

서울역사박물관(Seoul Museum of History)은 조선을 중심으로 선사 시대부터 현대까지 역사와 문화를 정리하여 보여 주는 서울특별시의 도시역사박물관으로 2002년 5월 21일 개관하였다.

서울역사박물관은 문화유산을 수집 · 보존 · 연구 · 전시 · 교육을 통해 서울의 역사와 문화에 대한 이해를 심화시키고, 시민들의 문화적 정체성을 확립시키는 서울시의 대표적인 문화기관이다. 한성백제와 조선왕조의 수도로서 정치 · 경제 · 사회 · 문화의 중심으로 발전해온 서울의 역사를 전시하고 있다.

■ 상설전시

1존(조선시대의 서울) 조선 건국 후 한양 정도부터 개항 이전까지 조선시대의 서울을 보여주는 공간.

2존(대한제국의 서울) 서울에 불기 시작한 변화의 새 바람을 돌아보는 공간.

3존(일제강점기의 서울) 1910년 일본에 강제로 병합된 이후 암울했던 식민도시 경성을 돌아보는 공간.

4존(성장기 서울) 해방 이후 서울의 비약적인 성장과 변화를 돌아보는 공간.

9) 국립한글박물관(National Hangeul Museum)

국립한글박물관은 한글 및 한글문화 관련 유물과 자료의 수집 · 보존 · 조사 · 연구 · 전시 · 교육 및 교류 등 한글문화의 보존, 확산 및 진흥에 관한 사무를 관장한다.

국립한글박물관

자료 : 위키백과(https://upload.wikimedia.org/wikipedia/)

대한민국 문화체육관광부의 소속기관이다. 2014년 2월 17일 발족하였으며, 서울특별시 용산구에 위치한다.

소장 작품 수는 108,113점이다. 관람료는 무료이며, 휴관일은 1월 1일, 설날 당일, 추석 당일이다. 이용시간은 10:00~18:00(월요일~금요일, 일요일, 공휴일) 10:00~21:00(토요일, 매달 마지막 수요일) 이다.

도산안창호기념관(島山安昌浩記念館)은 서울특별시 강남구 신사동에 위치한 사립박물관이다. 도산공원 내에 있으며, 안창호의 사상과 업적을 알리기 위해 탄생 120주년과 순국 60주기를 기념하여 설립되었다.

10) 전쟁기념관(戰爭記念館, The War Memorial of Korea)

전쟁기념관(The War Memorial of Korea)은 서울특별시 용산구에 위치한 기념관으로, 대한민국을 지켜온 항쟁과 전쟁에 대한 기록을 모으고 보존하는 곳이다. 전쟁에 대한 교훈을 통해 전쟁을 예방하고, 평화적 통일을 목적으로 한다. 1990년 9월 28일에 기공식이 있었다. 처음 건립된 때는 1993년 12월이며, 개관한 때는 1994년 6월 10일이다.

전쟁기념관

자료 : http://www.minwoo21.com/admin/product/upfile/upfile2_66.jpg

〈표 5-1〉 국립박물관과 미술관의 위치

국립박물관, 미술관	주 소
경찰박물관	서울특별시 종로구 새문안로 41
관세박물관	서울특별시 강남구 언주로 721
국립경주박물관	경상북도 경주시 일정로 186
국립고궁박물관	서울특별시 종로구 효자로 12
국립공주박물관	충청남도 공주시 관광단지길 34
국립광주박물관	광주광역시 북구 하서로 110

국립박물관, 미술관	주 소
국립김해박물관	경상남도 김해시 가야의길 190
국립나주박물관	전라남도 나주시 반남면 고분로 747
국립대구박물관	대구광역시 수성구 청호로 321
국립등대박물관	포항시 남구 호미곶면 해맞이로150번길 20
국립민속박물관	서울특별시 종로구 삼청로 37 경복궁 내
국립부여박물관	충청남도 부여군 부여읍 금성로 5
국립어린이과학관	서울특별시 종로구 창경궁로 215
국립일제강제동원역사관	부산광역시 남구 홍곡로 320번길 100
국립전주박물관	전라북도 전주시 완산구 쑥고개로 249
국립제주박물관	제주특별자치도 제주시 일주동로 17
국립중앙과학관	대전광역시 유성구 대덕대로 481
국립중앙박물관	서울특별시 용산구 서빙고로 139
국립진주박물관	경상남도 진주시 남강로 626-35
국립청주박물관	충청북도 청주시 상당구 명암로 143
국립춘천박물관	강원도 춘천시 우석로 70
국립해양박물관	부산광역시 영도구 해양로301번길 45
국립해양유물전시관	전라남도 목포시 남농로 136
국립현대미술관	경기도 과천시 광명로 313
국악박물관	서울특별시 서초구 남부순환로 2406
덕수궁미술관	서울특별시 중구 세종대로 99 덕수궁 내
산림박물관	경기도 포천시 소흘읍 광릉수목원로 415
세종대왕유적관리소	경기도 여주군 능서면 왕대리 산 83-1
외교박물관	서초구 남부순환로 2558 외교안보연구원
우정박물관	천안시 동남구 양지말1길 11-14 우정공무원교육원 내
철도박물관	경기도 의왕시 철도박물관로 142
체신기념관	서울특별시 종로구 우정국로 59
칠백의총기념관	충청남도 금산군 금성면 의총길 50
한국은행화폐금융박물관	서울특별시 중구 남대문로 39
현충사관리소	충청남도 아산시 염치읍 현충사길 48

제2절 안보관광

학습 목표

1. 안보관광 개념에 대해 이해한다.
2. 임진각, 비무장지대(DMZ), 남침(南侵)땅굴, 판문점(공동경비구역, JSA)에 대해 구분하고 안보관광 사례에 대해 고찰한다.

1. 안보관광 개념

안보(Security)는 안전보장(安全保障)의 준말이다. 안전보장은 외부의 위협이나 침략으로부터 국가와 국민의 안전을 지키는 일이다.

국가안보(National Security, 國家安保)는 국가가 수행하는 가장 기본적인 기능 중 하나이다. 국내·외의 각종 위협으로부터 국민, 영토, 주권을 보호하는 것이다.

안보와 관광은 상호 이질적인 특성을 가지고 있다. 안보가 폐쇄적이고 통제적인 성격을 갖는 반면, 관광은 개방적이고 자유스런 즐거움을 요구한다.

안보관광이란 "안보영역 내의 불가피한 상황에 대한 이해와 정신 결속의 기회를 가짐과 동시에 통제된 상황에서 특수자원에 대한 탐방 관광을 실시하여 현실적인 교육적 효과를 충족시키는 일련의 과정과 결과"라고 정의할 수 있다.

안보관광은 죽음(death), 재난재해(disaster), 잔혹한 행위(atrocity)에 대한 현장 및 역사적 사실의 기록을 중심으로 방문객에게 편의를 제공하는 관광 활동으로 해석할 수 있다. 또한, 안보관광은 '죽음을 초래한 장소(fatal attractions)', '다크 투어리즘(dark tourism)', '슬픔의 장소(grief tourism)' 등으로 명시되고 있다(Lennon and Foley, 2000).

최근 재난과 재해의 대표적 장소로서 미국 뉴욕의 그라운드 제로(Ground Zero)■,

■그라운드 제로(ground zero)는 폭발이 있었던 지표의 지점을 뜻하는 용어이다. 대표적인 그라운드 제로는 히로시마와 나가사키, 9·11 테러 현장 등이 있다.

독일 베르린 작센하우젠 나치 수용소(Sachsenhausen) 등과 더불어 북아일랜드 타이타닉호(Titanic Belfast) 등이 대표적 자원으로 볼 수 있다.

> 국제연합(UN)은 1월 27일을 홀로코스트 추모일로 정하였다. 홀로코스트(Holocaust)는 그리스어 hólos(전체)+kaustós(타다)에서 유래되었으며, 제2차 세계 대전 중 아돌프 히틀러가 이끈 나치당이 독일 제국과 독일군 점령지 전반에 걸쳐 계획적으로 유대인과 슬라브족, 집시, 동성애자, 장애인, 정치범 등 약 1천1백만 명의 민간인과 전쟁포로를 학살한 사건을 의미한다.

국내 안보관광 특징은

첫째, 6.25 전쟁과 이후 휴전 상태에 대한 현실적 상황을 대표하는 공간으로서 의미를 가진다.

둘째, 관광객은 안보관광지나 시설과 해설을 통하여 독특한 문화적 경험을 체험할 수 있는 공간으로서 의미가 크다.

셋째, 안보관광은 해당 공간과 더불어 주변 지역과 지역민의 경제적, 사회문화적 활동의 공동 공간이다.

넷째, 안보관광지나 안보관광시설은 사전 예약, 신분 확인, 출입 통제 등 관광객의 신분과 활동을 철저히 관리한다는 특성이 있다. 안보관광은 타 관광지나 시설과 달리 관광객의 방문 전 단계에서부터 방문 후 단계까지 신분과 행태를 계획과 절차에 따라 진행하고 있다는 특성이 있다.

2. 임진각 국민관광지(臨津閣 國民觀光地)

임진각 국민관광지는 경기도 파주시에 소재한 안보관광지이다. 임진각뿐만 아니라 평화누리공원, 평화의 종, 자유의 다리, 망배단 등의 소재지 일대를 통칭하고 있다.

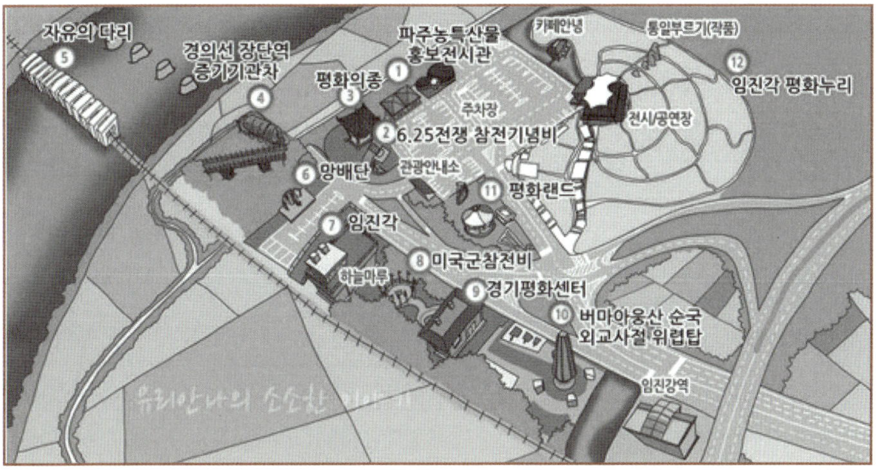

임진각 국민관광지 지도

자료 : http://cfile23.uf.tistory.com/image/2376F34855249BB02A38B7

임진강역(臨津江驛)은 파주시 문산읍에 있는 경의선의 철도역이다. 임진각국민관광지가 부근에 있으며, 임진각역은 잘못된 표현이다.

임진각은 1972년 실향민들을 위해 남한의 북쪽 끝 휴전선 가까이에 세워진 3층 건물이다. 임진각 전망대는 민간인 통제구역마을 해마루촌, 자유의 다리, 임진각 철교, 한국전쟁 때 부서진 다리의 모습을 볼 수 있다.

자유의 다리는 독개다리라고 불렸으나 1953년에 공산군의 포로였던 12,773명의 국군과 유엔군이 자유를 찾아 귀환하면서 현재의 이름으로 명명되었다. 자유의 다리는 6개의 경간(徑間)으로 이루어진 목조 평교(平橋)형식으로 길이는 83cm, 폭은 4.5~7m, 높이는 8m 내외이다.

망배단에서는 매년 실향민들이 설날과 추석 때 모여 합동으로 제사를 지내고 있다.

임진각 평화누리공원

평화의 종

자유의 다리 및 임진강 철교
자료 : http://ggtour.or.kr/blog/

망배단(자료 : www.google.co.kr)

3. 비무장지대(DeMilitarized Zone, DMZ)

한반도 비무장지대(Korean DeMilitarized Zone, DMZ)는 한국 전쟁 이후 1953년 7월 27일 체결된 한국 전쟁의 정전 협정에 따라 설정된 비무장지대이다.

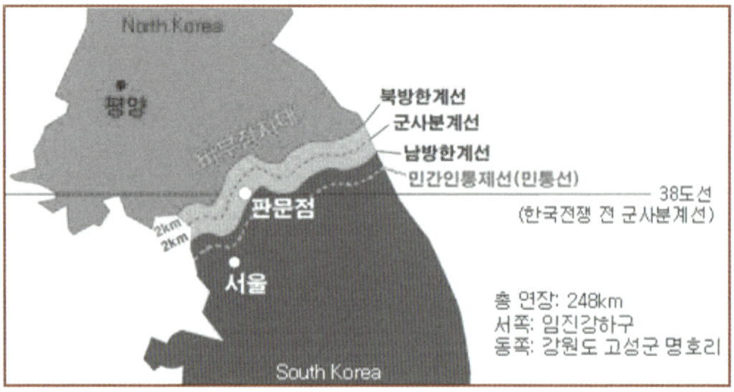

비무장지대(DMZ)(자료 : http://naver.net/)

군사분계선(MDL)은 임진강에서 동해안까지 200m 간격으로 총 1,292개의 말뚝을 박고, 이 말뚝을 이은 가상의 선(248km)을 설정하였다.

비무장지대(DMZ)는 군사분계선에서 남북으로 각각 2km에 군사충돌을 방지하기 위한 완충지대로 남방한계선(SLL)과 북방한계선(NLL)이 설정되어 있다.

민간인 출입통제선(민통선)은 남방한계선(SLL) 아래로 설정되어 있어서 민간인은 가까이 갈 수 없다. 남방한계선 안에는 UN군 사령부에서 발급한 통행증이 필요하다.

민통선 지역은 일반인의 활동이 엄격히 금지되어 자연 생태계가 보존되어 있으며, 아시아 최대의 자연보호지역으로 주목받고 있다. DMZ 일대는 자연생태계의 정점인 포유류와 조류의 분포 면에서 한국 내 제일의 종 다양성을 지니고 있으며, 반달가슴곰, 여우, 사향노루, 산양, 수달 등 가장 많은 천연기념물과 멸종위기종의 개체수가 서식하는 장소이기도 하다. 그리고 DMZ 주변은 하천과 습지가 잘 발달되어 있어, 다양한 어종과 풍부한 개체수를 간직하고 있다.

4. 남침(南侵) 땅굴

남침(南侵) 땅굴은 북한(조선민주주의 인민공화국)이 대한민국을 침략할 목적으로 건설한 군사용 터널을 말한다. 미국 해병대가 1997년에 발간한 《북한 핸드북》에 따르면, 남침 땅굴이 모두 20여 개가 있는 것으로 추정된다. 현재까지 총 4개의 남침용 땅굴이 발견되었다.

제1땅굴은 1974년 11월 경기도 연천군 장남면에서 너비 90cm, 높이 1.2m, 길이 약 3.5km에 달하는 콘크리트 구조물로 발견되었다.

제2땅굴은 1975년 3월 19일 강원도 철원군 근동면에서 너비와 높이 2m, 길이 3.5km, 지하 50~160m 발견되었다. 안보관광코스(철원군 운영)로 일반인 관광이 가능하다. 고석정에서 출발하는 코스와, 백마고지역에서 출발하는 코스 2가지가 있다. 철원 노동당사와 월정리역이 코스에 있다. 소요시간은 3시간 정도이다.

제3땅굴은 1978년 10월 17일 경기도 파주시 장단면에서 아치형으로 너비와 높이

2m, 길이 1.635km, 깊이 73m이며, 1시간에 3만여 명의 무장병력을 이동시킬 수 있는 규모가 발견되었다.

제4땅굴은 1990년 3월 3일 강원도 양구군 해안면에서 지하 깊이 145m, 폭 2m, 길이가 2,052m로 발견되었다.

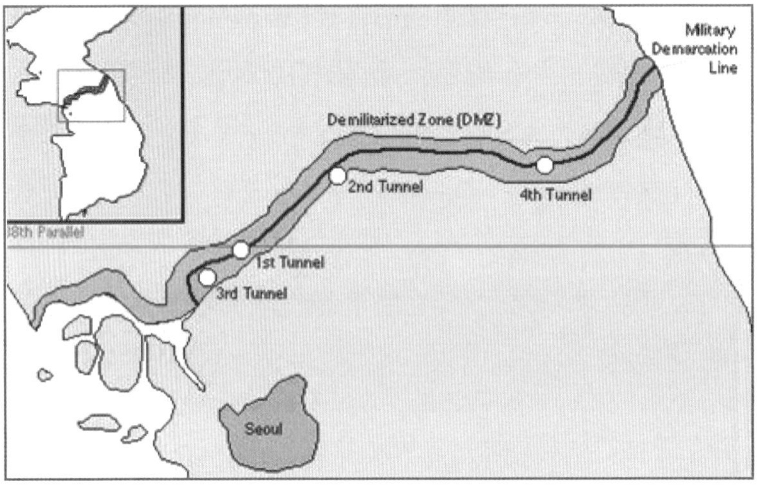

남침 땅굴 위치(자료 : https://ko.wikipedia.org/wiki/위키백과)

(1) 제3땅굴 개요

제3땅굴은 경기도 파주시 장단면에 있는 남침땅굴로 1978년 10월에 발견되었다. 제3땅굴은 문산까지 12Km, 서울까지 52Km 지점에 위치하며, 폭 2m, 높이 2m, 길이 1,635m이다. 1시간 당 3만 명의 병력 이동이 가능한 규모다.

제3땅굴 안(http://google.co.kr/)

제3땅굴 주변에는 DMZ영상관, 상징조형물, 기념품판매장 등의 시설이 설치되어 다양한 볼거리를 제공하고 있다. 땅굴 안은 도보로 관람할 수 있다.

파주시의 DMZ 연계견학 프로그램을 이용하면 도라산역, 도라전망대, 임진각 등의 안보 여행지를 편리하게 방문할 수 있다.

(2) 도라전망대(都羅展望臺)

도라전망대는 DMZ 안에 위치한 전망대로 남한에서 북한을 가장 가까이 볼 수 있는 곳에 위치해 있다. 경기도 파주시 장단면에 위치해 왔으며, 근처에 도라산역과 도라 OP가 위치해 있다.

도라전망대(자료 : http://google.co.kr/)

5. 판문점(板門店)

판문점(板門店)은 정전협정 이후 유엔군과 조선인민군의 공동경비구역(JSA; Joint Security Area)으로 지정되었으며, 대한민국과 조선민주주의인민공화국 쌍방의 행정 관할권이 미치지 않는다. 판문점(板門店)의 유래는 널문리 마을에 위치하며, 널문리는 '널빤지로 만든 문이 있는 마을' 이라는 뜻이다.

휴전협정(1953년 7월 27일)부터 1976년까지는 경계선 없이 양측 경비병과 출입자들이 자유롭게 통행할 수 있었다. 1976년 8월 18일에 발생한 '도끼만행사건'■ 이후로 군사분계선을 경계로 관할 구역이 분할되었다. 2018년 10월 26일부터는 공동경비구역(JSA) 비무장화 조치로 남북한 병력들이 권총을 소지하지 않고 경비를 서기 시작하였다.

공동경비구역(JSA)의 남한 주변에는 자유의 집, 평화의 집, 돌아오지 않는 다리 등이 있으며, 북한 주변에는 판문각, 통일각, 돌아오지 않는 다리, 72시간 다리 등이 있다.

■ 도끼만행사건은 조선인민군 군인 30여 명이 도끼를 휘둘러 미루나무 가지치기 작업을 감독하던 주한 미군 장교 2명을 살해하고 주한 미군 및 한국군 병력 다수에게 피해를 입힌 사건이다.

자유의 집은 유엔군과 한국군이 공동으로 경비하는 지역이다. 여권을 소지한 외국인 관광객은 견학이 가능하며, 그 외의 한국인과 외국인은 따로 소정의 절차를 거쳐야 한다.

공동경비구역(JSA)

북한 판문각

판문점 관광은 특별한 경우가 아닌 이상 개인 견학은 불가능하고, 60일 전에 사전 예약을 통해 만 10세 이상, 30~45인의 단체 견학만이 가능하다. 만약 학교나 회사를 통해 판문점 견학을 갈 기회가 있다면 꼭 가보는 것을 추천한다. 단체 견학밖에 안 되기 때문에 기회를 만들기가 어려운 편이다. 공동경비구역 관광은 약 90분이 소요된다.

첫째, 캠프 보니파스에서 30여 분간 브리핑을 방문객들이 반드시 참석해야 하며,

둘째, 공동경비구역(JSA)의 선정된 지역을 차량 승차 및 도보로 관광하는 것으로 되어 있다.

6. 안보관광 사례

제3땅굴 임진각 코스

A코스 임진각 출발→제3땅굴(DMZ 영상관)→도라전망대→도라산역→통일촌직판장→통일촌마을박물관→임진각 도착(약 3시간 소요)

B코스 임진각 출발(10시)→허준선생묘→해마루촌→제3땅굴(DMZ영상관)→도라전망대→임진각 도착(약 3시간 30분 소요)

※ 땅굴은 도보만 가능

※ 코스는 사정에 의해 변경될 수 있습니다.

DMZ TOUR-1 = 제3땅굴 관광

시간 A) 08:00 ~14:30 Morning

B) 08:00 ~15:00 Morning + Lunch

C) 11:00 ~18:00 Afternoon

D) 08:00 ~16:30 Fullday Tour

(월요일, 국경일은 휴무)

코스 A, C) 호텔 – 임진각공원 – 자유의 다리 – 제3땅굴 – DMZ영상관 전시관 – 도라전망대 – 도라산역 – 통일촌마을(차창 관광) – 인삼전시장 또는 면세점 – 시청 해산

B) 상기 코스와 동일 + 중식

C) 상기 코스와 동일

D) 호텔 – 상기 코스 동일 – 중식 – 인사동 – 호텔

DMZ TOUR-2 = 판문점(JSA) 관광

최소인원 1명(내국인 예약 불가)

시간 09:00 ~17:00 (일요일, 월요일, 국경일은 휴무)

코스 호텔 - 프레지던트 또는 코리아나 호텔 - 통일전망대 혹은 임진각공원 - 중식 - UN캠프보니파스 - 평화의 집 - 자유의 집 - 판문점 - 군사정전위원회회의장 - 방문객용전망대 - 돌아오지 않는 다리 - 도끼만행사건장소 - 프레지던트 또는 코리아나 호텔 해산.

자료 : http://www.seoulcitytour.net/Korean/menu_05_02.html

DMZ TOUR-3 = 제3땅굴 + 판문점(JSA) 관광

[판문점(JSA) 주의사항]

- 여권이나 신분증을 반드시 휴대한다.
- 만 11세 이하의 어린이는 관광을 불허한다.
- 찢어진 청바지, 반바지, 민소매셔츠, 샌달, 군용복장, 운동복, 깃없는 라운드 티셔츠, 미니스커트, 노출이 심한 여성복, 기타 유엔사에서 제한하는 복장은 불허한다.
- 90mm 렌즈 이상의 카메라는 소지할 수 없다.
- 판문점 내에서는 북한 병사들에 대한 어떠한 행동(대화, 손을 흔드는 행동 등)도 금지되어 있다.
- 투어 진행 중 판문점에서 갑자기 일어난 긴급회담, 또는 군사작전 등 사정에 의하여 판문점 내의 견학이 불가할 수도 있다.
- UN군의 통제로 인한 신원조회가 필요한 국가나 견학 불가한 국가가 있다.
- 당일 일정에 따라 시간변동이 있을 수 있다.
- 군 현지 상황에 따라 JSA 내 일정 중 일부가 취소되는 경우가 있다. 이런 경우는 투어비 환불이 없다.

[관광]

최소인원 1명
시간 08:00~17:00 (일요일, 월요일, 국경일은 휴무)
코스 호텔 - 임진각 공원 - 자유의 다리 - 제3터널 - DMZ영상관 전시관 - 도라전망대 - 도라산역 - 통일촌마을(차창관광) - 중식 - UN캠프보니파스 - 평화의집 - 자유의집 - 판문점 - 군사정전위원회회의장 - 방문객용전망대 - 돌아오지 않는 다리 - 도끼만행사건장소 - 프레지던트(코리아나) 호텔 해산.

7. 기타 안보관광 지역

1) 고성 통일전망대(統一展望臺)

통일전망대는 강원도 고성군 현내면 마차진리에 위치하며, 1984년 2월 9일에 준공되었다.

통일전망대는 통일안보공원에 출입신고서를 작성 → 안보교육을 8분간 영화상영 → 민통선 검문소를 통과하여 신고서를 제출 → 통일전망대 관람 → 검문소에서 민통선 차량 출입증을 반납 → 돌아가면 된다.

2) 철원 안보관광

철원안보관광은 강원도 철원군 동송읍 장흥리 20-15에 위치한다. 철원관광안내소에서 안보관광 관광(제2땅굴) 접수를 한다.

견학 코스 고석정 → 제2땅굴 → 평화전망대 → 두루미관(월정리역) → 고석정(약 3시간 정도 소요)

Cultural Tourism

제7장

문화기관 및 관광기관

제1절 문화기관
제2절 관광기관

Cultural Tourism

제7장 문화기관 및 관광기관

제1절 문화기관

학습목표
1. 문화 관련기관에 대해 학습한다.
2. 문화체육관광부, 한국문화정보원, 문화재청, 한국콘텐츠진흥원, 한국지역문화콘텐츠연구원에 대해 학습한다.

1. 문화체육관광부

문화체육관광부(Ministry of Culture, Sports and Tourism, 문체부, MCST)는 문화 · 예술 · 영상 · 광고 · 출판 · 간행물 · 체육 · 관광, 국정에 대한 홍보 및 정부발표에 관한 사무를 관장한다. 대한민국의 중앙행정기관이다(정부조직법, 제35조).

문화체육관광부는 문화관광부, 국정홍보처와 정보통신부의 일부 기능을 통합하여 2008년 2월 29일 발족하였다. 위치는 세종특별자치시에 있다.

문체부는 문화콘텐츠(출판, 게임, 음악, 영화, 방송영상 등) 장르와 직접 관련된 사업을 담당하고, 관광산업육성 및 콘텐츠 산업진흥, 생활체육정책, 문화다양성 등은 주요 정책 중의 하나이다.

문화체육관광부는 외청으로 문화재청(1999년 독립), 소속기관으로 해외문화홍보원이 있다.

〈표 7-1〉 문화체육관광부의 주요 연혁

연 월 일	주요 연혁
1948년 11월 4일	공보처를 신설
1956년 2월 9일	공보처를 폐지하고 공보실을 신설
1960년 6월 30일	공보실을 폐지, 소관 업무는 국무원 사무처 공보국으로 이관
1961년 6월 22일	국무원 사무처의 산하기관 공보국과 방송관리국을 통합 공보부로 개편
1968년 7월 24일	공보부를 문화공보부로 개편
1989년 12월 30일	문화공보부를 문화부와 공보처로 분리
1993년 3월 6일	문화부와 체육청소년부를 통합하여 문화체육부로 개편
1998년 2월 28일	문화체육부를 문화관광부로 개편, 공보처를 폐지하고 공보실을 설치
1999년 5월 24일	공보실을 폐지하고 국정홍보처를 설치
2008년 2월 29일	문화관광부와 국정홍보처의 국정에 관한 홍보 및 정부 발표, 그리고 정보통신부의 디지털콘텐츠 기능을 통합하여, 문화체육관광부로 개편
2013년 12월 23일	정부 세종청사로 이전

1) 해외문화홍보원(Korean Culture and Information Service)

해외문화홍보원(KOCIS)은 문화체육관광부 소속기관으로서 설립(1991년), 발족(2008년 2월 29일)하였다.

해외문화홍보원은 한국문화의 해외 홍보, 해외 문화홍보 정책, 재외공관의 문화예술 활동 지원, 재외공관에 두는 문화원의 운영에 대한 지원 · 협의, 해외언론 협력 및 국가 이미지 제고 등 해외홍보 전반에 관한 사무를 관장한다.

〈그림 7-1〉 해외문화홍보원 홈페이지(http://www.kocis.go.kr/)

해외문화홍보원은 27개국 31개소의 재외 한국문화원(KCC)과 8개국 문화홍보관을 운영하고 있다.

아시아 · 태평양지역에는 8개국(일본, 중국, 태국, 인도, 베트남, 인도네시아, 필리핀, 호주), 유럽에는 11개국(영국, 프랑스, 독일, 러시아, 스페인, 폴란드, 벨기에, 헝가리, 카자흐스탄, 터키, 이탈리아), 미주지역에는 5개국(미국, 멕시코, 브라질, 아르헨티나, 캐나다), 중동/아프리카에는 나이지리아, 이집트, 아랍에미리트에 있다.

이들 한국문화원과 해외 한국대사관에서 41명의 주재관이 문화홍보의 전령사로서 활동하고 있다.

2) 한류마당(http://www.mcst.go.kr/usr/kwave/index.jsp)

한류마당은 문화체육관광부 홈페이지의 허브 사이트로 개설되었다. 한류마당은 한류발전전략(전통한류, 현대한류, 한류산업화), 한류뉴스, 한류활동, 한류자료실, 관련 사이트 등 15개의 서브메뉴로 서비스된다.

한류마당은 한국문화산업교류재단이 제공하는 한류콘텐츠와 해외에서 개최되는 한국문화 소식, 국내 한류소식, 문화체육관광부의 한류발전전략 등을 살펴볼 수 있다.

〈그림 7-2〉 한류마당의 사이드맵

자료출처: http://www.mcst.go.kr/usr/kwave/index.jsp

3) 한국문화산업교류재단

한국문화산업교류재단은 2003년 6월 4일 설립된 문화체육관광부 소관의 재단법인이다. 사무실은 서울특별시 마포구에 있다.

한국문화산업교류재단의 설립목적은 다양한 문화산업 국제교류를 통하여 각국 문화에 대한 올바른 인식과 이해를 도모하고, 상호협력을 위한 민간교류 창구로서의 역할을 수행함으로써 국가 간 문화교류 및 협력기반 조성에 이바지하고 있다.

한국문화산업교류재단의 역할은 아시아 각 국가들과의 각종 대중문화산업 교류사업을 통하여 한국 대중문화에 대한 국제사회의 올바른 인식과 이해 도모 각 국가들과 상호주의적 교류 창구로서의 역할을 수행함으로써 한국 대중문화 콘텐츠의 수출 확대 기반을 조성하기 위함이다.

주요 업무

- 중국 및 아시아 각 국가들 해당 기관 및 단체와의 네트워크 구성, 문화산업 교류협력 사업 추진
- 국내 대중문화 해외진출 지원협력 사업
- 해외 문화산업계와의 교류증진 및 국내 문화상품 수출확대를 위한 전시회, 공연 등 각종 이벤트 사업
- 각종 대중문화산업관련 조사, 연구 및 출판사업
- 아시아 각 국가간 정기적인 세미나 및 토론회 개최사업
- 아시아 각 국가들간 신용인증제도 도입방안 연구 및 적용사업

2. 한국문화정보원(http://www.kcisa.or.kr/)

한국문화정보원(Korea Culture Information Service Agency)은 문화체육관광부 산하 문화정보화 전담기관으로, 문화관련 공공기관의 문화정보화를 촉진하고 창의적인 지식정보사회의 기반구축 및 문화경쟁력 강화를 위해 2002년 12월 23일에 설립된 기타공공기관이다.

현재의 명칭은 (재)한국문화정보센터에서 변경(2015년 1월)하였다. 사무실은 서울특별시 마포구에 있다.

설립목적은 문화분야의 정보화 정책 개발 및 정보화 사업 발굴, 추진이며, 관련 단체의 문화정보화 촉진 및 정보화 사업 지원이다.

주요업무는 문화정보화 추진체계 지원, 문화정보화 기획 및 중장기방향 연구 지원, 문화정보화 사업관리 및 운영지원이다.

문화정보화는 크게 문화예술, 문화유산, 문화산업, 관광, 체육, 도서관, 홍보지원, 정보화여건조성 등 8개 분야로 추진체계로 구성되어 있다.

한국문화정보원은 문화포털(http://www.culture.go.kr/index.do) 및 한민족 정보마당(http://www.han-style.com/)을 관리하고 있다.

한민족정보마당에서는 분야별(지리, 역사, 문화유산, 인물 등), 유형별(기록-문서, 유물-유적, 인물-사건, 기술-비법 등), 기관별(문화, 역사, 교육-학술, 과학기술) 정보 그리고 한스타일(한글, 한식, 한복, 한옥, 한지, 한국음악), 전통생활문화, 문화유전자 등을 정보화하고 있다.

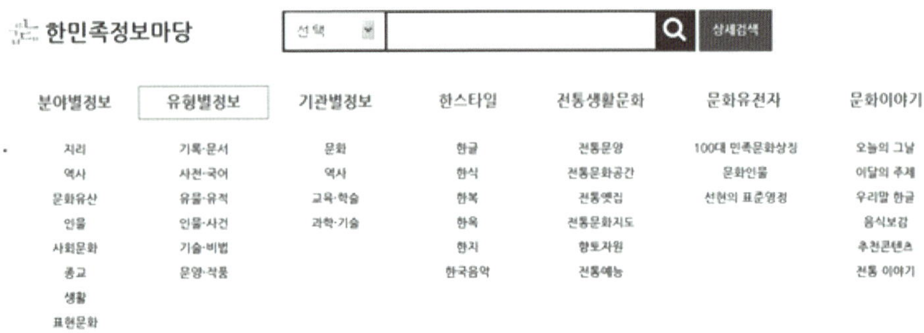

3. 문화재청(Cultural Heritage Administration)

문화재청(CHA)은 문화재에 관한 보존 · 관리 · 활용 · 조사 · 연구 및 선양에 관한 사무를 수행하는 대한민국의 중앙행정기관이다. 1999년 5월 24일 문화관광부 문화재관리국을 개편하여 발족하였으며, 대전광역시 서구에 위치하고 있다.

〈표 7-2〉 문화재청의 주요 연혁

연 월 일	주요 연혁
1961년 10월 2일	문교부의 소속으로 문화재관리국을 설치
1968년 7월 24일	문화공보부로 소속 이관
1989년 12월 30일	문화부로 소속 변경
1993년 3월 6일	문화체육부로 소속 변경
1998년 2월 28일	문화관광부로 소속 변경
1999년 5월 24일	문화관광부 문화재관리국을 폐지하고 외청으로 문화재청을 설치
2008년 2월 29일	문화체육관광부의 산하 외청으로 소속 변경

1) 설립 목적

- **문화재 보존, 전승 기반 확충** 정책 및 조사연구 품질향상과 전문인력 양성
- **문화재 활용 경쟁력 제고** 문화재의 사회, 역사, 경제적 가치 증진
- **문화재의 가치를 국내 및 국제 사회에 확산** 문화재 향유기회 확대

〈그림 7-3〉 문화재청의 주요 정책

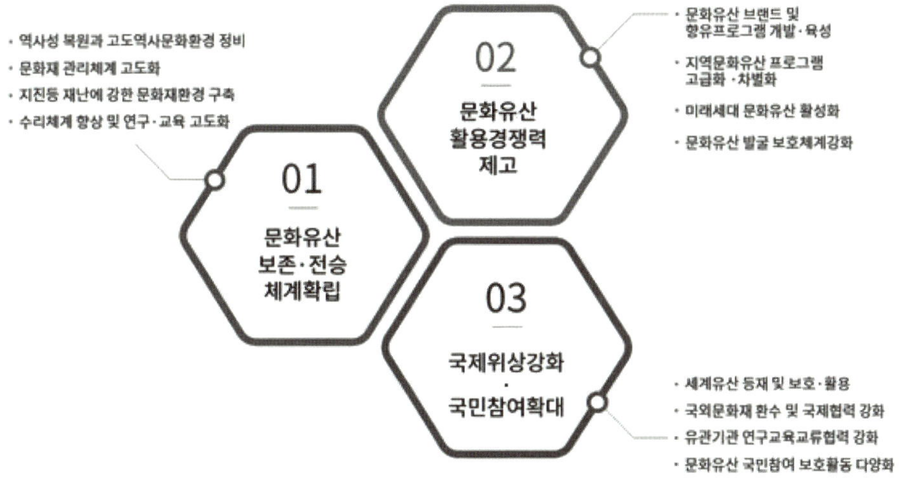

자료: 문화재청 홈페이지(http://www.cha.go.kr/))

2) 주요 역할

- **문화재 지정 및 등록** 국가지정문화재 지정관리
- 시도지정문화재 지정관리는 지자체의 업무를 지원
- 현상 변경 · 발굴 등 허가
- 문화재 보존 및 정비를 위한 재정지원
- 조선 궁 · 능 및 국가유적지(세종대왕 유적 · 현충사 · 칠백의총 등) 관리 및 복원
- **문화재 세계화 및 남북 문화재 교류** 유네스코 세계유산 등재, 세계기록유산 등재, 인류무형문화유산 등재
- **문화재 조사 · 연구 및 전문인력양성** 국립문화재연구소, 한국전통문화대학교
- 불법 반출된 문화재 적극적 환수 추진

3) 홈페이지의 네트워크 사이트

어린이-청소년 문화재청(http://kids.cha.go.kr/)
국가문화유산포털(http://www.heritage.go.kr/)
국가기록유산포털(http://www.memorykorea.go.kr/)
조선고궁포털(http://royalpalaces.cha.go.kr/)
문화재청 조선왕릉(http://royaltombs.cha.go.kr/)
국립고궁박물관(http://www.gogung.go.kr/)
문화재지킴이, 전자도서관 등 다양하게 홈페이지 관리하고 있다.

4) 국립문화재연구소(國立文化財研究所)

국립문화재연구소(National Research Institute of Cultural Heritage)는 문화재에 관한 학술조사 · 연구 및 과학적 보존기술의 연구개발에 관한 사무를 관장하는 대한민국 문화재청의 소속기관이다. 1995년 11월 22일 발족하였으며, 대전광역시에 위치한다.

주요 직무

- 문화유산 및 자연유산에 관한 학술조사 · 연구
- 문화유산 및 자연유산의 보존 · 복원기술의 연구개발
- 문화유산 및 자연유산의 복원 및 활용에 관한 연구
- 문화유산 및 자연유산 연구를 위한 국내 · 외 학술교류 증진
- 문화유산 및 자연유산의 안전 · 재해에 관한 연구
- 문화유산연구지식포털 홈페이지 운영

5) 국립무형유산원(國立無形遺産院)

국립무형유산원(National Intangible Heritage Center)은 무형문화유산의 보존 · 전승 · 연구 · 조사 · 기록관리 · 보급 및 진흥에 관한 사무를 관장하는 대한민국 문화재청의 소속기관이다. 2013년 9월 17일 발족하였으며, 전라북도 전주시에 위치한다.

시설공간은 얼쑤마루(공연장), 누리마루(기획전시실/아태센터), 전승마루(교육공간), 열린마루(상설전시실/아카이브), 어울마루(국제교류공간), 도움마루(사무공간), 사랑채(게스트하우스) 7개 공간으로 구성되어 있다.

4. 한국콘텐츠진흥원

한국콘텐츠진흥원은 콘텐츠 전 분야를 총괄하는 진흥기관으로서 콘텐츠산업 육성을 위한 종합지원체제를 구축하여 2009년 5월 17일 설립된 문화체육관광부 산하 특수법인이며, 위탁집행형 준정부기관으로 지정되어 있다. 정부의 공공기관 지방이전 정책에 따라 2014년 5월에 본원이 나주혁신도시로 이전했으며, 역삼, 목동, 혜화, 판교, 일산 등에 분원을 두고 있다.

한국콘텐츠진흥원은 각 지역의 특화된 전통성, 고유성, 상징성을 기반으로 하는 지역 특화 문화콘텐츠를 발굴하여 글로컬(Glocal)콘텐츠■로 육성하고자 한다. 또한 지

역 콘텐츠 경연을 상례화 실시하여 지역의 우수 콘텐츠를 대국민 대상으로 홍보를 강화하고자 한다.

한국콘텐츠진흥원 문화콘텐츠닷컴(http://www.culturecontent.com/)은 문화원형을 디지털콘텐츠로 개발(약 30만 개)하여, 주제별, 시대별, 교과서별, 멀티미디어별, 유네스코 등재별로 제공하고 있다.

〈그림 7-4〉 문화콘텐츠닷컴 홈페이지

자료출처 : http://www.culturecontent.com/

5. (사)한국지역문화콘텐츠연구원

한국지역문화콘텐츠연구원은 2010년 5월 1일 등록된 대한민국 문화체육관광부 소관의 사단법인이다. 이 연구원의 목적은 지역의 유·무형적 문화와 콘텐츠 발굴, 지역문화 발전을 위한 정책개발, 교육아카데미 등을 연구하고 있다.

■ 글로컬(Glocal : Global + Local) 콘텐츠 : 지역 소재의 문화콘텐츠가 전 세계적 콘텐츠로 성장하여, 지역성과 세계성을 동시에 지닌 콘텐츠화됨을 의미한다.

〈표 7-3〉 한국지역문화콘텐츠연구원의 주요 분과

문화관광 분과	지역마케팅 분과	창조콘텐츠 분과	교육콘텐츠 분과
지역문화관광전략 지역문화연구 의료관광 창의관광 MICE산업 지원 축제컨설팅 체험프로그램	지역정책개발 지역경제개발 지역상품세계화 지역중장기발전수립 지역산업육성 타당성분석 성과평가	스토리텔링 디자인개발 홍보컨설팅 자원조사발굴 스마트콘텐츠연구 지식서비스	인력양성 연수, 워크숍 세미나, 포럼 지역특화교육 지역맞춤형교육

주요 사업

- 지역의 문화콘텐츠 발굴 및 개발
- 문화콘텐츠 DB화
- 정기 연구보고서 출간
- 공동협력 사업
- 지역문화관광 교육 및 연구
- 지역 멘토와 재능 나눔
- 지역 컨설팅 및 평가, 자문

(사)한류문화산업포럼(http://www.hallyuforum.com/) : 한류와 관련된 다양한 문화사업안을 제시하고 실행하는 단체이다.

제2절 관광기관

학습 목표

1. 관광 관련기관에 대해 학습한다.
2. 한국관광공사, 한국관광협회중앙회, 아시아태평양관광협회(PATA), 한국여행업협회(KATA), 한국관광통역안내사협회, 국문화관광콘텐츠개발(주)에 대해 학습한다.

1. 한국관광공사(Korea Tourism Organization)

한국관광공사(KTO, 韓國觀光公社)는 국가 경제발전과 국민복지 증진과 국민경제 발전에 기여를 목적으로 설립된 문화체육관광부 산하 준 시장형 공기업이다. 1962년 6월 26일 한국관광공사법에 의거하여 설립되었다.

1) 주요 사업

(1) 해외관광마케팅, (2) 국제회의 유치, (3) 국제협력(PATA, ASTA, WTO 등), (4) 국제관광이벤트 마케팅, (5) 관광안내서비스(안내전화 1330), (6) 지자체 유관기관 협력, (7) 국내관광수용태세 개선(국내수용태세 개선, 관광전문인력 교육, 관광종사원 국가자격증(관광통역안내사/호텔경영사/호텔관리사) 발급 : 자격시험 출제, 채점 등은 한국산업인력공단(www.q-net.or.kr)에서 시행) (8) 국내관광 진흥(지역축제지원, 취약계층-청소년 관광 활성화), (9) 남북관광 교류 (남북관광사업), (10) 재원조달 : 인천항 면세점, 중문골프장 운영, (11) 관광마케팅지원(K-MICE, 굿스테이, 베니키아, 한옥스테이, 중문골프장, 코리아스테이, 의료관광, 관광두레 등)

2) 고객 서비스

(1) **관광안내전화서비스(1330)** : 한국어, 영어, 일본어, 중국어

이용 국내 = 국번없이 1330, 해외에서 이용 시 = 82-2-1330

시간 내국인, 외국인 모두 연중무휴 24시간

내용 관광안내, 관광통역, 관광불편신고, 베니키아호텔예약, 관광경찰연결

기타 공공서비스로 정보이용료 모두 무료. 비지트코리아 앱설치 후

(2) **전국관광안내소 운영** 관광안내소에서 직접 상세한 안내를 받을 수 있다.

(3) **관광불편신고센터** 관광을 위한 시설(수단)의 이용에 따른 위법 · 부당행위 및 불친절 등 관광불편사항을 신고하는 공간이다.

(4) **관광경찰 연결** 외국인 관광객이 많이 찾는 서울과 부산, 인천의 주요 관광지에 배치되어 관광지 범죄예방, 불법행위 단속, 관광 불편사항 처리, 관광안내 등 다양한 관광 서비스를 제공한다.

2. 한국관광협회중앙회

한국관광협회중앙회는 관광업계를 대표하여 업계전반 의견조정, 국내외 관련기관과 상호협조로 관광 발전도모, 관광산업 진흥 기여 및 국민경제 균형발전과 복리 증진에 이바지하기 위하여, 관광진흥법(제41조)에 따라 설립하였다. 1963년 3월 11일 설립(대한관광협회)된 문화체육관광부 소관의 특수법인이다. 서울특별시 종로구에 있다.

주요 사업

- **한국관광명품점(인사동)** 문화체육관광부와 공동 운영하고 전통공예품을 전시, 판매
- **여행공제회** 1987년 9월 설립, 주요업무는 영업-기획보증, 지급보증, 계약보증, 기타 사업이며, 여행업계 대표자에 의해 자율적으로 운영

- **관광종사원 국가자격증(국내여행안내사/호텔서비스사) 발급** 자격시험 출재, 시행, 채점 등은 한국산업인력공단에서 시행
- **내나라 여행박람회** 2004년부터 매년 1회 개최. 국내관광 활성화 도모
- **PATA 한국지부 활동** 아시아태평양관광협회 한국지부(1968년 설립)
- 환대서비스 개선사업
- **관광안내 인력교육** 관광안내 종사자(안내사 및 자원봉사자) 400명 교육
- **관광진흥개발기금 융자선정** 1973년~현재. 관광호텔업, 관광펜션업 등
- **한국관광 장학재단** 지역관광 또는 관광기념품유통 활성화 방안 공모
- **문화누리카드** 취약계층의 국내관광 활성화 도모
- **여행주간** 봄(5월 1~15일), 가을(10월20일~11월5일), 겨울(1월 15일~말)
- **시도국제관광전 행사지원** 한국국제관광전(6월), 부산국제관광전(9월)
- **통계 조사 연구** 전국 관광사업체 현황

3. 아시아태평양관광협회(PATA : Pacific Asia Travel Association)

PATA는 태평양 지역의 관광사업 증진을 위해 설립된 조직이다. 비영리조직으로 지역내 국가관광조직(NTO)이 정회원이며, 항공업, 여행업, 호텔업 등 다양한 업종의 기업 및 단체들이 준회원으로 참여한다. 한국은 1963년에 가입하였다.

PATA는 준정부 조직과 민간이 공동으로 참여하는 국제민관합동기구에 해당한다. 지역 국제기구이며, 관광문제를 중심으로 하는 전문국제조직이다.

최초 1951년 미국 하와이에서 태평양지역관광협회(PATA : Pacific Area Travel Association)라는 명칭으로 설립되었으며, 이후 1986년 아시아 지역의 중요성을 인식하면서 현재의 명칭으로 변경되었으며, 1998년에 태국 방콕으로 본부가 이동되었다.

1) 국제항공운송협회(IATA : International Air Transport Association)

IATA는 1945년 4월 19일 쿠바 수도 아바나에서 설립되었으며, 현재는 캐나다의 퀘벡주 몬트리올에 있다. 1백31개국 2백39개 항공사가 참여하는 국제 민간기구이다. 수

많은 저가 항공사들은 IATA의 정회원이 아니다. IATA는 국제선운임, 국제공항에서의 운항시간 조절, 공항시설 사용료 등을 결의하고 있다.

IATA에 가입된 항공사는 항공권 판매에 대한 허가권을 이 기구를 통해 이루어진다. IATA는 위험물 분류에 대한 규정제한과 IATA 위험물 제한에 대한 매뉴얼을 출판하기도 한다.

2) 국제민간항공기구(ICAO : International Civil Aviation Organization)

ICAO는 유엔 산하의 전문기구로 국제항공운송에 필요한 원칙과 기술 및 안전에 대해 연구하고 있다. 캐나다의 몬트리올에 본부를 두고 있다. 1947년 4월 4일에 발족했다. 항공관제, 불법 간섭의 방지, 월경 방법에 관한 표준과 추천하는 방법을 심의한다.

4. 한국여행업협회(Korea Association of Travel Agents)

한국여행업협회(KATA)는 내외국인 여행자에 대한 여행업무의 개선 및 서비스 향상도모, 회원 상호 간 연대협조, 여행업 발전을 위한 조사, 연구, 홍보활동을 목적으로 1991년 12월 21일 설립된 문화체육관광부 소관의 사단법인이다.

주요 사업

- 관광사업의 건전한 발전과 회원 및 여행 종사원 권익보호
- 여행업무에 필요한 조사연구, 홍보활동 및 통계업무
- 여행업무 종사자 지도, 연수, 운영지도
- 관광사업에 관한 정보의 수집, 제공
- 장학사업, 공제운영사업
- 관광통역안내소(17개소) 운영 : 영어/일어/중국어 안내서비스 9시~18시 운영

1	경복궁 안내소	하계 - 09:00 ~ 18:00 동계 - 09:00 ~ 17:00	02-738-9171	영어/일어/중국어
2	명동 안내소	09:00 ~ 22:00	02-774-3238	영어/일어/중국어
3	이태원 안내소	09:00 ~ 18:00	02-794-5579	영어/일어/중국어
4	송도컨벤시아 안내소	09:00 ~ 18:00	032-210-1110	영어/일어
5	속초 안내소	09:00 ~ 18:00	033-633-8692	영어/중국어
6	삼척 안내소	09:00 ~ 18:00	033-572-5745	영어/일어
7	수안보 안내소	하계 - 09:00 ~ 18:00 동계 - 09:00 ~ 17:00	043-848-4826	일어/중국어
8	동학사 안내소	하계 - 09:00 ~ 18:00 동계 - 09:00 ~ 17:00	042-823-3944	영어/중국어
9	안동하회마을 안내소	하계 - 09:00 ~ 18:00 동계 - 09:00 ~ 17:00	054-852-3588	일어/중국어
10	김해시 안내소	09:00 ~ 18:00	055-323-8692	영어/일어
11	진주성 안내소	09:00 ~ 18:00	055-741-4095	영어/일어
12	대구역 안내소	09:00 ~ 18:00	053-660-1432	영어/일어
13	동화사 안내소	하계 - 09:00 ~ 18:00 동계 - 09:00 ~ 17:00	053-985-0980	영어/일어/중국어
14	전주 덕진공원 안내소	09:00 ~ 18:00	063-232-6293	일어/중어
15	광한루원 안내소	09:00 ~ 18:00	063-632-1771	영어/중국어
16	여수 안내소	09:00 ~ 18:00	061-664-8978	영어/일어/중국어
17	목포자연사 안내소	09:00 ~ 18:00	061-273-0536	영어/일어

5. 한국관광통역안내사협회

주요업무 관광통역안내사 교육, 관광지 현장점검(단속) 지원, 회원복지사업, 관광통역안내사 인력자원관리, 동남아 언어권 홍보사업 등

관광통역안내사는 다양성과 창의성, 전문성을 갖춘 사람으로 우리나라에 입국한 외국인 관광객들에게 입국부터 출국까지 외국어로 우리 역사를 알리고 우리 문화를 나누며 세계와 소통하는 대한민국홍보대사 역할을 한다.

한국관광통역안내사협회는 한국외국어대학교와 공동으로 동남아 4개 국어(태국어, 베트남어, 말레이 · 인도네시아어)에 대한 어학능력검정시험(FLEX)을 시행하고 있다.

시험방법 듣기 및 읽기, 총 70문항, 90분간 시험, 1,000점 만점 (600점 이상 시 외국어 합격)

시험은 부정기 · 수시시험(시험 일자 매년 2~3월 또는 7~8월)이며, 관광통역안내사 국가전문자격증 시험을 위한 어학시험이다. 별도의 개인성적표는 발급되지 않으며, 관광통역안내사 자격증시험 응시접수 외의 다른 용도로 사용이 불가능하다. 이후 필기시험, 면접시험을 통하여 합격하면 관광통역안내사 자격증이 발급된다.

6. 한국문화관광콘텐츠개발(주)

한국문화관광콘텐츠개발(주)는 2004년 6월 문화관광개발연구소를 설립하였고, 2006년 1월에 주식회사로 법인 설립하였다. 주요사업은 관광 콘텐츠 개발 및 QR코드 제작, 멀티미디어 제작 등을 하고 있다.

한국문화관광콘텐츠개발(주)은 문화관광 콘텐츠개발 시스템을 구축하여 국내 최초로 ISO 9001(품질경영시스템)/14001(환경경영시스템) 인증을 취득하고, 관광상품 표준화에 노력하였다. ISO 인증취득은 무형의 문화관광 콘텐츠를 유형의 상품으로 개발 모델의 표준화를 시도하였다.

한국문화관광콘텐츠개발(주)은 관광콘텐츠 및 상품개발을 원하는 정부기관이나 지자체, 기업고객의 이해와 선택을 돕기 위해 문화관광 콘텐츠의 유형을 테마별, 가공유형별, 유통채널별로 분류, 표준화하였다.

〈그림 7-5〉 한국문화관광콘텐츠개발(주)의 콘텐츠개발 화면

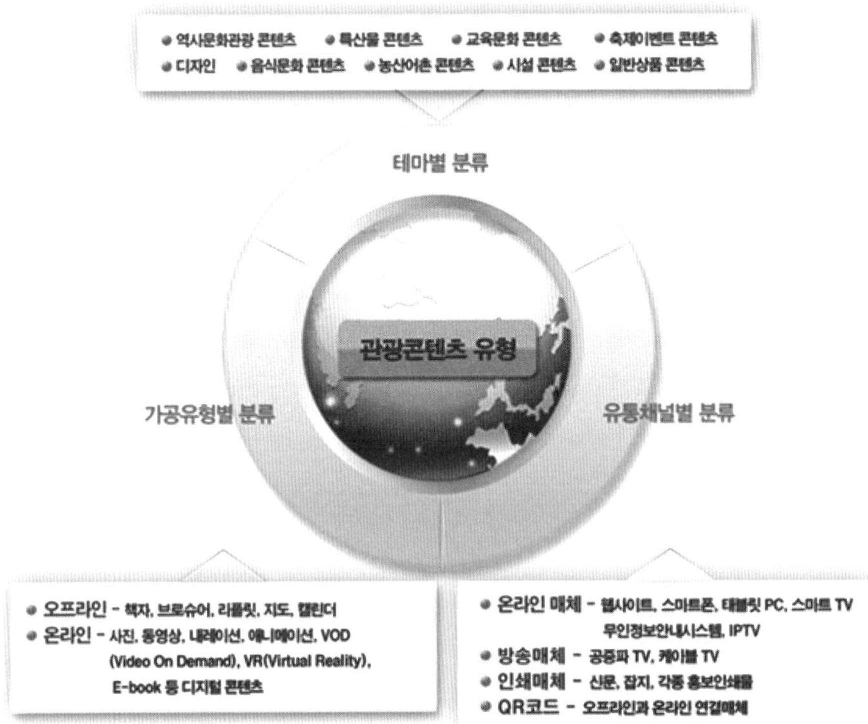

자료출처 : www.kcntc.com
그림출처 : http://www.kcntc.com/renewal/img/sub02_01_img_01.jpg

관광콘텐츠 개발은 콘텐츠의 내용구성과 특징, 용도, 가공유형 등을 감안하여 기초관광콘텐츠, 패키지 관광콘텐츠, 디지털 관광콘텐츠 등 3종으로 구분하고 각각 표준화된 개발모델과 다양한 샘플을 제시함으로써 상품개발 전에 클라이언트와 개발목표 및 수준을 공유하고 프로젝트를 진행한다.

특히, 업무 프로세스를 6단계(기획, 기초관광, 패키지관광, 콘텐츠가공, 마케팅, 고객관리)로 구분하여, 단계별로 세부 업무매뉴얼을 제작하고, 그에 필요한 시설 네트워크와 인적 네트워크 시스템 구축과 매뉴얼 교육을 바탕으로 콘텐츠 개발을 실시한다.

7. 여행정보센터

여행정보센터는 여행사정보, 우수여행상품, 국외여행상품 정보제공, 여행안전정보, 여행준비(여권/비자, 재외공관, 여행표준약관, 소비자분쟁해결기준, 여행불편처리센터 운영) 등을 운영하고 있다.

8. 외교통상부 해외안전여행

외교통상부(外交通商部, Ministry of Foreign Affairs and Trade)는

❶ 외교 정책의 수립 및 시행, 외국과의 통상 및 통상 교섭, 대외 경제 관련 외교 정책의 수립 시행 및 종합 조정, 조약 기타 국제 협정에 관한 사무 관장하고

❷ 재외국민의 보호 지원, 문화 협력 및 대외공보 사무 관장하며

❸ 국제사정 조사 및 이민 사무를 관장하는 대한민국의 중앙행정기관이었다.

외교통상부는

- 해외안전여행(공지사항 : 국가별 안전소식 : 여행경보단계 조정 : 국가별 기본정보 : 위기상황별 대처매뉴얼 : 영사조력범위 : 해외안전여행 애플리케이션)
- 여행경보제도(여행경보제도 소개 : 여행경보제도 FAQ : 여행금지제도 : 여행경보 발령현황 : 특별여행경보 발령현황)
- 동행서비스(동행 소개 : 동행 가입 : 여행일정등록/확인 : 동행 FAQ)
- 영사콜센터, 영사서비스/비자, 미디어센터 등을 운영하고 있다.

9. 소상공인시장진흥공단

소상공인시장진흥공단(Small Enterprise And Market Service)은 소상공인 육성과 전통시장 · 상점가 지원 및 상권 활성화를 위해 설립된 중소기업청 산하의 위탁집행형 준정부기관이다.

소상공인시장진흥공단은 소상공인과 전통시장을 보다 체계적이고 효과적으로 지원하기 위해 2014년부터 '소상공인진흥원'과 '시장경영진흥원'을 통합하여 출범하였다. 대전광역시에 위치해 있다.

주요 기능 및 역할은 아래와 같다.

- 소상공인 및 예비창업자를 위한 정보 · 교육 지원사업(마케팅, 소상공인자금, 프랜차이즈화, 니들가게, 소공인, 청년상인 육성 등)
- 소상공인의 창업 및 경영정보 제공을 위한 방송 운영
- 소상공인 협동조합 활성화, 공동구매, 유통물류센터 구축 등 소상공인 상호 간 협업화 · 조직화 지원
- 온누리상품권 발행(2009년~) 및 특성화시장 육성
- 소상공인 및 전통시장 활성화를 위한 조사, 정책개발

- 전통시장 화재안전 점검 : 2~3년 단위로 지속적, 주기적 실시
- 소상공인 · 전통시장 육성시책의 효율적인 수립 · 추진을 위하여 중소기업청장이 필요하다고 인정하는 사업 수행
- **행사** 전국소상공인대회, 전국우수시장박람회, 지역우수상품전시회, 소상공인 기능경진대회

> **소상공인** = 상시근로자 5인 미만 업체(283만)
> 단, 제조업, 건설업, 운송업, 광업 = 상시근로자 10인 미만 업체
> **청년상인** = 만 39세 이하

Cultural Tourism

제8장

한류 문화와 한류 콘텐츠

Cultural Tourism

제8장

한류 문화와 한류 콘텐츠

제1절 한류 문화

학습목표
1. 한류 개념과 시대별 발전에 대해 학습한다.
2. 한류 문화와 한류 문화산업, 한류 문화영향에 대해 학습한다.

1. 한류 개념

1) 한류 용어

한류(韓流, Korean Wave)는 1990년대 한국의 대중문화가 해외에서 급성장에 따라 등장한 합성 신조어이다. 한(韓)은 '한국의'라는 뜻이고, 류(流)는 '흐르다'는 뜻이다. 즉, 한류는 '한국의 흐르는 물결'로 이해할 수 있다.

한류 용어는 1992년 8월 한-중 수교 이후 한국의 대중문화가 중국 언론(중앙방송국(CCTV))에서 드라마 '질투(1993년)', '사랑이 뭐길래(1997년)' 등이 소개되면서, 급격하게 증가하였다. 한국 문화체육관광부(1999년 가을)에서 대중음악을 해외에 홍보하기 위해 제작, 배포한 음반의 제목에 "韓流-Song from Korea"로 공식 사용되었다.

2) 한류 시대

한류 1.0 시대는 대중문화의 발전시대로 1990년대 후반~2000년대 초반에 동아시아와 동남아시아에 한국드라마가 수출, 방영되면서 이루어졌다. 특히, 한국의 외환위기(1997년)와 IT산업 쇠락이 겹치면서 문화 산업을 지지하기 시작했다.

중국에서는 H.O.T그룹이 2000년 2월에 베이징 공연을 마친 후 중국의 한 신문이 "한류가 중국을 강타했다"라는 헤드라인으로 사용하였다. 대만에서는 2000년에 가을동화를 수출, 방영하였다. 일본에서는 2003년 4월에 NHK 위성방송사가 겨울연가를 방영한 '욘사마(배용준)의 드라마 한류' 이후 2004년 4월 공중파에서도 방영되어 시청률 20% 이상으로 인기가 높았다.

한류 2.0 시대는 아시아지역의 인기시대로 2000년대 중반~후반에 아시아 국가뿐만 아니라 미주, 유럽으로 유투브를 통한 '케이팝(K-Pop)' 의 선풍적인 인기로 지역적인 제약을 뛰어 넘고 있다. 2008년에는 드라마 '주몽' 이 이란에서 시청률 85%를 기록하였다.

2000년대 후반에 일본에서는 소녀시대, 카라, 동방신기의 인기를 시작으로 한국 아이돌(보이 및 걸 그룹) 열풍이 불어 젊은 층으로 인기가 확산되었다.

오디션 서바이벌 프로그램(2011년)은 세계 시장을 공략할 차세대 K팝 스타를 발굴하는 프로그램이다. 그러나 일본에서는 2012년 8월 이명박대통령의 독도방문 후 일본방송에서 한국드라마와 K팝 가수가 거의 사라졌다.

〈표 8-1〉 한류 시대별 변화

분류	시기	확산 지역	문화 매체
1.0 시대	1990년대 후반~2000년대 초반 동아시아 시대	동아시아(중, 일), 동남아시아(대만, 태국, 베트남)	음악 : H.O.T 중국 공연(2000년 2월) K-드라마 : 질투(1993년), 사랑이 뭐길래(1997년), 일본 겨울연가(2003년)
2.0 시대	2000년대 중반~후반 아시아화 시대	아시아, 미주, 유럽	K-Pop, 아이돌, 오디션 서바이벌
3.0 시대	2010년대~현재 세계화 시대	라틴 아메리카, 동북부 인도, 중동, 북아메리카 등	신한류 : K-culture 유튜브(Youtube), SNS 트위터 등

한류 3.0 시대는 세계화 시대로 2010년대부터 현재까지 아시아를 비롯해서 라틴 아메리카, 동북부 인도, 중동, 북아메리카 등 점점 더 영향력을 넓혀가고 있다. 유튜브(Youtube), 페이스북, 트위터 등 소셜네트워크서비스(SNS)의 발달과 스마트폰 및 태블릿 PC의 확산으로 '신한류' 또는 '디지털 한류'로 새롭게 변화하고 있다.

2012년에는 싸이(psy)의 '강남스타일'이 세계적으로 인기를 끌었다. '강남스타일'은 기존의 서양에 존재했던 소수의 한류 커뮤니티뿐만 아니라 대중사회에서도 인기를 끌었으며, 2012년 9월에는 미국 빌보드 차트에서 2위를 차지했다. 2017년 11월 30일에는 유튜브 최초로 조회 수 30억 건을 돌파하는 성과를 내기도 했다.

유튜브에 등록된 국내 가수(SM · YG · JYP 엔터테인먼트 등 3대 기획사 소속) 동영상은 전 세계 229개 국가에서 2010년 말 8억이었으며, 2013년 조회 수가 55억(강남스타일 22억 이상) 이상, 2017년 조회 수가 75억(강남스타일 30억 이상) 이상으로 나타났다.

아이돌 7인조그룹 방탄소년단(BTS)이 소셜미디어 트위터에서 2017년 가장 많이 트윗(tweet)된 계정 1위로 집계됐다고 트위터가 5일 밝혔다. 트윗은 계정 주인이 직접 올리는 메시지와 회원 간 메시지 발송, 메시지 리트윗(공유) 등의 기능을 합친 개념이다. 아이돌 그룹 세븐틴과 몬스타엑스도 각각 2위와 9위에 오르며 '가요 한류'의 힘을 증명했다. 방탄소년단의 트위터 계정은 2017년 한국인 최초로 팔로어(구독자) 1079만 명(12월 5일 기준)에 이른다. 팬 층은 일본, 중국, 동남아를 비롯해 북미와 유럽, 중남미 등 전 세계에 고르게 퍼져 있다(조선일보, 2017).

2017년 전 세계에서 가장 많이 트윗된 계정

1 방탄소년단(한국)	가수
2 세븐틴	가수
3 카밀라 카벨로(미국)	가수(前 걸그룹 '피프스하모니' 멤버)
4 저스틴 비버(캐나다)	가수
5 메인 멘도자(필리핀)	배우
6 나일 호란(아일랜드)	가수(밴드 '원 디렉션' 멤버
7 해리 스타일스(영국)	가수(밴드 '원 디렉션' 멤버
8 에단 돌란(미국)	배우
9 몬스타엑스(한국)	가수
10 그레이슨 돌란(미국)	배우

자료 : 트위터

2. 한류 문화

한류 문화는 '한류 대중문화(大衆文化)'이다. 대중문화는 대중매체(방송, 신문, 인터넷 등)가 만들어서, 대중이 형성하거나 중심이 되어 누리는 문화를 말한다. 따라서 대중문화는 대량 생산과 소비를 전제로 다양한 생활수준의 향상, 교육의 보급, 매스 커뮤니케이션의 발달 등을 기반으로 이루어진다.

대중문화는 인쇄시대부터 전자 미디어시대에 걸쳐 발전하였으며, 대중매체와 정보통신의 기술적 발전이 큰 역할을 하였다.

한류 문화는 해외문화홍보원이 2012년 12월 한류종합소개서 『한류: K-Pop에서 K-Culture로』를 발간하면서 사용하였다.

한류 문화의 종류는 드라마(K-drama), 방송(예능, 개그), 음악(K-pop), 영화 및 애니메이션, 게임(온라인게임), 만화(K-웹툰), 캐릭터(한글, 태극기, 뽀로로), 음식(K-food, 한식, 김치, 김, 홍삼, 불고기, 라면, 자장면, 김밥, 비빔밥 등), 화장품(K-뷰티) 교육(한국어, 태권도, 새마을운동, 의료), 한복, 한옥, 한인(스포츠 선수), 스마트폰을 포함한 기술(VR ■), 책과 같은 출판류 등 다양한 한국의 문화가 있다.

〈코리아드라마페스티벌〉 2014년(제7회) 10월 1일~12일 진주시 개최

진주시는 매년 '코리아 드라마 어워즈', 한류 K-POP 콘서트, 드라마 OST 콘서트, 국제포럼 등 시민들을 위한 체험거리로 구성된 야외 프로그램 등의 행사가 마련하였다.

'코리아 드라마 어워즈'는 코리아드라마페스티벌조직위원회에서 주최/주관하여 2007년부터 대한민국의 드라마 시상식이다. 지난 1년간 TV 드라마를 대상으로 방송 3사 및 종편 4사, 케이블을 통합하여 심사한다. 2014년에 SBS "별에서 온 그대"(400년 전 지구에 떨어진 외계인 남자(김수현)와 톱스타 여배우(전지현)의 로맨스를 그린 드라마)가 주연으로 국내에서는 물론 해외에서까지 선풍적인 인기를 끌었다.

■ 가상현실(假想現實, Virtual Reality)은 컴퓨터 등을 사용한 인공적인 기술로 만들어낸 실제와 유사하지만 실제가 아닌 어떤 특정한 환경이나 상황 혹은 그 기술 자체를 의미한다.

3. 한류 문화 산업

1) 한류 문화의 산업

한류 문화산업은 한류 문화를 콘텐츠로 창작, 생산하여 대중에게 보급하는 산업이다. 한류 현상과 직접적으로 연관되는 문화 콘텐츠의 수출이 최근 7년간 연평균 8.0% 성장하는 추세이다. 2016년도 국내 콘텐츠산업 수출액은 62억 달러로 전년대비 9.7% 증가하였다.

〈표 8-2〉 콘텐츠산업 수출액 현황(단위 : 백 만$)

구분	2010년	2011년	2012년	2013년	2014년	2015년	2016년	증감률(%)
출판	357	283	245	291	316	223	264	18.4
만화	8	17	17	20	22	29	32	10.0
음악	83	196	235	277	297	381	452	18.7
게임	1,606	2,378	2,638	2,715	2,938	3,215	3,446	7.2
영화	13	15	20	37	31	29	44	49.4
애니메이션	96	115	112	109	113	127	134	6.1
방송	184	222	233	309	330	320	382	19.1
광고	75	102	97	102	104	95	102	8.1
캐릭터	276	392	416	446	512	551	591	7.3
지식정보	368	432	444	456	481	516	573	11.1
콘텐츠솔루션	118	146	149	155	171	176	190	8.1
합계	3,189	4,302	4,611	4,923	5,321	5,661	6,211	9.7%
종사자수 합계 (명)						621,928	624,884	0.5%

자료 : 문화체육관광부, 한국콘텐츠진흥원(2017)

2) 한류 문화의 OSMU

한류 문화의 콘텐츠는 OSMU(One-source Multi-use)의 개념이 적용된다.

콘텐츠의 OSMU의 개념은 하나의 상품이나 콘텐츠 원작(source)을 매력적이고 경쟁력 있는 상품으로 만들게 되면, 그 이후부터는 다양한 매체와 비즈니스 방식별로 광범위하게 활용할 수 있다. 유사한 용어는 광고의 미디어 믹스(Media Mix) 또는 미디어 프랜차이즈(Media Franchise), Merchandise(파생상품)가 있다.

한류 문화의 콘텐츠는 하나의 소스(원작)로 다양한 분야 및 장르에 적용이 가능하며, 콘텐츠 하나가 영화, 게임, 음반, 애니메이션, 캐릭터상품, 장난감, 출판, 관광산업 등으로 확산하는 것이다.

OSMU의 활용 사례는 미국의 월트디즈니社(Walt Disney Company, 1923년), 미국의 스파이더맨(1962년 8월), 영국의 해리포터(1997년, 소설, 영화, 사운드트랙, 게임, 장난감 등), 일본의 포켓몬스터(1997년 12월)와 파워레인저(1993년), 한국의 아기공룡둘리(1987년 10월 7일)■, 뽀롱뽀롱 뽀로로(2003년 11월 27일), 라바(2011년 3월 26일) 등이 있다.

OSMU로 성공한 대표적인 사례

'월트디즈니社(Walt Disney Company, 1923년)' 의 미키마우스(Mickey Mouse)는 수컷 생쥐를 의인화(약 70cm)하여 캐릭터한 애니매이션(1928년 11월 18일 일요일, 뉴욕 콜로니 극장)을 선보이면서 인기를 얻었다.
그 후 애니메이션은 물론, 캐릭터를 이용한 다양한 문구류와 캐릭터가 가득한 '디즈니 테마파크' 까지 개장하였다.
미키마우스의 저작권 보호기간은 원래 2003년까지였는데, 20년 연장되어 2023년까지로 되었다.

자료출처 : www.google.co.kr/미키마우스
http://cfile7.uf.tistory.com/image/173DD9484F41D9140CFE1D

■ 아기공룡 둘리(아기恐龍 둘리)는 대한민국의 만화가 김수정이 꼬마 공룡을 소재로 하여 1983년부터 1993년까지 연재한 만화이자 이를 원작으로 한 애니메이션과 그 밖의 미디어 믹스 작품을 통틀어 이르는 말이다.

OSMU의 장점은 첫째, 콘텐츠 사업의 핵심 전략으로서 출판, 만화, 애니메이션, 게임 등의 콘텐츠로 제작된 것을 재사용함으로써 새로운 투자비용 없이 추가적인 수익 창출을 도모한다. 둘째, 성공한 캐릭터는 문화상품의 특성상 오랜 기간 지속성을 갖게 되어 재생산 비용이 저렴할 뿐만 아니라 다양한 카테고리의 상품에 적용됨으로써 고수익을 창출할 수 있다. 셋째, 하나의 원천 콘텐츠를 개발하여 다양한 시장과 미디어에 활용함으로써 가치창출의 극대화를 위한 비용을 감소시키며, 불확실성의 위험을 관리하고, 시너지효과를 높일 수 있다.

문화체육관광부는 한류 문화를 산업으로 발전하기 위하여 15개 중점과제를 추진하고 있다.

1. 매력있는 우리만의 스토리 발굴 스토리 창조 원천 발굴, 스토리텔러 역량 강화 스토리 성공기회 창출, 콘텐츠 포맷 산업의 육성
2. 충분한 콘텐츠 창작 자금 유인 콘텐츠 투자재원 확대 및 중점육성분야 투자지원 재무적 투자자 및 소액 투자자의 자금 유입 확대 콘텐츠 업계 대상 보증 · 융자지원 확대
3. 세계적 수준의 콘텐츠 창작 공간 마련 K-POP 공연 기반 조성 / 영상산업 제작 인프라 구축
4. 디지털 한류의 기반 조성 창조 문화기술 연구 활성화, 고부가가치 차세대 콘텐츠 제작 지원
5. 제값 받는 콘텐츠 유통구조 확보
6. 공생발전을 위한 공정거래 환경 조성 콘텐츠 분야 표준계약서 확산, 콘텐츠 동반성장 자율준수 평가제 도입 콘텐츠 공정거래 지원 서비스 강화, 제조업과 콘텐츠의 동반성장 유도
7. 기초 장르 지원을 통한 다양성 확보 한국만화 · 애니메이션 세계화 지원 인디음악 지원을 통한 대중음악의 창작 기반 확충 중소형 저예산 영화를 한국영화 경쟁력의 원천으로 육성 단막극 · 다큐 지원 확대로 방송한류 잠재역량 강화
8. 한류 저작물 보호 강화 불법 저작물 즉각 대응 체계 구축, 입체적인 글로벌 협력체제 구축
9. 현장형 해외진출 지원 시스템 마련 원스톱 해외진출 지원 체계 마련, 현지 지원 체계 개편 및 강화 맞춤형 해외 마케팅 지원, 글로벌 마켓 전문인력 육성

10. 한류 콘텐츠 진출 채널의 다양화 토종 유통플랫폼의 해외진출 지원, '아리랑 TV' 를 한류방송채널로 강화 한류 콘텐츠 글로벌 마켓 플레이스 구축
11. 한류로 한국만의 특별한 관광 이미지 창출 한류스타 · 한류 콘텐츠를 한국 관광 홍보에 활용 한국관광 마케팅에 한류콘텐츠 적극 활용
12. 한류체험으로 한국관광 감동 제공 한류콘텐츠 활용 관광상품 개발 해외 한류팬 대상 이벤트 행사 및 팸투어 실시 전통문화 체험확대로 한류의 질 제고
13. 한류와 제조업의 연계 지원 한류의 후광효과 극대화 기반 마련 한국 패션과 한류의 동반성장 모색
14. 문화격차 극복을 위한 공동제작 활성화
15. 문화교감을 통한 한류 확산 도모

자료출처: http://www.mcst.go.kr/usr/kwave/plan/industrial/strategy01.jsp

4. 한류 문화의 영향 요인

- 한국 대중문화의 질적 수준은 드라마의 진솔한 생활 모습, 진정한 인간성, 소박한 감정표현, 등장인물의 아름답고 순수한 표정과 유교적인 비폭력 행동, 경제적인 빈부 문화의 결합 등이다.
- 한국 대중문화의 동시적 행동은 개인보다 그룹(걸, 보이), 노래와 군무의 춤을 동시에 행동하며, 작품성과 예술성을 보여준다.
- 아시아국의 경제적 성장과 대중문화 변화로 한국의 대중문화를 선호한다.
- 세계의 대중문화 식상함으로 아시아의 한국의 대중문화를 선호한다.
- 한국 대중문화가 자국의 문화와 긍정적인 동질감을 수용한다.
- 한국의 질 좋은 디지털 매체와 콘텐츠들이 다양하게 생산되어 보급된다.
- 한국의 ICT 및 타 분야에서 다양한 우수성 : 통신, 시설, 콘텐츠, 화장품, 의료 등

5. 한류 문화 순환

한류 문화의 순환은 관광의 주체들이 관광의 전-중-후 단계에서 욕구-체험-재방문 의도가 순환되도록 관광의 객체와 매체인 관광지 보존이나 관광 서비스 제공자들이 한류 문화에 대한 올바른 인식과 재교육을 실시하여 지속적으로 상호관계를 유지하도록 노력하여야 한다.

〈표 8-3〉 한류 문화의 순환

구분	관광 전	관광 중	관광 후
개념	한류 동경	노스텔지어(Nostalgia, 향수) 타향/타국 체험	지속적 애호도 향상
관광객	한국 방문 욕구 발생	인지한 한류 문화 체험	만족 및 재방문의도
서비스 제공자	정보 제공	수용태세 준비 및 서비스 제공	애호도(재방문, 추천) 인지도 상호관계 유지

제2절 한류 문화 콘텐츠

학습 목표	1. 한국드라마(K-drama), 한국대중음악(K-pop)에 대해 학습한다. 2. 한국 영화 및 애니메이션, 음식에 대해 학습한다.

한류 문화 콘텐츠는 한국드라마(K-drama), 한국대중음악(K-pop), 한국영화, 한국 애니메이션, 한국음식(K-Food), 기타 한류 문화 등이 있다.

1. 한국 드라마(K-drama)

한국드라마 콘텐츠의 시작은 1990년대 중반~2000년대 초반에 수출된 드라마를 중심으로 본격화되었다. 1993년 중국에서 '질투', 1995년 대만에서 '여명의 눈동자', 1996년 중국에서 '사랑이 뭐길래'가 히트(시청률 4.3%, 외화시청률 2위)를 기록하면서 한국드라마의 가능성이 최초로 선보였다. 드라마 작품은 아시아권(중국, 태국, 베트남, 일본 등) 국가를 중심으로 가을동화(2000), 겨울연가(2002), 대장금(2003) 등의 인기가 대표한다.

방송콘텐츠 수출액(캐릭터 상품 판매권 포함)은 전 세계에서 미국이 213억 800만 달러(약 24조 2천59억 원), 영국이 33억 3천100만 달러(약 3조 7천840억 원), 한국이 3억 2천만 달러(약 3천635억 원), 일본이 2억 3천800만 달러(약 2천704억 원)로 4번째로 수출액이 많았다. 지역별 수출액은 일본, 중국 대만, 홍콩 순이며, 장르별 수출액은 드라마, 오락, 스포츠, 교양 순으로 나타났다(2016년 기준).

한국 텔레비전 방송과 프로그램의 발전

1. 초창기(1962년~1964년)

1962년~1964년 KBS가 대한민국 TV 방송의 기초 확립
1963년 8월 상업방송 MBC 개국(컬러텔레비전 방송 가능)
1964년 12월 상업방송 TBC 개국, 최초의 일일연속극(눈이 나리는데)

2. 성장기(1965년~1969년)

1965년부터는 주간연속극

3. 개화기(1970년~1972년)

국영 KBS와 민영 TBC, MBC의 3개 TV국은 시청률 유지, 과열경쟁

4. 변혁기(1973년~1979년, 1980년~1991년)

1973년 7월 각 방송국에 일일연속극의 방영 횟수 감축 요청
1990년 '미니시리즈의 해'라고 할 정도로 많은 수작이 나왔다.
1991년 12월 9일 민영방송 SBS 개국

5. 1차 도약기(1992년~1999년)

1992년 KBS 애니메이션(옛날 옛적에) 중국 수출
1993년 MBC 드라마(질투, 여명의 눈동자) 중국 수출
1998년 방송콘텐츠 1,000만 달러 수출
1999년 방송콘텐츠 101,000만 달러 수출

6. 2차 도약기(2000년~2012년)

가을동화(2000), 겨울연가(2002), 대장금(2003), 《서궁》, 《용의 눈물》, 《왕과 비》, 《태조 왕건》, 《제국의 아침》, 《무인시대》 등 방영, 대하드라마에서는 사극의 전성기
2001년 11월 서울, 수도권에서 지상파 디지털 방송 시작

7. 3차 도약기(2013년~현재)

2012년 12월 31일 모든 지상파 아날로그 TV 방송 완전 종료
별에서 온 그대(2014), 태양의 후예(2016), 도깨비(2016)

1) 가을동화(2000)

가을동화는 한국방송(KBS)에서 2000년 9월 18일부터 11월 7일까지 방영된 사계 미니시리즈이다. 주인공 은서(송혜교)와 준서(송승헌) 남매의 비극적인 이야기를 다룬 총 16부작 미니시리즈이다. 40%가 넘는 높은 시청률과 화제 속에 방영되었다.

일본에서는 2000년부터 2002년까지 BS닛폰에서나 CATV, 지방 텔레비전 방송국에서 방영되었다. 2004년에는 WOWOW에서 방영되었다. 일본뿐만 아니라 중국, 대만, 타이 등 아시아 각국에서도 방영되어 한류 붐을 만들었다.

드라마 내용을 소재로 한 소설(오수연 저, 생각의 나무 刊)로도 출판되었다.

자료 : www.google.co.kr/가을동화 이미지
http://cdn.mydramalist.info/images/titles/597.jpg

사랑이 뭐길래

MBC에서 1991년 11월 23일부터 1992년 5월 31일까지 방영한 주말연속극이다. 여고 동창생인 두 여자의 아들과 딸이 결혼을 하는 과정과 시집에 들어가 가부장적인 시댁의 가치관을 허무는 것을 잘 묘사하였다.

평균 59.6%의 높은 시청률을 기록하였으며 역대 평균 시청률 1위였다. 1996년 중국의 CCTV를 통하여 방영되었다.

질투

MBC에서 1992년 6월 1일부터 1992년 7월 21일까지 방영했다. 드라마는 '남녀 친구 사이에 과연 사랑은 가능한가?'라는 소재로 하여 젊은이들의 풋풋한 사랑과 우정을 그리면서, 세 남녀의 얽히고설킨 관계 속에서 서서히 사랑을 확인해가는 친구가 연인으로 발전해 가는 이야기를 설득력 있게 그려 시청자의 사랑을 많이 받았다.

2) 겨울연가(2002)

겨울연가(冬のソナタ, Winter Sonata)는 KBS에서 제작, 방영(2002년 1월 14일~3월 19일)한 총20부작 사계 드라마이다. 2006년 뮤지컬이 제작되었고, 2009년 애니메이션이 제작되었다. 최고 시청률은 전국 28.8%(2002년 2월 26일 방송)를 기록했으며, 평균 시청률은 23.1%를 기록하였다.

줄거리는 춘천의 한 고등학교에서 만나 첫사랑을 느낀 강준상(배용준)과 정유진(최지우)이지만 불의의 사고로 준상이 죽고 만다. 10년후 인테리어 회사를 운영하는 유진은 강준상의 라이벌이었던 라디오PD인 김상혁(박용하)과 약혼을 한 상태이다. 그러나 돌연 준상과 똑같은 외모를 가진 이민형이 나타나면서 유진은 혼란에 빠진다.

자료출처 : www.google.co.kr /겨울연가 이미지
http://image.ohmynews.com/down/images/1/shyoo_159975_2[209103].jpg

KBS는 2002년 11월 6일 일본의 NHK종합과 계약을 체결했고, 한국에서 제작된 프로그램 수출가로는 사상 최고액으로 1편당 2백20만 엔(약 2천2백만 원), 20부 전체 4천4백만 엔(약 4억 4천만 원)이였다. 일본에서는 2003년 4월에 위성방송인 NHK-BS2에서 첫 방영되었는데, 30~40대 이상의 일본 여성들의 잊혀진 아련한 첫사랑에 대한 순정과 기억의 향수를 불러일으켰다는 평을 받으며 인기를 끌었고, 2004년 4월에 지상파 방송인 NHK 종합으로 옮겨져 방송되면서 화제(日국민 38% '겨울연가 봤다')를 모으며(세계일보, 2005.03.09), 일본 내 한류 신드롬을 일으키는 큰 기폭제가 되었다.

단일 드라마로는 처음으로 일본, 중국, 싱가포르, 대만, 중동, 남미 등 28여 개국에 수출되어 특히 일본의 경우 1년간 1,072억 엔(약 1조 720억 원)의 경제효과를 냈으며, 단일 드라마로는 사상 최고액인 192만 달러의 수출실적을 기록했다(문화관광부, 2004).

겨울연가의 콘텐츠는 TV광고, 음반, 출판, 모바일, DVD, 뮤지컬, 애니메이션, 촬영지 관광코스, 여행상품 수출 등으로 콘텐츠의 OSMU 마케팅을 적극적으로 취하였다.

1. TV 광고와 판권 수익

❶ 매회 광고 수입 2억 7천만 원(재방송 포함), 제작협찬 3억 원 이상 추정
❷ 일본 NHK의 위성채널과 지상파에 5억 엔에 판권 판매
동남아, 중동, 남미 등 28개국 이상 수출, 60만 달러 이상의 판권 수익

2. 음반

❶ 2002. (한국) OST 앨범, Classic 앨범 발매. 30만 장 판매
❷ 2003. (일본) OST(국내+일본판) 발매, 91만 장 판매 ※오리콘 앨범챠트 1위, 통산 16주 톱 10 진입. ※일본 내 TV 드라마 OST 최고 판매량 기록.
❸ 2004. (일본) 클래식 앨범 22만 장 판매(OST, 클래식 앨범 합계 100만 장 돌파)

3. 출판

❶ 2002. 2, OST/BGM 악보집
❷ 2004. 2, 소설 「겨울연가」(작가 : 최정재/출판사 : 발칙한 상상)
❸ 「겨울연가」여행가이드북
❹ 2004. 7~2005.6 만화(코믹스)판 겨울연가 발매
❺ 2004. 9, 「또 하나의 겨울연가」발매(출판사 : 와니북스) - 겨울연가 이후 3년 간의 스토리. 미발표 에피소드 및 사진 수록

4. 모바일

❶ 2002. 3, KBS와 공동으로 KTF, LGT에서 벨소리와 그림메시지 제공
❷ 2007. 12, 닌텐도 DS 게임 출시

5. DVD

❶ 2003. 12 공식 DVD 발매. 한국 40만 세트/600억 원, 일본 10만 세트/340억 원 매출 추정

❷ 2006. 11, 「겨울연가」 콘서트 DVD 발매(폴리도르 레코드)

❸ 2010. 11, 「겨울연가」 노컷 완전판 DVD 발매(소니 픽쳐스)

6. 뮤지컬

❶ 2006, 윤스칼라 제작(윤석호 PD)

❷ 2011.9.27~2012.3.18, 윤스칼라 제작(윤석호 PD)[58]

❸ 2006년 일본 공연에는 김형석 작곡가가 참여했고, 한국 공연은 《겨울연가》 O.S.T에 참여했었던 이지수가 작곡을 맡았다. 그 외에도 윤석호 감독은 일본 공연에서 연출을 맡았고, 한국 공연에서는 총괄 제작 프로듀서 및 예술감독 역할을 했다.

7. 애니메이션

2009.10, 〈「겨울연가」, 또 하나의 이야기〉 방영. 총 26부작 각 30분

❶ 일본 JM 애니메이션, 한국 G&G 엔터테인먼트에서 제작을 맡아, 2009년 10월 17일부터 2010년 5월 1일까지 일본 스카이 퍼펙트 TV, DATV750ch, 스카파 채널에서 방영. 이후 2013년 3월 5일부터 3월 30일까지 TBS에서도 방영.

❷ 2009.9.29 일본 도쿄돔에서 5만 명 팬들과 함께한 애니메이션 「겨울연가」의 일본 첫 방영을 기념하는 이벤트에 배용준과 최지우가 7년여 만에 공식 무대 참석.

❸ 한국 및 아시아 엔터테인먼트 콘텐츠 전문채널 DATV에서 방영. 배용준, 최지우가 더빙에 참여하였고, 애니메이션을 위해 특별히 실사로 제작된 영상에 직접 출연. DVD 완전판에 실리게 되는 극중 결혼식 장면이 일부 일본 언론을 통해 먼저 공개됐다.

8. 관광코스

주요 배경지가 된 춘천의 남이섬은 일본인 팬들의 관광코스가 되었고, 최종화의 촬영지 배경이 된 거제도의 외도도 관광지로 인기를 끌었다.

남이섬은 《겨울연가》가 대만, 싱가포르, 일본, 중국 등 해외 각지로 수출되면서 함께 유명세를 타면서 관광객이 매년 20만 명이 늘어나 2009년에는 200만 명의 관광객(외국인 25만 명)이 찾는 국제 관광지로 발돋움하였다.

3) 대장금(2003)

대장금(大長今)은 조선시대 중종의 신임을 받은 의녀였던 '장금'의 생애를 조명한 문화방송(MBC)의 대하드라마이다. 2003년 9월 15일부터 2004년 3월 23일까지 매주 월요일과 화요일에 방영하였다. 최고 시청률은 전국 55.5%(2004년 3월 23일 방송)를 기록하였으며, 평균 시청률은 41.6%를 기록하였다.

일본 도쿄돔 '대장금 페스티벌'
자료 : OSEN.co.kr

장금(長今)이라는 이름은 조선왕조실록 가운데 중종실록에 10번 정도 등장하며, 장금이라는 의녀가 있었고, 왕의 신임을 받았다는 정도로 기록되었다. 궁중음식은 3~5첩이 기본이었고, 특별한 날에만 12첩 정도였다.

대장금 드라마의 촬영세트가 있었던 양주시에는 대장금 테마파크가 있다. 해외에서는 중국, 홍콩, 대만, 일본(2004), 미국 등 80여 개 국가에 수출하여 누적 수익액(220억 원)으로 인기를 끌었다(KOCCA, 2011). 일본에서는 NHK-BS2에서 2004년 10월 7일부터 2005년 10월 27일까지 방영되었다.

2. 한국 대중음악(K-pop)

케이팝(K-pop)은 국가명칭(Korea)의 첫 글자 케이(K)와 대중음악의 팝뮤직(pop music)에서 'pop'을 합친 것이다. K-pop은 대한민국 10대와 20대의 젊고 예쁜 아이돌들(걸그룹, 보이그룹)이 서양적인 노래, 춤, 율동과 옷매무세가 외국에서도 인기를 얻으면서 따라하는 행동을 정의한 고유명사이다.

K-pop의 전환점은 1992년 '서태지와 아이들' 그룹이다. 그리고 SM Entertainment의 아이돌 그룹인 H.O.T와 신화이다. 1995년에 김건모의 '잘못된 만남'이 단일 음반 판매량만 250만 장 이상을 기록해 한국기네스에 등재되었다.

2000년대 후반부터는 아이돌 그룹이 인기를 얻고 있다. 원더걸스(JYP 소속)는 'Nobody'로 미국 진출한 뒤, 한국 최초로 빌보드 핫 100에서 76위로 진입했다. 소녀시대는 'Gee'로 일본 오리콘 싱글 차트 일간 1위에 올랐다.

2012년 '싸이'는 '강남스타일'로 미국 빌보드의 싱글차트인 핫 100차트에서 7주 연속 2위를 차지했다. 인터넷 유튜브 조회 횟수가 2017년 30억 명이 넘는다.

2017년 '방탄소년단(BTS)'의 7명은 '빌보드 아메리카뮤직어워즈(AMAs)'에서 상을 탔다. 방탄소년단(빅히트 소속)은 2014년 일본에 진출하였으며, 노래에는 사회적 주제를 녹여내면서 팬들과 소통을 이루었다.

방시혁의 방탄소년단 성공 요인

- **자기 이야기를 하다** "10~20대들이 받는 고통이나 압박감, 학교 폭력같이 그들 또래의 피부에 와닿는 주제를 노래했다."
- **K팝의 원칙을 지키다** "언어 장벽을 보충해주는 퍼포먼스와 비주얼. 잘생기고, 멋진 춤을 추고 끼를 보여주는 것. 만국 공통으로 통한다."
- **팬의 눈높이를 맞추다** "소셜 미디어를 제재하지 않았다. 마음대로 해보라고 풀어줬다. 그 또래 평균처럼. 팬들은 스타가 자기처럼 소셜 미디어를 쓰니까 친근함을 느꼈다."
- **마케팅보다 콘텐츠** "그 또래 청춘의 이야기를 쭉 따라가다 보니 '성장'이란 키워드가 나왔다. 청춘이 성장하는 것처럼 방탄소년단도 성장 자체가 그들의 콘텐츠로 연결됐다."

조선일보, 2017

케이팝(K-pop) 특징으로는

첫째, 매력은 '강렬하고 매혹적인 군무 무대'이다. 남녀 아이돌 그룹의 다채로운 재능(랩, 춤, 패션)과 화려한 퍼포먼스이다. 군무(group dance)는 서태지와 아이들의 무대(2002, 난 알아요)부터 여러 명이 무대를 꾸밀 때 가수들이 자리를 바꾸면서 노래와 반복적이고 세련된 안무를 함께 보여주는 것이다.

둘째, 매력은 '풍자적이고 유쾌한 가사와 노래'이다. K-Pop의 가사는 누구나 쉽게 따라 부를 수 있는 가벼우면서도 때로는 코믹한 주제이나 풍자적인 톤을 유지하고 있다는 것이다. 가령 '이별'이란 주제를 무겁게 다루기보단 신나는 리듬과 함께 반어적인 어투로 상황을 위트있게 표현하는 것이다.

셋째, 매력은 가수들의 매력적인 외모와 패션을 포함한 '비주얼적 요소'이다.

넷째, 인기는 일종의 '국제적인 현상'이다. 한국과 아시아를 넘어 유튜브를 통해 전 세계에서 조회수가 70억 9천만 건 이상을 기록한다.

2012년 12월 한국문화산업교류재단에서 해외 거주 외국인들에게 '한류'에 대한 설문조사를 실시한 결과, 그들은 '한국'하면 가장 먼저 떠오르는 것으로 K-pop, 드라마, 한식 등 한국 문화를 손꼽았다.

1. **2013년, 한 해 동안 전세계 27여 개국** 2012년 12월부터 2013년 12월까지 1년간의 해외공연 현황으로 K-pop가수들은 일본, 중국, 동남아시아뿐만 아니라 유럽, 미주, 중남미 등 다양한 지역에서 쇼케이스, 팬미팅, 콘서트 등을 통해 전 세계의 팬들과 만났다.
2. **K-pop을 사랑하는 이유?** 아시아의 경우 여러 요인 중 '매력적인 외모'가 1위를 차지하였으며, 미주와 유럽에서는 '새롭고 독특함'이 1위를 차지하였다.
3. 태국 내 음악 교과서에도 K-pop 가수(슈퍼주니어, 비, 씨엔블루)가 언급될 정도로 한국음악이 많은 인기를 얻고 있다.

3. 한국 영화

한국인은 세계에서 영화를 많이 보는 국민이다. 2016년 기준, 1인당 평균 영화관람 편수가 아이슬란드 4.22회, 한국 4.20회, 싱가포르 3.93회, 호주/홍콩 3.65회, 미국 3.64회 순이다(한국영화연감, 2017).

한국영화 수출액은 1995년 20만 달러(약 2억4000만 원), 2002년 1,501만 달러(약 180억 원), 2016년 1억109만 달러로 늘었다. 한국영화 극장 관객 수는 2016년 2억 1,703만 명이며, 평균 관람료는 8,032원이다(한국영화연감, 2017).

한국 영화관 스크린 개수는 2,804개이며, CGV, 롯데시네마, 메가박스를 멀티플렉스 빅3라 칭한다(2017년 10월 기준). 한국 영화는 실미도(2003), 태극기 휘날리며(2004), 왕의 남자(2005), 괴물(2006) 등을 통해 영화 관람객수 1천만 명 시대를 열었다.

〈표 8-4〉 한국영화 흥행갱신 기록

개봉일	제목	관객수	비고
1985-03-01	깊고 푸른 밤	602,778	최초 60만 돌파
1993-04-10	서편제	2,900,000	서울 기준 1,035,741
1999-02-13	쉬리	6,210,000	서울 기준 2,448,399
2001-03-31	친구	8,180,000	서울 기준 2,678,846
2003-12-24	실미도	11,081,000	최초 1000만 돌파
2004-02-05	태극기 휘날리고	11,746,135	
2005-12-29	왕의 남자	12,302,831	06년4월 배급사 집계
2006-07-27	괴물	13,019,740	제작사 집계
2009-12-17	아바타	13,302,637	외화 최초 1000만 관객
2012-07-25	도둑들	13,020,393	제작사 집계
2014-01-16	겨울왕국	10,108,128	외화 애니메이션 최초 1000만 관객
2014-07-30	명량	17,613,682	12일 만에 1000만 돌파
2014-12-17	국제시장	14,260,790	
2015-08-05	베테랑	13,414,200	
2016-07-20	부산행	11,565,479	
2017-08-02	택시운전사	12,190,000	
2017-12-20	신과 함께 : 죄와 볼	13,948,439	후편 : 신과 함께 : 인과 연

자료 : 영화진흥위원회(http://www.kofic.or.kr/) 재구성

세계 3대 영화제

1. 베니스 영화제(Venice Film Festival)

이탈리아 베네치아(Venezia) 리도 섬에서 매년 열리는 세계에서 가장 오래된 국제영화제이다. 1932년에 처음 시작으로 매년 8월 말~9월 초에 개최된다.

- 1987년 임권택 감독의 '씨받이'로 강수연이 여우주연상을 수상했다.
- 2002년 문소리가 이창동 감독의 '오아시스'로 마르첼로 마스트로야니상 수상했다.
- 2004년 김기덕 감독이 '빈집'으로 은사자상을 수상했다.
- 2012년 김기덕 감독이 '피에타'로 황금사자상(대상)을 수상했다.

베니스 영화제 여우주연상 수상작
씨받이 / 강수연(1987)

2. 칸 영화제(Venice Film Festival)

프랑스 동남부 알프마리팀 주의 칸(Cannes)에서 1946년에 처음 개최되었다. 매년 5월에 개최된다.

- 1999년 송일곤 감독의 《소풍》 단편 경쟁부문 심사위원대상을 수상했다.
- 2002년 임권택 감독의 《취화선》이 감독상을 수상했다.
- 2004년 박찬욱 감독의 《올드보이》가 심사위원대상을 수상했다.
- 2007년 이창동 감독의 《밀양》으로 전도연이 여우주연상을 수상했다.
- 2009년 박찬욱 감독의 《박쥐》가 심사위원상을 수상했다.
- 2010년 이창동 감독의 《시》가 각본상을 수상했다.
- 2016년 박찬욱 감독의 《아가씨》의 예술감독 류성희가 벌칸상(번외상)을 수상했다.

칸 영화제 여우주연상 수상작
밀양 / 전도연(2007)

3. 베를린 국제 영화제(Berlin International Film Festival)

독일 베를린에서 매년 2월 중순에 열리며, 1951년에 통일을 기원하는 의미에서 시작되었다. 약 10일 동안 400여 편의 장단편 영화가 상영된다. 비평가 위주의 예술작품 발굴을 중시하는 영화제이다.

- 1961년 강대진 감독의 《마부》가 특별은곰상을 수상했다.
- 1993년 장선우 감독이 《화엄경》으로 은곰상(알프레드 바우어상)을 수상했다.
- 2004년 김기덕 감독이 《사마리아》로 은곰상(감독상)을 수상했다.
- 2005년 임권택 감독이 명예황금곰상을 수상하였다.
- 2007년 박찬욱 감독이 '싸이보그지만 괜찮아'로 은곰상(알프레드 바우어상)을 수상했다.
- 2010년 박찬욱, 박찬경 감독이 《파란만장》으로 단편부분 황금곰상을 수상했다.
- 2017년 홍상수 감독의 《밤의 해변에서 혼자》로 김민희가 여우주연상을 수상했다.

베를린 영화제 여우주연상 수상작
밤의 해변에서 혼자 / 김민희(2017)

1) 취화선(2002)

출처 : www.google.co.kr/ 취하선 이미지
http://galki.net/xe/files/attach/images/119/664/007/7a7d6f4674fbbb7e12920af799c966f0.jpg

취화선은 2002년 5월 10일에 개봉한 대한민국의 조선시대 말 화가 장승업(張承業, 1843~1897)의 일대기를 담은 작품이다. 취화선은 제55회 칸영화제(2002년)에서 감독상(임권택) 수상을 받았다.

한국영화의 프랑스 진출은 '거짓말'(1999년)로 시작된 2002년을 기준으로 급격히 증가한다. 수출금액도 1999년(196백 만$)에서 2001년(667백만$)부터는 60%를 상회하는 고성장률을 기록하였다.

시네마서비스는 「취화선」을 프랑스 최대 배

급사인 '빠테'에 미니멈 개런티 약 10만 달러에 팔았다(한겨레신문, 2002년 5월 21일). 프랑스에서 개봉 10일 만에 5만 명 이상의 관객이 동원되어 르몽드 등 신문에서도 호평을 받았다.

2) 올드보이(Old Boy, 2003)

올드보이(Old Boy)는 박찬욱 감독이 2003년 11월 21에 개봉한 영화이며, 최민식이 주연을 맡았다. 일본 만화 '올드보이'의 설정을 기반으로 이유를 모른 채 갇혀 지낸 남자가 자신이 감금된 이유를 알아내는 과정을 그렸다. 관객수는 3,269,000명 (전국), 1,188,417명(서울)으로 나타났다.

수상내역은 2003년 제24회 청룡영화상 감독상(박찬욱), 남우주연(최민식), 2004년 제41회 대종상영화제 감독상, 남우주연상, 2006년 미국 The Onion 선정 '2005 최고의 영화 톱 10' 1위이다.

출처 : www.google.co.kr/ 올드보이 이미지
http://cfile22.uf.tistory.com/image/1619BE4350EA45F4241937

3) 택시운전사(2017)

택시운전사는 2017년 8월 2일에 개봉한 대한민국의 영화이다. 실화를 바탕으로 하였으며, 5 · 18 광주 민주화 운동 당시 현장취재를 통해 광주의 참상을 해외에 알린 외신기자(위르겐 힌츠페터)와 그를 도운 택시운전사, 그리고 광주시민의 이야기를 다루고 있다.

제작비 150억 원($1,300만), 월드 박스오피스 $81,673,998, 북미 박스오피스 $1,527,818 (2017년 10월 8일 기준), 미국에서는 2017년 8월에 개봉했다.

대만에서는 2017년 9월에 '나는 단지 택시운전사(我只是個計程車司機)'라는 제목으로 개봉했다. 배급사 영화 소개 페이지 5.18 민주화 운동이 배경이어서 그런지 예고편 유튜브 영상 댓글을 보면 2.28 사건 언급이 자주 보이기도 한다.

자료 : https://ko.wikipedia.org/wiki/택시운전사

홍콩에서는 9월 말에 개봉하였다. 홍콩 시민들의 반응도 꽤 좋은 편이다. 일본에서는 '택시운전수~약속은 바다를 건너고'로 2018년 4월에 개봉했다.

영국에서 2017년 8월에 개봉되었다. 호주에서는 2017년 8월 M등급을 받아 개봉, 반응이 상당히 좋은 편이다. 뉴질랜드에서도 2017년 8월에 개봉했다.

4. 한국 애니메이션

애니메이션(animation, 그림영화)은 여러 장의 화면을 연속 촬영, 조작하여 움직이도록 보이게 만든 영화의 일종이다. 이 용어는 "살아있는"을 뜻하는 라틴어 낱말 anima에서 비롯하였다.

셀 애니메이션(Cel Animation)은 가장 대표적인 제작 방식으로 여러 장의 종이를 모아 각 종이에다 따로 따로 그림을 그려서 그걸 한 장으로 모아내어 촬영하는 방식이다. 컴퓨터 애니메이션(Computer Animation)은 컴퓨터를 이용하여 제작한 애니메이션이다. 컴퓨터 애니메이션은 셀 애니메이션보다 인력과 비용, 제작 시간이 많이 절감된다. 3D 애니메이션은 CG 애니메이션이라고도 불린다.

한국 애니메이션은 광고(치약 CF)와 로고송의 역사와 그 맥락을 같이 한다. 한국의 애니메이션은 극장형 애니메이션으로 홍길동(1967)과 로보트 태권V(1976)가, TV형 애니메이션으로 아기공룡 둘리(1987)와 달려라 하니, 옛날 옛적에 등이 흥행에 성공한 애니메이션이다. 특히 머털도사와 날아라 슈퍼보드(1992)의 경우 최고 42%의 높은 시청률을 기록하였다. 그 이후에도 상당한 시청률을 기록한 작품들이 나오기도 했으며(스피드왕 번개, 레스톨 특수구조대, 검정 고무신, 트랙시티, 탱구와 울라숑, 두치와 뿌꾸), 올림포스 가디언의 경우는 극장형으로 제작될 정도로 호응이 좋았다.

풍운아 홍길동■ **(1967년 1월 21일 개봉)** 한국 최초 해외(대만)에 수출.
황금철인 1969년 한국 애니메이션 처음으로 일본에 수출.
달려라 하니 프랑스 수출, 1988년 그리스, 터키, 중동에 수출.
날아라 슈퍼보드(1992) 대만, 독일, 중국, 필리핀, 등에 수출.
뽀롱뽀롱 뽀로로(2003~2018) 3D애니메이션, 세계 110여 개국 방영.
선물공룡 디보(Dibo) 세계 100여 개국 수출.
아이언 키드(2006.4.6~9.28) 미국수출 전역 방영(지상파 시청률 1위). 일본, 이탈리아, 스페인, 아랍권 수출.

대한민국 애니메이션의 매출액은 2015년 약 6,102억 원, 수출액은 1억2,657만 달러였다. 대한민국 애니메이션 시장이 세계 애니메이션 시장에서 차지하는 비율은 4.5%로 미국, 일본, 중국, 호주에 이어 5위이다(2015년 기준).

대한민국의 애니메이션 주요 수출국으로는 6,662만 달러 규모의 북미, 2,784만 달러 규모의 유럽, 2,353만 달러 규모의 일본 등이 있었다.

겨울왕국(Frozen)

겨울왕국은 미국 월트디즈니 픽처스와 월트디즈니 애니메이션 스튜디오(53번째 작품)에서 제작한 3D 컴퓨터 애니메이션 뮤지컬 판타지 코미디 영화이다.
줄거리는 아무에게도 들켜선 안 되는 마법의 비밀을 들킨 여왕이 나라를 떠나게 되자

■ 풍운아 홍길동은 신동우 화백이 1965년 6월 25일부터 1969년까지 1300회를 '소년조선일보'에 연재한 만화이다. 사용된 셀화는 125,300장, 제작비 5400만 원, 관객 30만 명.

두 자매의 왕국에 위기가 닥치고, 적극적인 성격의 동생 공주가 자신의 자매와 왕국을 구원하기 위해 모험을 떠나게 된다는 이야기이다.

미국 개봉일은 2013년 11월(할리우드)이며, 한국은 2014년에 개봉하여 1천만 명을 돌파하였다.

2013년 8월 디즈니 D23 행사에서 주제곡 "Let It Go"를 공개하였다.

제작비 = $1억5,000만 / 수익 = $12억7500만 (위키백과, 2015)

자료출처 : www.google.co.kr/ 겨울왕국 이미지
http://pds27.egloos.com/pds/201401/26/76/f0393176_52e4ee05aff88.jpg

라바(Larva)

라바(Larva)는 대한민국의 투바 엔터테인먼트가 제작한 애벌레 TV형 애니메이션이다. 라바는 KBS1에서 2011년 3월 26일~9월 24일에 방송되었다. 라바는 106여 개국(2015년까지)에 수출하여 방송되고 있다. 등장인물은 옐로우와 레드이다. 옐로우는 식탐이 많고 콧물을 흘리는 등 더러운 짓을 많이 하는 바보스러운 노란색 애벌레이다. 레드는 성격이 급하고 과격하며, 늘 잘난 척하고 옐로우를 구박하지만 크게 당하는 쪽은 항상 자신으로 빨간색 애벌레이다. 바이올렛은 정체 불명의 거대한 보라색 벌레이다.

자료출처 : www.google.co.kr 라바 이미지
http://i.ytimg.com/vi/QWEcaIh2Dtw/maxresdefault.jpg

웹툰(webtoon)은 웹(web)과 카툰(cartoon, 만화)의 합성어이며, PC · 모바일 전용으로 제작된 만화이다. 텍스트 · 이미지뿐 아니라 IT(정보기술)와 접목한 멀티미디어 효과도 활용한다. 웹툰업체들은 미국 · 중국 · 일본 등 세계 시장으로 진출하고 있다.

5. 한국 음식(K-Food)

한국은 기후와 풍토가 농사에 적합하여 일찍이 신석기시대부터 잡곡 농사로 농업이 시작되었고, 그 후 벼농사가 전파되었다. 이런 곡물은 한국 음식문화의 중심이 되었고, 삼국시대 후기부터 밥과 반찬으로 주식, 부식을 분리한 한국 고유의 일상식 형태가 형성되었다.

한국 음식은 한국식 요리의 총칭이며, 한식(韓食)이라고도 한다. 주로 한국의 전통식 요리(dish)를 뜻한다. 조리(cooking)는 음식을 만드는 과정이다.

한국 음식은 주식, 찬품(반찬), 후식으로 나눌 수 있다. 주식에는 밥, 죽, 만두, 떡국, 국수, 수제비 등이 있고, 찬품에는 국, 찌개, 전골, 볶음, 찜, 선, 생채, 나물, 조림, 초, 전유어, 구이, 적, 회, 쌈, 편육, 족편, 튀각, 부각, 포, 장아찌, 김치, 젓갈 등이 있다. 후식은 크게 떡, 과자, 생과의 병과류와 차, 음료 등의 음청류로 나뉜다(한식진흥원, 2019).

한국 음식은 사회 문화적 환경에 따라 궁중음식, 일상음식, 의례음식, 계절음식, 향토음식 등으로 구별할 수 있다. 조선왕조 궁중음식(宮中飮食)은 조선시대 궁궐에서 차리던 음식으로 전통적인 한국 음식을 대표한다. 1970년 12월 30일 대한민국의 국가무형문화재 제38호로 지정되었다. 일상음식은 매일 반복되는 대중음식으로, 주식과 여러 가지 반찬을 곁들여 먹는 식사 형태이다. 주식은 쌀만으로 지은 쌀밥과 조, 보리, 콩, 팥 등의 잡곡을 섞어 지은 잡곡밥을 기본으로 한다. 부식은 국이나 찌개, 김치와 장류를 기본으로 하고, 육류, 어패류, 채소류, 해조류 등을 이용해서 반찬을 만들었다. 의례음식은 일생을 살아가는 동안에 거치는 통과의례(백일, 첫돌, 결혼, 회갑 등) 음식이다, 특히, 풍년과 풍어를 기원하는 풍년제와 풍어제, 부락의 평안을 비는 부락제 등의 행사에 따라 차려지는 행사음식이 있으며, 고인을 추모하여 차리는 제사음식이 있다. 계절

음식은 계절에 따라 식자재를 이용하여 만들어 먹는 음식(설날 떡국, 한식날 오곡밥, 동짓날 동지팥죽)이다. 향토음식은 그 지역 공간의 지리적, 기후적 특성을 갖고 생산되는 지역 특산물(홍어, 굴비, 과메기, 어패류, 나물류, 해초류)로 고유한 조리법으로 만들어진 토속 민속음식이라 할 수 있다.

한국음식의 상차림은 반찬의 수에 따라 3첩, 5첩, 7첩, 9첩 반상이 있고, 조선시대 궁중에서는 왕에게 12첩 반상을 차리었다. 간단한 3첩 반상에는 밥, 국, 장, 김치 외에 채소, 육류, 어류 등이 골고루 배합된다.

3첩 반상

자료출처 : www.google.co.kr/ 3첩 반상 http://cfile25.uf.tistory.com/image/1369A23350EB81131CB716

9첩 반상

http://static.news.zum.com/images/38/2012/08/24/134579016383.jpg

외국인이 선호하는 음식은 서울시가 2011년 10월 인터넷 홈페이지에서 외국인 1984명을 대상으로 조사하였다. 1위 김치, 2위 삼겹살, 3위 갈비, 4위 불고기, 5위 해물파전, 6위 순두부찌개, 7위 비빔냉면, 8위 양념치킨, 9위 떡볶이, 10위 비빔밥으로 나타났다. KBS가 2014년 8월 21일에 조사하여 방송한 프로그램에서는 1위 갈비구이, 2위 한정식, 3위 비빔밥으로 나타났다.

불고기, 갈비(찜), 김치, 떡국, 춘천닭갈비, 탕탕이, 삼계탕, 비빔밥, 순두부찌개, 궁중음식, 한정식, 삼겹살-소주, 치킨(양념)-맥주, 해물파전/빈대떡-막걸리, 생선회(찜)-소주, 라면, 김밥, 떡볶이, 어묵

농림수산식품부는 외국인이 한식을 보다 쉽고 정확하게 이해할 수 있도록 국내외 한식당에서 제공되고 있는 외국인 선호메뉴에 대한 외국어(영어 · 일어 · 중국어) 표기안을 2009년 11월에 마련하였다. 외국어 표기안은 한식당을 운영하는 사람과 외국인들을 위한 것으로 124가지 음식의 사진, 음식명칭, 주재료, 조리법, 곁들여 먹는 국이나 양념장 등의 내용을 포함하고 있다.

1) 김치(Kimchi)

김치는 배추, 무, 열무 등을 굵은 소금에 절여 씻은 다음 고춧가루, 파, 마늘, 생강 등의 양념과 다양한 해산물 젓갈(새우젓, 멸치젓 등)을 넣어 버무려 저장한 한국의 저장 발효식품이다. 김치는 지역이나 계절, 숙성 방법에 따라 제조과정이나 종류가 조금씩 다르다.

김치의 어원은 김치 저(菹)로 '딤채'라는 뜻을 지닌 것이다. 대한민국의 김치 수출 대상 국가는 일본, 미국, 대만이지만 세계적으로 확산되고 있다.

김장은 김치를 담그고 나누는 문화(Kimjang ; Making and Sharing Kimchi in the Republic of Korea)로 2013년 유네스코 인류무형문화유산에 등재하였다. 김장은 월동 준비의 필수 부분으로 김장을 통해 많은 한국인들은 나눔의 정신을 깨닫고 실천하게 된다.

김치의 종류는 주재료, 제조과정에 따라 배추김치, 백김치, 깍두기, 동치미, 갓김치, 총각김치, 순무김치, 열무김치, 겉절이 등 다양(200여 가지)하다(김치박물관, 2017).

〈표 8-5〉 김치 종류

주재료	김 치 명	응용
배추	배추김치	김치찌개, 김치전
	배추보쌈김치, 백김치, 겉절이	돼지보쌈
무우	깍두기, 동치미, 무생채김치, 섞박지	무밥, 무나물
무+배추	나막김치	
열무	열무김치	열무국수
알타리	총각김치, 알타리김치	
오이	오이소박이	오이냉국
재료+김치	갓김치, 쪽파김치, 양파김치, 박김치, 씀바귀김치, 고들빼기김치, 부추김치, 미나리김치, 고구마줄기김치, 순무김치, 죽순김치	파전, 부추전
재료+장아찌	깻잎장아찌, 콩잎장아찌, 더덕장아찌	
재료+식해	생선식해, 갈치식해, 간재미식해	

2) 한정식 및 백반

한정식(韓定食)은 '한국의 정식' 또는 '한민족의 정식'이라는 뜻이다. 정식(定食)이란 일본에서 근대적 의미의 외식산업이 발달하는 과정에서 탄생한 단어이다. 정식은 한국의 가정 음식에 쓰는 단어가 아니므로 주의하여야 한다.

궁중음식에는 임금에게 올리는 식사를 올려놓는 밥상을 수라상(水刺床)이라고 한다. 수라상은 밥상(진지상)을 높여 부르는 말이다. 궁중에서의 일상식은 아침과 저녁의 수라상과 이른 아침의 초조반상(初朝飯床), 점심의 낮것상의 네 차례 식사로 나뉜다. 초조반상은 이른 아침(7시 이전)에 죽과 마른 찬을 차린다. 아침과 저녁의 수라상은 12첩 반상차림으로, 원반과 곁반, 전골상의 3상으로 구성된다. 왕과 왕비의 생신, 회갑, 세자책봉 등 왕족의 경사 때와 외국사신을 맞이할 때에는 연회식을 차린다.

백반(白飯)은 흰밥이 주요리이고 나머지 반찬은 보조가 된다는 뜻이다. 조선 왕실의 의례 규범을 기록한 "의궤"를 보면 밥 옆에 차려지는 찬을 좌반(佐飯)이라 표시하였다. 따라서 '한국백반', '가정식백반', 특별한 음식이 추가되는 경우에는 '게장백반', '쌈백반', '순두부백반' 등으로 사용함을 권장한다.

한국의 집에서 실시하는 대장금 체험은, 대장금처럼 한복을 입고 한국 전통음식을 만들어보는 체험 프로그램이다. 대표 한류 드라마인 '대장금'에 나왔던 메뉴를 재현해보는 프로그램으로, 드라마에서 장금이가 밀가루대신 배춧잎으로 만두피를 만들어 빚던 숭채(배추)만두, 홍시로 맛을 낸 홍시죽순채 등을 만들어본다.

3) 불고기

불고기(bulgogi, Korean barbecue ; BBQ)는 소고기를 양념에 재우고 채소를 넣고 자작하게 만든 한국 요리이다. 돼지고기로 만든 것은 따로 돼지불고기라고 한다. 풍속을 기록한 동국세시기에 서울 지역에서 화로에 숯불을 피워 놓고 번철에다 조미한 쇠고기를 구우면서 화롯가에 둘러앉아 먹는다는 기록이 있다. 기내식으로 불고기 덮밥을 제공하고 있다.

불고기

자료출처 : www.google.co.kr/ 불고기
http://cfile27.uf.tistory.com/image/205F58334F439A262650F4

불고기 기내식

자료출처 : www.google.co.kr/불고기기내식
https://encrypted-tbn0.gstatic.com/images?q=tbn:ANd9GcSi5_b_MTrxDsDrltCJUA_vN9MSeTa9ECBrpR4aqsn8lwtLo2EVGQ

4) 삼계탕

자료출처 : www.google.co.kr/ 삼계탕

삼계탕(蔘鷄湯)은 한국요리의 하나이며, 닭 한 마리(내장 제거)를 통째로 인삼, 대추, 생강, 마늘, 밤, 찹쌀 등의 재료와 함께 고아 만든다. 한국에서는 거의 삼복(초복, 중복, 말복)날에 먹는다. 삼계탕은 여름철의 대표적인 보양음식이다. 한편, 삼계탕은 계삼탕이라고도 한다. 그리고 병아리보다 조금 큰 닭을 이용한 것은 영계백숙이라고 한다.

5) 비빔밥(bibimbap)

비빔밥(Bibimbab)은 사발 그릇에 밥과 여러 가지 나물, 고기, 계란, 고추장 등을 넣고 섞어서 먹는 음식이다. 비빔밥을 처음으로 언급한 문헌은 1800년대 말엽의 '시의전서'로, 비빔밥을 "부빔밥"으로 표기하고 있다(위키백과, 2015).

비빔밥은 지방과 재료에 따라 구분되며, 지방마다 특색이 다르지만, 전주비빔밥과 진주비빔밥이 비빔밥의 대명사로 여겨진다. 최근 식단이 서구화되면서 다양한 재료를 활용한 퓨전비빔밥이 등장하거나, 비빔밥을 재해석하여 기내식, 관광식으로 단장하기도 한다.

비빔밥

자료출처 : www.google.co.kr/ 비빔밥
http://cfile29.uf.tistory.com/image/26670C4050E46ACE2CF864

비빔밥 기내식

자료출처 : www.google.co.kr/ 비빔밥기내식
http://pds2.egloos.com/pds/1/200607/06/80/d0015780_1741276.jpg

6. 기타 한류

기타 한류는 토산품(김, 라면, 인삼, 토속주 등), 면세품(K뷰티, 의류 등), 의료(성형, 피부 등), 교육(한글, 태권도, DMZ, 불교사원 등), 게임, 찜질, 스타체험 등이 있다.

태국은 2018학년도 대학입학시험(PAT)에 한국어를 제2외국어 과목으로 채택하였다. 한국어를 제2외국어로 배우는 외국 학생은 전 세계 26개국 11만5천 명에 이르며, 한국어능력시험은 세계 73개국, 252개 지역에서 약 25만 명이 도전하는 글로벌 어학시험이다(조선일보, 2017).

국제교류재단 '해외한국학백서' 韓流 영향에 중동서만 4배 급증

해외에서 한국학 강좌를 운영하는 나라와 기관 수는 1990년 32개국 151곳에서 2007년 55개국 632곳, 2017년 105개국 1348곳으로 늘어났다. 지난 10년 동안 2배 이상, 조사가 시작된 1990년(한국학술진흥재단)부터 27년 동안 9배 가까이 증가한 수치다. 한국의 위상이 높아지고 한류가 확산된 결과다.

한국학 강좌 기관이 가장 증가한 곳은 중동 지역으로, 2007년 7개국 8곳에서 2017년 12개국 30곳으로 3.8배 늘어났다. 중국대학 한국어과는 1995년 20개에서 2017년 271개로, 유럽대학 한국어학과 평균 학생 수는 2007년 20명에서 지난해 100명으로 증가했다(조선일보, 2018.).

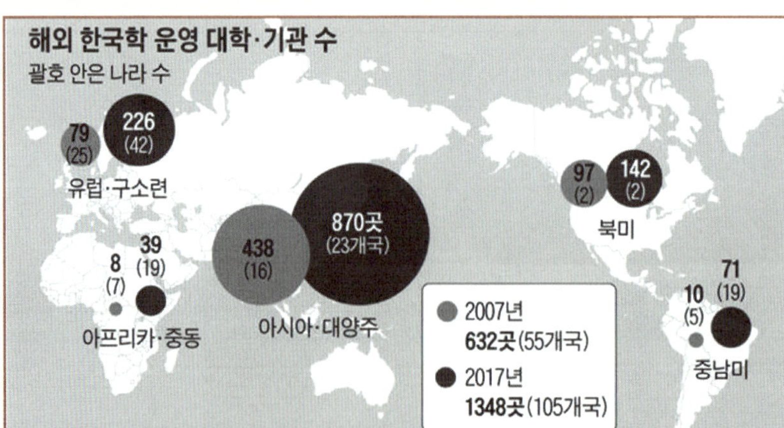

K드라마 · K팝 이어 K뷰티… 일본 '제3 한류' 열풍

미국, 중국에 이은 세계 3위 화장품 시장인 일본에서 K뷰티 바람이 불고 있다. 일본 내 화장품 한류를 이끄는 것은 미샤, 페리페라 등 중저가 색조 화장품 브랜드다.

화장품 한류의 특징은 10~20대가 인스타그램이나 유튜브 등 소셜 미디어를 통해 이뤄진다는 것이다(조선일보, 2017.).

한국 화장품 일본 수출액 변화

연도	화장품 매출	사건
2003년		NHK 겨울연가 방송 → 제1 한류
2005년	3000만달러	
2006년	6780만	
2010년	↑	빅뱅·소녀시대 진출 → 제2 한류
2011년	1억2752만	
2012년	1억5969만	
2013년	1억5111만	
2014년	1억4473만	방탄소년단 일본 진출
2015년	1억3779만	
2016년	1억8265만	
2017년 1~9월	1억1371만	트와이스 일본 진출 → 제3한류

자료: 일본 수입화장품 협회, 대한화장품산업연구원

일본 화장품 편집샵에 진열된 미샤 제품

K뷰티 vs J뷰티 … 세계시장서 엎치락뒤치락

판도가 바뀐 건 2005년 등장한 'BB크림'과 2008년 첫선을 보인 '쿠션 팩트'가 메가 히트를 치면서다. '생얼 메이크업'의 원조로 꼽히며 한국이 스킨 케어의 '성지(聖地)'로 떠올랐다. 바비 브라운, 랑콤, 샤넬 등 글로벌 브랜드에서도 한국 스타일 화장품을 만들기 시작했고, '촉촉(Chok Chok)'이란 단어는 K뷰티를 대표하는 공식 언어로 대접받았다. 영국 BBC는 최근 K뷰티 시장을 집중 조명하면서 "이슬을 머금은 듯 빛나는 피부를 뜻하는 촉촉이란 개념이 '물광 메이크업'을 꺼리던 서양 소비자들을 사로잡은데 이어 색조화장까지 확대됐다."고 밝혔다(조선일보, 2018.).

풀무원은 2012년 5월 중국에서 비빔물냉면을 내놓았다. 한국식 비빔냉면을 뻑뻑하다고 느끼는 중국인의 입맛을 고려해 만든 퓨전 제품이다. 제품 이름도 한국식 명칭인 '함흥 비빔냉면' 대신 '한국 궁중 비빔물냉면'으로 바꿨다. 중국에서 드라마 대장금이 인기를 끌면서 한국 궁중식에 대한 관심이 커진 것을 감안했다. 이 제품은 지난해 여름 한철 장사를 통해 10억 원 이상 팔려나갔다. 풀무원 관계자는 "한국식만 고집하지 않고 중국인의 입맛에 맞춰 적극적인 제품 개발을 한 결과"라고 말했다. 풀무원은 지난해 중국 베이징과 충칭에 식품 공장을 세우고 중국 시장 공략을 시도하였다(중앙일보, 2013.).

한국 모바일 게임, '난공불락' 일본 뚫었다

국내 1위 모바일 게임업체 넷마블게임즈의 '리니지2 레볼루션'이 8월 30일 일본의 애플 앱스토어(앱 장터)에서 매출 1위에 올랐다. 구글의 플레이스토어에서는 3위를 기록했다. 일본 시장은 미국·유럽의 쟁쟁한 게임업체들도 좀처럼 뚫지 못했던 난공불락의 시장. 현재 일본 모바일 게임 '톱 10'에 일본 업체가 아닌 외산 게임은 넷마블의 '리니지2 레볼루션'이 유일하다.

넷마블게임즈·카카오게임즈·컴투스·블루홀·제페토 등 국내 게임업체들이 일본·유럽·미국·동남아 게임 시장에서 두각을 나타내고 있다.

◇제2의 한국 게임 전성기 기대감

늘어나는 한국 게임 수출액

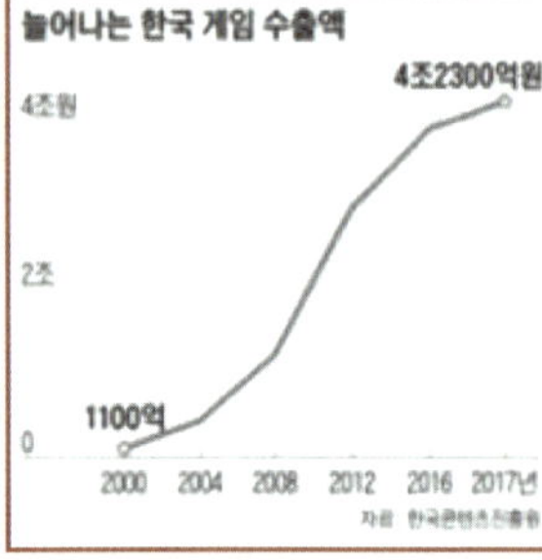

세계로 나가는 게임 한류

지역	게임 종류	인기 게임(게임사)	성과
북미	PC 온라인	플레이어언노운스 배틀그라운드(블루홀)	- 북미 지역 판매량 170만 카피 돌파
	모바일	서머너즈 워(컴투스)	- 북미 지역 누적 매출 2700억원 돌파
일본	모바일	리니지2레볼루션(넷마블)	- 출시 48시간 다운로드 200만 돌파 - 30일 기준 애플 앱스토어 매출 1위
동남아	PC 온라인	포인트블랭크(제페토)	- 인도네시아 게임 사상 최다 동시 접속자 26만명 기록(2017년)
유럽	PC 온라인	검은사막(카카오게임즈)	-유료 이용자 120만 돌파

우리나라 게임산업은 2000년대 초반 인터넷에 접속된 PC에서 여러 명이 함께 게임을 즐기는 'PC 온라인 게임' 시장을 주도하며 게임 강국의 반열에 올랐다. 하지만 당시 세계 게임 시장의 주류는 PC 온라인 게임이 아니라 TV로 연결하는 비디오 게임(콘솔 게임)이었다. PC 온라인 게임은 우리나라와 중국에서만 인기를 끈 정도였다.
2010년 이후 세계 모바일 게임 시장은 약 52조 원에 달한다. 게임업체의 한 관계자는 "우리나라의 모바일 게임은 단순한 캐주얼 게임이 아니라 비주얼이나 스토리에서 수준이 높은 RPG(role playing game·역할 분담 게임)이기 때문에 이용자의 몰입도가 훨씬 강하다"며 "한번 안착하면 같은 게임으로 5~10년씩 수익을 내는 강점이 있다"고 말했다.

조선일보 2017.

제9장

전통시장 관광 및 시티투어 관광

제1절 전통시장 관광
제2절 시티투어 관광

Cultural Tourism

제9장

전통시장 관광 및 시티투어 관광

제1절 전통시장 관광

학습 목표
1. 시장 및 시장의 종류에 대해 이해한다.
2. 전통시장 관광, 전통시장 특성화, 활성화에 대해 고찰한다.

1. 시장

시장(市場, market)이란 공간적 측면에서 일상생활에서 판매자와 구매자가 서로의 합의 아래 물건을 팔고 살 수 있도록 해주는 장소이다. 시장은 경제적 측면에서 거래의 목적물과 판매자, 구매자만 있으면 거래 장소가 정해져 있지 않더라도 시장이라 표현한다.

시장의 우리말은 '저자' 이고, 한자어는 저자 시(市)이다. 장(場)은 마당을 뜻한다. 점(店)은 고정된 점포를 뜻하며, 부(埠)는 배가 닿는 부둣가에 있는 시장, 가게 전(廛)은 시장 가운데를 뜻한다. 예) 미전 = 쌀가게, 쇠전 = 우시장.

우리나라에서 시장이 열린 것은 삼국시대 신라 경주(490년)에 개설된 도시적인 시전(市廛)의 경시(京市 ; 주로 쌀을 이용하여 거래)이다(문화콘텐츠닷컴, 2017).

2. 시장 분류

시장의 종류는 시장이 형성되는 주기나 방법, 취급 품목, 점포수 규모, 특성화에 따라 다음과 같이 구분한다.

1) 시장 주기에 따른 분류

상설시장은 매일 장이 서는 시장이다. 대부분 대도시에서 형성된다. 제주동문재래시장, 제주동문수산시장, 속초중앙시장, 서울광장시장, 남대문시장 등이 있다.

정기시장은 5일, 7일(週市), 10일마다 서는 시장이다. 대부분 소도시에서 형성된다. 5일장은 5일(1, 6 ; 2, 7 ; 3, 8 ; 4, 9 ; 5, 0)마다 한 번 장이 서는 시장이다. 7일장은 7일(특정 요일)마다 한 번 장이 서는 시장이다. 동양의 전통시장은 5일장이 많으며, 유럽이나 중동에서는 종교적인 이유로 7일장이 많다. 정선아리랑시장(2일/7일), 네덜란드 치즈시장(알크마르) 등이 대표적이다.

부정기시장은 일정한 주기가 없이 열리는 장이다. 계절시장, 약령시, 포구장 등이 있다. 계절시장은 특정 계절에만 서는 시장이다. 약령시(장)는 주로 봄과 가을(음력 2월, 10월)에 열리는 계절시장인 경우도 있다. 포구장은 배가 도착할 때 열리는 장이다.

2) 방식에 따른 종류

시장은 형성되는 방법에 따라 전통시장, 상가, 할인매장으로 구분한다.

전통시장은 자연발생적으로 또는 사회적 · 경제적 필요에 의하여 조성되고, 상품이나 용역의 거래가 상호신뢰에 기초하여 주로 전통적 방식으로 이루어지는 장소이다(전통시장법 제2조). 남대문시장 등과 같이 지역 이름이 붙는다.

상가(단지)는 복합 건물에 여러 종류의 상점이 모여 있는 곳을 말한다. 용산전자상가처럼 전문적인 품목을 취급하는 곳도 있고 청계천상가처럼 다양한 물품을 취급하는 곳도 있다.

할인매장은 대규모 유통회사가 운영하는 시장으로 월마트, 이마트, 롯데마트, 면세점 등과 같이 고유의 브랜드명이 있다.

3) 취급 품목에 따른 종류

취급 품목에 따라 시장은 일반 시장, 전문 시장으로 구분한다.

일반 시장은 생활용품, 공산품, 농축수산물 등 다양한 상품을 종합적으로 취급하는 시장이며, 주로 소매로 거래하는 특징이 있다(남대문시장, 동대문시장, OO중앙시장).

전문 시장은 동일상품 또는 유사 상품군을 취급하는 점포의 비중이 50% 이상인 시장이며, 주로 도매로 거래하는 특징이 있다.

청과물시장은 다양한 채소나 과일을 전문적으로 취급한다(청량리청과물시장). 농산물 시장은 농산물(인삼, 고추 등)을 전문적으로 취급한다(풍기인삼시장, 충주농수산물시장).

수산물시장은 어시장(魚市場)이라고도 하며, 수산물, 해산물을 전문적으로 취급한다. 전국에서 모인 각종 수산물이 모여 경매 방식으로 전국 각 시장으로 운송되는 형식이다. 또한 경매뿐만 아니라 일반 도매·소매도 연중무휴로 판매하고 있다. 노량진수산시장(서울), 자갈치시장(부산), 국제수산물도매시장(부산), 마산어시장 등이 있다.

건어물시장은 수산시장과 같이 있는 경우가 대부분이다. 건어물은 생선, 조개류 등을 자연광이나 인공적인 열로 수분을 증발시켜 보관해둘 수 있게 만든 건조식품이다. 건어물의 종류는 오징어, 문어, 멸치, 쥐치, 김, 미역, 다시마, 황태, 홍합, 새우 등이 있으며, 이외에도 매우 다양하다.

축산물시장은 육류 고기를 전문적으로 취급한다.(마장동 축산물시장) 가축 시장은 살아 있는 가축을 전문적으로 취급한다(쇠전(우시장), 돼지전).

약령시(장)는 한약재를 전문적으로 취급한다. 대구약령시(1658 개시), 서울경동약령시장, 제천약령시가 있다.

화훼시장은 꽃을 전문적으로 취급한다. 남대문대도꽃상가(우리나라 최초 꽃시장), 양재화훼공판장(2만8,000평 대지에 경매시장과 도매시장), 서울고속터미널 꽃도매상가, 반포화훼직매장이 있다. 전자상가는 전기제품이나 전자부품 등을 전문적으로 취급한다(용산전자상가).

의류시장은 의류와 옷 등을 전문적으로 취급한다. 동대문의류시장, 남대문아동복시장, 부산평화시장이 있다.

4) 점포수에 따른 종류

시장 내의 점포수에 따른 시장은 다음과 같이 나뉜다.

(1) 대형 시장 1,000개 이상인 시장

(2) 중대형 시장 500개 이상, 1,000개 미만인 시장

(3) 중형 시장 100개 이상, 500개 미만인 시장

(4) 소형 시장 50개 이상, 100개 미만인 시장

5) 특성화에 따른 종류

특성화 시장은 소상공인시장진흥원■에서 글로벌명품시장, 지역선도시장, 문화관광형 시장, 골목형 시장 4가지로 분류하고 있다.

글로벌명품시장은 외국인 관광객들이 관광코스로 찾을 수 있는 시장이다. 서울남대문시장, 전주남부시장, 제주동문재래시장, 팔달문시장(수원), 자갈치시장(부산) 등이 있다.

지역선도시장은 상품 · 교육 · 문화의 동시 소비가 가능한 지역 대표시장을 중심으로 인근상권 및 지역사회의 동반성장하는 시장이다(공주산성시장).

문화관광형 시장은 지역의 역사 · 문화 · 관광자원 등을 연계하여 상품 · 용역의 거래뿐만 아니라 그 고유의 특성을 즐기고 관광할 수 있는 곳으로 육성하기 위하여 지정한 시장 또는 상점가를 말한다(전통시장법 제2조). 2008년(4곳)부터 시작하여 2017년(신

■ 소상공인시장진흥공단은 소상공인(제조업 10인 미만) 육성과 전통시장 · 상점가 지원 및 상권활성화를 위해 설립. 소상공인과 전통시장을 체계적이고 효과적으로 지원하기 위해 2014년부터 '소상공인진흥원'과 '시장경영진흥원'을 통합하여 출범하였다.

규 36곳)까지 185곳이 진행되었다. 부산자유시장, 아현시장, 춘천풍물시장, 전주모래내시장이 있다.

골목형 시장은 고유의 개성과 특색을 발굴하여 주민생활형으로 도심과 주택단지에 위치한 전통시장이다.

벼룩시장(Flea Market)의 유래

벼룩시장은 중고품을 파는 프랑스의 노천시장이다. 프랑스에서 마르셰 오 푸세(Marche' Aux Puces)라고 번역하여 생긴 말이다. 푸세는 '벼룩'의 뜻이고 이를 직역하여 영어로 플리마켓(Flea Market)이라 부른다.
벼룩시장의 유래에 대한 설은 다양하지만 '벼룩시장'이 유럽인의 근검절약정신의 상징이라는 데는 이견이 없다. 중고라도 손을 봐서 쓰면 새 것과 다름없다는 이들의 검소한 생활문화는 유럽을 오늘의 선진국으로 만든 원동력인 것이다.

빈티지(Vintage)의 사전적 의미는 숙성된 포도주처럼 편안한 느낌을 주는 복고풍 디자인의 옷이라는 뜻에서 붙어진 이름이다. 빈티지 패션의 유래는 1990년대 말 미국에서 대학생들 사이에서 빛바래고 구겨진 옷들이 인기를 끌면서 일명 "아메리간 번티지룩"이 유행하기 시작했다.

바자(bazaar)는 페르시아어의 '시장(bāzār : 바자르)'에서 유래된 말.
공공 또는 사회사업의 자금을 모으기 위하여 벌이는 시장.

서울풍물시장은 동대문구 신설동역 주변에 위치한다. 1층은 공예골동품을 위주로 팔았고, 2층은 생활잡화 위주로 판매한다.
동묘시장은 종로구 숭인동에 위치하며, 동묘앞역(3번 출구) 주변에 있다. 1980년대 말 생겨났으며, 동묘벼룩시장, 동묘구제시장이라고도 한다.

3. 전통시장 관광

전통시장 관광은 그 지역이나 국가의 특징적인 문화가 숨어 있는 제품을 매개체로 직접 보고, 만지고, 대화하며 구매하는 과정에서 오감(五感, five senses) 또는 육감(六感)■ 만족으로 체험하는 관광이다.

<table>
<tr><th colspan="2">체험 요소</th><th>내 용</th><th>사 례</th></tr>
<tr><td colspan="2">시각(視覺)</td><td>눈을 통해 사물의 크기, 모양, 빛깔, 멀고 가까운 정도 인지</td><td>안내자 표정, 낙지 다리 움직임(탕탕이), 도시 불빛, 눈, 한글 글씨 모양</td></tr>
<tr><td colspan="2">청각(聽覺)</td><td>귀를 통해 진동을 인식하여 소리를 감지</td><td>방문국 언어 사용, 명칭, 인사말, 고마움(감사합니다)</td></tr>
<tr><td colspan="2">미각(味覺)</td><td>입(혀)를 통해 음식, 무기물 등의 맛을 지각하고 분별하는 것
기본맛 = 단맛, 쓴맛, 신맛, 짠맛, 감칠맛(umami, 식욕 당기는 맛)</td><td>김치, 파전, 불고기, 막걸리, 소주, 소맥 등</td></tr>
<tr><td colspan="2">후각(嗅覺)</td><td>코를 통해 냄새를 맡을 수 있는 감각
공기 중의 화학 물질들을 감지</td><td>약령시장의 한약냄새, 된장, 홍어 냄새, 바다, 산 향기</td></tr>
<tr><td colspan="2">촉각(觸覺)</td><td>피부를 사용해 압력이나 열 등을 감지한 뒤 촉감(부드러움, 단단함 등), 온도감각(뜨거움, 차가움 등)을 지각, 분별</td><td>한복, 모시, 실크, 고추장의 매운맛</td></tr>
<tr><td rowspan="2">직감</td><td>평형감각(정취)</td><td>귀의 반고리관을 통해 중력 인식, 신체가 향하고 있는 방향을 지각, 분별</td><td>이웃과 교류의 터전, 자국 vs 타국 비교 이해, 배려의 서비스</td></tr>
<tr><td>초감각 지각(감성)</td><td>마음으로 통하고 생각하여 얻은 정보</td><td>여백의 美, 진실한 국민, 인간다운 생활</td></tr>
</table>

4. 전통시장 특성화

전통시장 특성화는 중소벤처기업부와 소상공인시장진흥원에서 크게 지원사업과 육성사업을 실시하고 있다.

■ 육감은 초감각적 지각과 평형감각의 뜻이 포함된다. 초감각적 지각(Extra sensory perception, ESP)은 인지되는 물리적 감각을 통해서 얻지 않은 마음을 통해서 얻은 정보의 획득을 동반한다. 평형감각(平衡感覺)은 몸의 위치나 회전 등을 느끼는 감각으로, 중력이 자극이 되어 일어난다.

1) 지원사업

전통시장 지원사업은 소상공인시장진흥원에서 ICT전통시장(고객센터 내 ICT카페, 모바일 POS. 스마트 전단지, 쿠폰발급시스템 등), 교육 및 시장관리(상인교육, 상인조직 역량강화, 시장활성화 컨설팅, 시장활성화 구역), 시장마케팅지원(장보기 및 배송서비스, 공동마케팅, 전통시장홍보, 온누리상품권), 소상공인자금지원, 소공인(제조업 10인 미만) 지원, 팔도장터관광열차 등을 실시하고 있다.

팔도장터 관광열차 운행시장

제천한마음시장, 부안상설시장, 삼천포용궁수산시장(사천), 단양구경시장, 남원공설시장, 중앙시장활성화구역(대전), 북평민속시장(동해), (경주)계림연합시장, (홍성)광천전통시장, 양평물맑은시장, 정선아리랑시장, 안동구시장, 삼척중앙시장, 전주남부시장, 공주산성시장, 대구서문시장, 강진읍시장, (부산)초량전통시장

운행기간 3월~11월, 여행코스 : 18개 코스, 연간 50회
운행일정 코레일관광개발 홈페이지(www.korailtravel.com)
지원혜택 고객1인당 운임료 15,000원, 온누리상품권 5,000원 지원
신청방법 전화 : 1544-7755
인터넷 : 코레일관광개발 홈페이지
주요 역사 여행센터

2) 육성사업

전통시장 청년상인 육성사업은 소상공인시장진흥원와 중소벤처기업부에서 전통시장에 새롭게 점포를 차린 '청년상인 육성사업' 으로 3년간 지원하는 제도이다.

청년사장(19세~39세)이 2015년 20시장, 2016년 22시장, 2017년 16시장이 선정되어 늘어가고 있으며, 시장 전체에 활기가 되며, 다양하고 개성을 가진 제품으로 매출증가 효과가 있다.

청년몰 조성 육성사업은 전통시장 빈점포 등 유휴공간에 20개 이상의 청년상인 점

포가 입점하여 쇼핑 · 문화 · 체험 등 창의적 테마를 융합한 공간으로, 젊은층 등 고객 유입으로 전통시장의 활력을 제고하고, 청년 일자리를 창출하는 등 변화와 혁신을 유도하는 사업이다. 2016년 17시장, 2017년 9시장이 선정되었다.

전통시장 육성사업은

- 글로벌명품시장 육성사업은 한국적 콘텐츠와 전통시장의 콘텐츠를 융합하여 세계인이 필수 관광코스로 찾을 수 있는 시장 육성사업이다.
- 지역선도시장 육성사업은 전통시장과 지역의 역사 · 문화 · 관광자원 등을 연계하여, 내 · 외국인 고객 유입촉진을 위한 지역 특화상품을 고도화하고, 상인 조직화 및 지역사회 상생 · 협력을 통해 지역 내 거점시장 및 글로벌 명품시장으로의 성장을 지원하는 사업이다(정선아리랑시장).
- 문화관광형 시장 육성사업은 전통시장을 지역의 역사와 문화, 특산품 등과 연계하거나 시장의 고유한 특성을 발굴 · 개발하여 국내외 관광객이 장보기와 함께 관광을 즐길 수 있는 공간으로 육성하는 사업이다(2008년~2017, 185곳 지원, 부산자유시장).
- 골목형 시장 육성사업은 전통시장의 고유한 개성과 특색(1시장 1특색)을 발굴하여 주민생활형 특화시장으로 육성하는 사업이다.

5. 전통시장 활성화

쇼핑의 선택요인은 접근성, 주차시설, 본원적 혜택, 인적 상호작용, 물리적 환경, 주변 환경 등이다.

전통시장 활성화를 위해서는 품질이 좋은 다양한 상품을 저렴하게 제공해야 하며, 전통시장의 방문 목적에 맞는 다양한 서비스(언어, 배송, 편의 등)를 제공해야 한다. 소비자들이 매력을 느낄 수 있도록 상인들은 손님들을 친절하고 신속하게 응대하고, 고객의 개별적인 관심 해결을 통해서 신뢰감을 주어야 한다.

한국관광공사는 2015년 '외국인이 가기 좋은 시장'을 선정하였다. 전통시장은 ▲인천신포시장 ▲수원팔달문시장 ▲속초관광수산시장 ▲원주중앙시장 ▲춘천낭만시장 ▲육거리.성안길 ▲대전중앙시장 ▲광주대인시장 ▲전주남부시장 ▲대구서문시장 ▲안동중앙신시장 ▲부산국제시장 ▲부산부평깡통시장 ▲경주중앙시장 ▲서귀포매일올레시장 ▲제주동문시장 등 16곳이다.

중소기업청은 2017년 '외국인이 즐겨 찾는 전통시장' 서울편을 지정하였다. 전통시장은 서울남대문시장, 서울동대문시장, 서울광장시장(종로5가역), 서울통인시장(경복궁역), 서울망원시장(망원역), 서울수유마을시장(미아역), 서울세종마을문화거리(경복궁역), 서울구로시장(남구로역) 등이다.

제2절 시티투어 관광

학습 목표	1. 시티투어에 대해 이해한다. 2. 한양, 신라, 백제의 문화관광에 대해 고찰한다.

1. 시티투어

시티투어(City Tour)는 관광객에게 관광 편의를 제공하기 위하여, 관광관련업체가 주요 문화, 예술, 유적, 관광지 등을 순환형, 테마형 버스 관광으로, 관광 매력물을 탐방할 수 있도록 하는 관광 서비스이다.

시티투어는 1일 버스 이용권을 구입하면 하루 동안 지정된 정류소에서 무제한 승하차가 가능하며, 야간은 대부분 1회만 운행한다. 운행제한은 매주 월요일(주중)과 10인 미만인 경우에는 대부분 운행을 하지 않는다. 시티투어 버스의 티켓 소지자는 관광 명소 입장료 할인 혜택을 제공하는 경우도 있다.

시티투어 버스는 일반 버스에 비해 약 1.5배 높은 하이데크 버스, 천장이 뚫린 오픈탑 형식의 2층 버스, 트롤리(Trolley) 버스도 있다. 시티투어는 전국 81개 지자체가 총 310개 노선이 운영되고 있다(2018년).

시티투어는 인터넷으로 '시/군 홈페이지 문화관광'에서 예약이 필요하거나 관광코스가 계절에 따라 다르므로 사전에 정확한 정보를 얻는다.

버스투어는 간단한 소지품을 넣을 수 있는 가벼운 가방(배낭)과 신분증(여권), 여행책자, 약간의 현금, 핸드폰 등을 준비하면 좋다.

2. 한양 역사문화

1) 한양

서울은 시대에 따라 첫 수도(도읍지)가 백제의 위례성(BC 18년~475년), 고구려의 한성(漢城), 신라의 한양(漢陽), 고려의 양주(楊州), 남경(南京), 조선의 한성(漢城), 경성(京城) 등 여러 명칭으로 불렸다.

조선 건국은 태조가 개경에서 1392년에 수도(1394년 10월 한양으로 천도)로 된 이후 현재까지 대한민국의 정치 · 경제 · 사회 · 문화의 중심지 역할을 해왔다.

서울 명칭은 신라의 수도(首都)를 가리키던 '서라벌'이 '셔블'(훈민정음 창제 후)을 거쳐 '서울'로 변형된 말로 추정되며, 1945년 광복과 함께 경성부가 서울시로 개칭되었다. 서울특별시(Seoul)는 대한민국의 수도(首都)이자 최대(1천만 명) 도시이다.

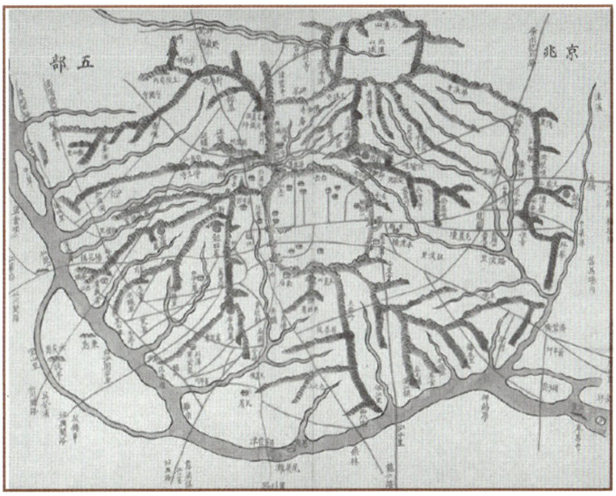

경조오부도(1861년) 자료 : 위키백과 / 한성부

북한산((北漢山, 835m)은 서울시 근교와 경기도 내에 위치한 국립공원으로 1983년에 지정되었다. 한강공원(漢江公園)은 한강(494km)을 옛날과 같이 깨끗한 강으로 되살리자는 목표로 1982년부터 1986년까지 만든 공원이다.

유네스코에는 종묘(1995), 창덕궁(1997)이 세계문화유산, 종묘제례 및 종묘제례악(2001)이 인류무형문화재로 지정되었다. 한양도성(사적 제10호)은 잠정목록에 등록(2012)하였다.

2) 서울 시티투어

서울 시티투어는 2000년 10월 13일 첫 운행을 시작하였다.

코스명			관광코스
도심 고궁 코스 (광화문 출발/도착) 1층 버스		오전 9시~저녁 6시 (총 2시간 소요) 평일 30분 간격, 토/일, 공휴일은 25분 간격 성인 15,000원 학생 12,000원 5세 미만 무료	광화문(동화면세점)-덕수궁-남대문시장-서울역-전쟁기념관-용산역-국립중앙박물관-이태원-명동-남산골한옥마을-그랜드엠버서더호텔-신라호텔,장충단공원-N서울타워-하얏트호텔-동대문 디자인플라자-대학로-창경궁-창덕궁-인사동-청와대 앞-경복궁,민속박물관,현대미술관(서울관)-세종문화회관-광화문
서울파노라마 코스 (광화문 출발/도착) 2층 버스		오전 9시30분~17시까지 (총 1시간 50분) 트롤리버스와 하이데커 오픈탑 버스 30~45분 간격 운행 성인 18,000원	광화문(출발지)-명동-서울애니메이션센터-남산케이블카-힐튼호텔-남산도서관-하얏트호텔-강남역-세빛섬-63빌딩, 한강유람선-여의나루역-홍대 앞-공항철도 홍대입구역-신촌역, 이대 앞-세종문화회관-서울역사박물관-농업박물관-광화문
서울파노라마 야간 코스		1층(20시) 버스가 한강 주변 운행 최소 10명 이상 출발 2층(19시30분) 성인 15,000원	광화문(1회)-(마포대교)-(서강대교)-(성수대교)-(한남대교)-N서울타워(약20분 정차)-남대문시장-청계광장 ※ ( )는 정차하지 않습니다.
전통문화 코스	주간	오전 9시30분~17시10분 출발 간격 35분 성인 15,000원	야간 코스+광장시장-동묘(숭인동 도깨비시장)-서울풍물시장-서울약령시장(경동시장)-마장동 축산물시장-신당동 중앙시장(떡볶이골목)-동대문디자인플라자
	야간	성인 12,000원 학생 10,000원	동대문디자인플라자-방산시장/중부시장-을지로3가-을지로입구(덕수궁, 시청)-통인시장(청와대, 경복궁)-세종문화회관(광화문, 경복궁)-서울역(숭례문)-남대문시장(화폐박물관)-명동성당-종각(종로젊음의거리)-인사동(운현궁)-종묘-광장시장-동대문디자인플라자
순환 강남 코스	주간	10:20~17:40 성인 12,000원	강남역(11번 출구)-봉은사/코엑스-한류스타거리-관광정보센터-가로수길-세빛섬(환승)-고속터미널/신세계백화점-서래마을-법원.교대역-삼성타운-강남역(종착)
	야간	성인 15,000원, 최소 10명 이상 출발	

3. 신라 역사문화

경주는 신라(新羅)의 건국 초기(기원전 57년)부터 신라 멸망(935년)까지 서라벌(徐羅伐), 금성(金城) 등으로 다양하게 불렸으며, 992년 동안 신라의 수도였다.

경주시에는 국보(33), 보물(88), 사적(74), 등록문화재(2), 천연기념물 (5), 국가무형문화재(3), 국가민속문화재(15), 유형문화재(27), 무형문화재(4), 민속자료(4), 문화재자료(40)가 있다.

경주시는 국립공원으로 1968년 지정, 세계문화유산으로 석굴암 및 불국사(1995), 경주역사유적지구(2000), 한국의 역사마을: 하회와 양동(2010)이 지정되어 있다.

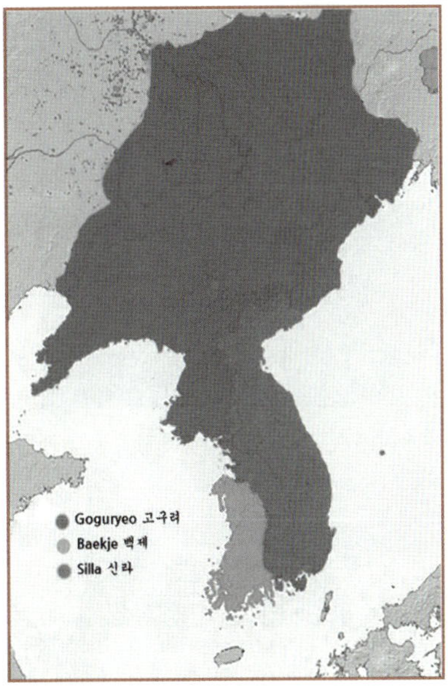

삼국시대(AC576) 자료 : 위키백과

1) 석굴암(石窟庵)과 불국사(佛國寺)

건축, 수리, 기하학, 종교, 예술적인 가치와 독특한 건축미로 만들어진 신라시대 불교 유적이다. 석굴암(국보 24호)은 불상을 모신 석굴이며, 경주시 동남쪽의 토함산(吐含山)에 있다. 불국사(사적 502)는 사찰 건축물이며, 약간의 거리를 두고 있다.

2) 경주 역사유적지구

신라 시대의 뛰어난 조각, 탑, 사지, 궁궐지, 왕릉, 산성을 비롯해 불교 유적과 생활유적이 분포되어 있다.

- **남산지구** 경주시의 북쪽에 수많은 선사시대 불교 유적과 사적들이 있다.

석굴암
https://wikimedia.org/위키백과

불국사
https://wikimedia.org/위키백과

- **월성지구** 경주김씨의 시조가 태어난 전설의 계림, 옛 왕궁터 황성옛터 월성, 임해전지(臨海殿址)의 안압지(동궁과 월지), 첨성대(국보 31), 내물왕릉
- **대릉원지구** 많은 고분이 세 그룹의 왕실 무덤들로 이루어져 있다. 미추왕릉(사적 175), 김유신장군 집의 우물 재매정(사적 246), 천마도(天馬圖)가 발굴
- **황룡사지구** 불교 사찰 유적지인 황룡사(皇龍寺)지, 분황사 석탑(국보 30호)
- **산성지구** 방어용으로 쌓은 명활산성(사적, 47호), 산성은 약 6km

3) 경주 양동(良洞)마을

경주 양동마을
자료 : http://www.cha.go.kr/국가문화유산포털

양동(良洞)마을은 한국에서 가장 규모가 큰 전통마을이며, 국가민속문화재 제189호로 지정되었다. 여강 이씨와 월성 손씨 씨족의 혼인으로 서로 경쟁 및 협동하며 600여 년의 역사를 일궈온 마을이다. 양동마을에는 149채 국보 1점, 보물

4점, 국가민속문화재 12점, 경상북도지정문화재 7점 등 도합 24점의 국가지정문화재를 보유하고 있다. 1992년 영국의 찰스 황태자가 방문한 곳이기도 하다.

양동마을 주변에는 문화재인 옥산서원(사적 제154호), 독락당(보물 제413호), 동강서원(경상북도기념물 제114호)을 포함한다.

4) 경주 시티투어(Gyeongju City Tour)

5개의 코스를 운영하고 있다.

관광 코스	출발지 / 시간	코스
테마파크 코스 (화, 목 운행)	신경주역(9:40)→경주터미널(천마관광, 9:50)→보문단지(경유)	승차→신라역사과학관(민속공예촌)→동궁원(동절기)/경주산림연구원(하절기)→통일전→황룡사역사문화관→하차
동해안 코스 (매일 운행)	신경주역(9:00)→경주터미널(천마관광,9:10)→보문단지(경유)	승차→**골굴사**→**경주전통명주전시관**→**감은사지**→**양남주상절리**→**문무대왕릉**→**한수원홍보관**→하차
세계문화유산코스 (매일 운행)	보문단지(9:40)→경주터미널(천마관광, 10:10)→신경주역(10:30)	승차→**태종무열왕릉**→**대릉원(천마총)**→**분황사**→**석굴암**→**불국사**→하차
양동마을, 남산코스 (토요일 운행)	보문단지(10:10)→경주터미널(천마관광, 10:50)→신경주역(11:00)	승차→**양동마을**→**성동전통시장**→**삼릉가는길(포석정, 삼불사, 삼릉, 경애왕릉)**→ 하차
야간 시티투어 (매일 운행)	경주버스터미널(18:30)→보문단지(경유) 대인 : 16,000원(입장료 포함)	승차→안압지(동궁, 월지)→첨성대→계림, 내물왕릉→교촌마을→월정교→하차

* 진한 글씨로 적힌 곳은 관람전용, 승하차가 불가능
보문단지 경유 시 보문관광단지 내 각 숙소 운행
당일 모객 10인 미만 : 운행하지 않음. 환승 불가
요금 = 20,000원, 입장료 및 중식(자유식, 1시간)은 별도

4. 백제 역사문화

백제(百濟, 기원전 18년~660년 8월 29일)는 한국의 고대 국가 중 하나로, 고구려, 신라와 함께 삼국 시대를 구성하였다. 시조는 부여 · 고구려에서 남하한 온조 왕이다.

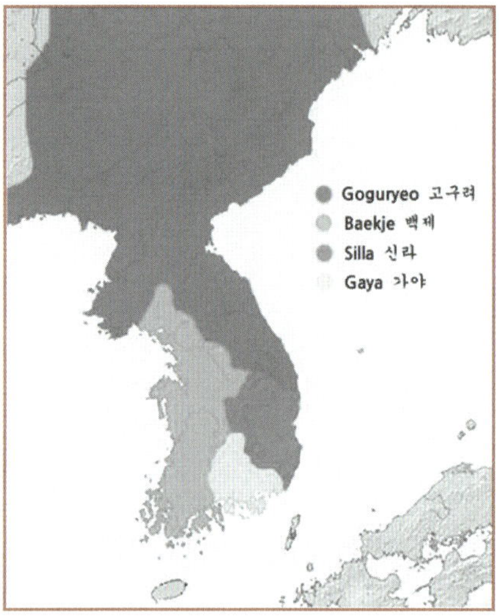

삼국시대(AC375) 자료 : 위키백과

마한 54개 연맹체 중 하나인 백제국으로 시작하여, 4세기 중엽 근초고왕 때 마한 전체를 통일했다.

백제 수도는 위례성(기원전 18년~기원전 1년), 한성(기원전 1년~476년), 성왕 16(AD 538)년에 웅진(현 공주)에서 사비(현 부여)로 도읍을 천도하며, 남부여(南扶餘)라는 국호를 사용하였다. 그러나 의자왕(641~660년)은 신라와 당의 침략으로 도성이 함락되고, 이어 3년에 걸친 치열한 부흥운동이 일어났다.

백제역사유적지구(충청남도 공주시, 부여군, 전라북도 익산시)는 2015년에 유네스코 세계문화유산에 등재되었다. 등재기준은 첫째, 고고학 유적과 건축물은 백제의 건축 기술의 발전과 불교 확산에 대한 증거. 둘째, 백제 수도의 입지, 불교 사찰과 고분, 건축학적 특징과 석탑 등은 백제 왕국의 고유한 문화, 종교, 예술미를 보여주는 탁월한 증거이다.

- 공주(2곳) 웅진성(熊津城)과 연관된 공산성(公山城), 송산리 고분군(무령왕릉)
- 부여(4곳) 사비성(泗沘城)과 관련된 관북리 유적(왕궁지) 및 부소산성(扶蘇山城), 정림사지(定林寺址), 능산리 고분군, 부여나성(扶餘羅城)
- 익산(2곳)은 백제 사비시대의 두 번째 수도였으며, 왕궁리 유적(王宮里 遺蹟), 미륵사지(彌勒寺址)

1) 공주

(1) 공주 백제역사유적지구

❶ 공산성(사적 제12호)

백제시대의 대표적인 성곽으로 웅진 백제(475~538)를 지킨 왕성이다.

- **금서루** 백제왕국의 '웅진성수문병근무교대식' 으로 볼 수 있다.
- 금강신관공원에서는 밤풍경이 아름다운 공산성 감상이 가능하다.

❷ 송산리 고분군(백제25대왕 무령왕릉)

공주 송산리 고분군은 무령왕릉을 포함하여 사적 제13호로 지정되었다. 1971년 배수로 공사를 하다 우연히 벽돌무덤 1기가 발견되었고, 온전한 상태로 발굴된 백제 무령왕과 그 왕비의 능이다. 삼국시대의 유일한 왕릉으로 화려하고 세련된 미의식과 창의성, 수준 높은 공예기술을 엿볼 수 있다. 송산리 고분군은 국보로 지정된 금제관식, 금제뒤꽂이, 금제 심엽형이식(귀걸이), 지석(국보 163호), 석수(국보 162호), 청동신수경(국보 161호) 등을 포함하여 총 2900여 점의 많은 유물이 출토되었으며, 국립공주박물관이 대부분 보관하고 있다.

왕의 금제관식(국보 154호)

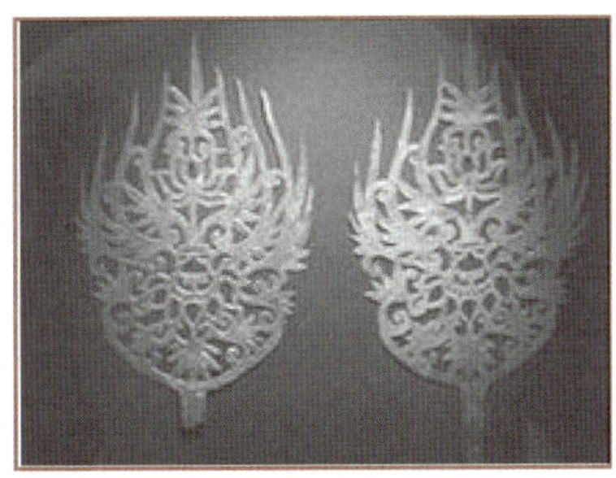

왕비의 금제관식(국보 155호)

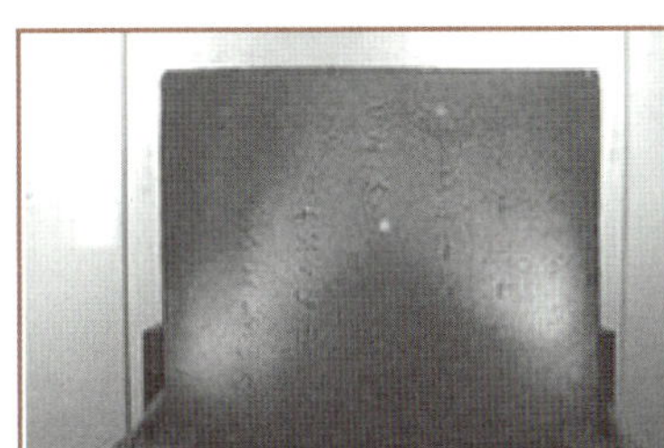

무령왕릉의 지석(국보 163호)

자료 : https://wikimedia.org/위키백과

(2) 공주 시티투어

공주 시티투어는 인터넷으로 '공주시 문화관광 홈페이지'에서 시티투어를 예약하여야 한다. 관광코스 및 버스운행이 계절에 따라 다르므로 사전에 정보를 얻는다.

시간	코스	비고
09:30~10:00	공주역~공주시청	(3~11월 진행) 매주 토요일
10:30~11:30	계룡산 도예촌 체험	성인(만 19세~64세) 15,000원 청소년 및 경로 13,000원 어린이(만 5세~12세) 10,000원 요금 = 버스료+입장료+체험료 중식 별도
12:00~13:00	중식(백미 고을)	
13:10~14:10	공산성 투어	
14:20~15:00	송산리 고분군(무령왕릉)	
15:10~16:00	국립공주박물관(무료)	
16:10~16:40	한옥마을 궁도 체험	
16:50~17:20	알밤한우 홍보	
17:30~18:00	공주역~공주시청	

악천후 시, 신청인 10인 이하인 경우 : 운행이 취소, 사전에 연락.
운행 2일 전 취소 시 수수료(10%) 제외한 금액을 환불, 이후에 환불 불가.

2) 부여

(1) 부여 백제역사유적지구

❶ 관북리 유적 및 부소산

관북리 유적은 대형건물지와 도로, 상수도, 석축, 공방을 포함한 왕궁과 관련된 다양한 유구들을 포함하고 있다. 부소산에는 낙화암, 백화정, 사자루, 반월루, 궁녀사, 고란사, 부소산성(사적 제5호, 평상시에 왕궁의 정원 역할, 비상시에 대피시설 사용), 해맞이하는 영일루, 성충 · 흥수 · 계백의 백제 충신을 모신 삼충사, 곡식 창고터의 군창지, 백제 군인의 움집 수혈병영지 등이 있다.

❷ 정림사지 오층석탑(국보 제9호)

정림사지는 부여 중심부의 평지에 위치하고 있다. 정림사지는 석탑과 금당이 일직선상에 자리한 1탑 1금당의 전형적인 백제의 가람배치를 보여준다. 정림사지오층석탑은 8.3m 높이로 완벽한 균형과 비례로 안정성과 아름다움을 나타내고 있다.

❸ 능산리 고분군(백제왕릉원)

능산리 고분군은 나성 동쪽 밖에 인접한 산에 있는 백제 왕릉이다. 총 7기의 고분 중 6기의 고분들은 3기씩 2열을 이루고, 1기의 고분은 6기의 고분에서 북쪽으로 50m 떨어져 위치하고 있다.

❹ 부여 나성

부여 나성은 방어의 기능을 가질 뿐만 아니라 수도의 안과 밖을 구분하는 상징적 경계로서 역할을 하였다. 나성은 산성과 달리 산지와 평지를 연결하여 수도를 방어하는 독특한 구조이다.

(2) 부여 관광지

❶ 백제문화단지

백제문화단지는 1993년부터 2010년까지 부여군 합정리 일원에 백제 왕궁인 사비궁, 백제 사찰 능사, 계층별 주거문화의 생활문화마을, 개국 초의 궁성 위례성, 고분공원, 백제역사문화관이 조성되었다.

백제문화단지 관람은 1코스(단축형 1시간), 2코스(기본형 2시간), 3코스(체험형 3시간)가 있다.

❷ 무량사

만수산의 무량사는 부여에서 가장 큰 절로 무량사 극락전(보물 제356호), 무량사 5층석탑(보물 제185호), 석등, 당간지주, 김시습 영정, 부도 등 많은 문화재가 있다.

무량사 극락전 및 5층석탑
https://upload.wikimedia.org/위키백과

무량사 석등
http://image.chosun.com/

❸ 황포돛배

황포돛배는 백마강의 고란사와 수북정간 3.5km 구간에 걸쳐 왕복 운항한다. 황포돛배는 길이 19.8m, 폭 4.5m 규모로 승선인원은 47명 정도이며 외형은 옛모습 그대로 복원하고 내부는 편의시설과 안전설비를 갖춰 안전도를 높이고, 관광객이 소음으로 인한 불편이 없도록 무소음 전기 4터를 장착하였다.

- **구드래 – 고란사 왕복 20분 소요** 유람선 : 7명 이상
- **구드래 – 백마강 일주 40분 소요** 황포돛배 : 30명 이상

- 궁남지(宮南池, 사적 제135호)는 백제 사비시대의 별궁 인공 연못이다. 신라 선화공주와 결혼한 무왕의 서동요 전설이 깃든 곳이며, 상시 개방한다.
- 서동요테마파크는 SBS 드라마 오픈세트장으로 2005년에 약 1만여 평의 대지 위에 조성되었다.

(3) 부여 시티투어

부여군은 4色빛깔 시티투어를 운행하고 있다. 부여 시티투어는 인터넷으로 '부여군 문화관광 홈페이지' 에서 투어버스 예약하기를 한다.

코스명	요일 및 운영기간	출발장소	출발시간
연꽃香(향기 향) 이색투어	금요일(7월~8월)	세종시 싱싱장터 도담점	09:00
		부소산성 주차장	10:00
	궁남지, 부소산(황포돛배), 국립부여박물관, 이색창조거리(정림사지)		
백제鄕(고향 향) 생생투어	토요일(3월~11월)	세종시 싱싱장터 도담점	09:00
		부소산성 주차장	10:00
	부소산, 이색창조거리(정림사지), 국악단공연, 궁남지, 능산리와 나성		
문화響(누리다 향) 싱싱투어	일요일(3월~11월)	세종시 싱싱장터 도담점	09:00
		부소산성 주차장	10:00
	백제문화단지, 무량사, 반교리 돌담마을(휴휴당), 궁남지		
사비向(향하다 향) 상상투어	토요일/일요일 (5월~10월)	롯데리조트(오전)	09:30
		롯데리조트(오후)	14:30
	궁남지, 부소산, 국립부여박물관, 이색창조거리(정림사지)		
주의사항	※ 세종시 탑승은 예약 시 기타요청사항에 꼭 기재 ※ 세종시 이용자가 5명 미만은 세종시 운행 취소 전화 : 041-830-2880(부여군충남관광안내소)		

3) 익산

(1) 익산 백제역사유적지구

❶ 익산 왕궁리(益山 王宮里) 유적(사적 제408호)

익산 왕궁리(益山 王宮里, 사적 제408호) 유적은 평지성 구릉에 남북 492m, 동서 234m, 폭 3m 내외의 궁장을 두른 후, 내부에 경사면을 따라 4단의 석축을 쌓고 평탄대지를 조성하여 정무공간과 생활공간, 후원공간을 배치한 궁성유적이다.

왕궁리 오층석탑(국보 제289호)은 고려의 백제계 오층석탑이다. 전체높이는 8.5m 고, 1단의 기단 위로 5층의 탑신을 올린 모습이다. 미륵사지 석탑과 마찬가지로 조각적이며 응집적(凝集的)인 가구를 보임이 특징이다.

왕궁리 사적지

http://www.baekje-heritage.or.kr/upload/_board/0405/0405_7_1435033569.jpg

왕궁리 오층석탑

http://www.cha.go.kr/unisearch/images/history_site/2016012611204101.JPG

❷ 미륵사지

미륵사지는 백제 제30대 무왕(600~641년)이 세운 사찰 미륵사의 터이다. 미륵사는 백제가 망할 때까지 왕실 사찰로 혹은 호국 사찰로 중요한 역할을 맡았던 사찰이었다.

미륵사지 석탑(국보 제11호)은 백제 무왕의 재위기간 중인 639년에 만들어졌으며, 한국에 남아있는 석탑 중 가장 오래된 석탑이다. 석탑은 원래 9층으로 추정된다. 미륵사지 석탑은 2001년 10월부터 국립문화재연구소가 해체보수정비를 시작하여 복원 중이다(2018년 기준).

미륵사지 석탑의 북쪽과 동북쪽 건물들의 주춧돌과 통일신라시대에 사찰의 정면 양쪽에 세워진 미륵사지 당간지주 1쌍(보물 236호)이 있다.

미륵사지 석탑

자료 : https://wikimedia.org/위키백과

미륵사지 당간지주

http://www.sotongsinmun.com/data/cheditor/1304/1_copy7.jpg

(2) 익산 쌍릉

익산 쌍릉(사적 제87호)은 익산시 석왕동에 있는 굴식 돌방무덤이다. 2개의 봉분이 남북으로 약 150m 사이에 자리하고 있다. 그 중 크고 북쪽에 있는 무덤은 '말통대왕릉' 또는 '대왕릉'으로 불리고 있으며, 남쪽에 있는 규모가 약간 작은 능은 '소왕릉'으로 알려져 있다. 여기의 '말통'은 서동의 이름인 마동이 잘못 전하여진 것이라고 한다. 무왕(武王 600~641)과 선화공주(善花公主)의 능으로 추정한다.

나바위성당 : 우리나라 최초 신부, 김대건 신부를 기리는 성당

(3) 익산 투어버스

익산 투어버스는 정기 테마형과 순환형 시티투어가 있다.

<table>
<tr><th colspan="2">코스명</th><th>요일 및 운영기간</th><th>요금(성인)</th></tr>
<tr><td rowspan="4">테마형
시티투어</td><td rowspan="2">정기</td><td>월요일, 공휴일 제외(3월~11월)</td><td>4,000원</td></tr>
<tr><td colspan="2">익산역(10:00)-나바위성지-고스락-세트장-보석박물관-미륵사지-문화의 거리/전통시장(17:30)</td></tr>
<tr><td rowspan="2">세계
유산
코스</td><td>매월 4째주 토요일(3월~11월)</td><td>4,000원</td></tr>
<tr><td colspan="2">익산역-문화원(경유)-익산 쌍릉-왕궁유적-보석박물관-미륵사지-문화원(경유)/익산역(17:00)</td></tr>
<tr><td colspan="2" rowspan="2">순환형 시티투어</td><td>매주 금, 토, 일요일(8월~12월) : 매시 출발</td><td>4,000원</td></tr>
<tr><td colspan="2">익산역(10:00)-미륵사지-왕궁유적-보석박물관- 익산 쌍릉/익산역(11:40) : 출발 16시까지 운행</td></tr>
<tr><td colspan="2">주의사항</td><td colspan="2">※ 이용자가 10명 이상일 경우 운행
전화 : 063-859-5824(익산시청 문화관광과)</td></tr>
</table>

전통마을은 일반적으로 문화재보호법에 의해 '사적'이나 '국가민속문화재'로 지정된 안동 하회마을, 경주 양동마을, 제주 성읍마을, 순천 낙안읍성마을, 고성 왕곡마을, 아산 외암마을 등 전통민속마을을 지칭한다.

그러나 문화재로 지정된 전통민속마을만을 전통마을로 한정할 수 없다. 1990년부터 '전통문화마을 조성사업'이 실시되어 경기도 안성시 난실마을 등 총 37개 마을이 전통문화마을로 지정되었다. 그리고 한국향토사연구전국협의회는 1996년부터 문화관광부의 지원을 받아 우리의 전통적인 모습을 비교적 잘 간직하고 있는 마을을 선정 · 조사하여 '한국의 전통마을'이라는 책자를 발간해 오고 있다. 2000년까지 전국의 22개 마을에 대해 조사를 마쳤으며 2001년 2개 6마을을 선정하여 조사하고 있다.

〈표 9-1〉 민속마을

마을 명	지역	입장료 성인(원)	특징
1. 외암 민속마을	충남 아산	2,000	양반주택, 초가 50여 가구. 국가민속문화재 제236호
2. 순창 전통 고추장마을	전북 순창	무료	
3. 순천 낙안읍성	전남 순천	4,000	
4. 전주 한옥마을	전북 전주		
5. 경주 양동(良洞)마을	경북 경주	4,000	세계문화유산 등재
6. 안동 하회마을	경북 안동	5,000	세계문화유산 등재, 하회탈(국보 제121호), 천등산 봉정사(鳳停寺)
7. 고성 왕곡마을	강원 고성	무료	
8. 하동 최참판댁	경남 하동	2,000	
9. 제주민속촌	서귀포	11,000	
10. 성읍민속마을	서귀포		국가민속문화재 제188호
11. 북촌한옥마을	서울	무료	북촌 8경
12. 남산한옥마을	충무로역	무료	각지 한옥 모아 마을 조성

5. 시티투어버스 미래

시티투어버스는 국내 처음으로 1996년에 서울 시티투어버스가 정기 운행하였다. 시티투어에 대한 제도적 지원책 미비, 홍보 부족, 시내교통 여건 불편 등으로 1997년 영업이 중단됐었다. 이후 2000년에 다시 각 지자체들은 시티투어버스 사업을 '유망지역관광산업' 으로 인식, 전국적으로 시티투어버스 코스(81개 지자체, 총 310개 노선)가 확대 운영되고 있다.

시티투어의 활성화는 관광 패턴을 수도권 중심에서 지방으로 확산하고, 쇼핑 위주의 관광을 개선하고, 지역의 관광자원을 발굴하며, 지역관광의 부흥에 이바지할 뿐만 아니라, 지역 내 소비를 촉진시키고 지역민의 고용 증대를 꾀하는 등, 지역경제에 이바지할 것으로 기대된다.

시티투어의 개선점은 첫째, 요금 현실화, 버스 노후화, 배차 간격, 홍보 부족 등이 있다. 현재 외국 주요 관광도시 시티투어버스 요금은 성인 기준 미국 뉴욕 54달러(64,500원), 호주 시드니 40달러(48,000원), 프랑스 파리 29유로(37,700원), 영국 런던 56달러(6만7200원), 싱가포르 33달러(39,600원)로 서울(현재 15,000원)보다 5배~3배 이상 비싸다.

둘째, 주변 도시(강남-북) 간 연계 필요성과, 셋째, 중소 도시의 관광객 불이용(주중), 넷째, 지자체의 신중한 기획과 프로그램 운영, 다섯째, 내국인 관광상품 변질 우려 [서울 80% 이상, 부산 90% 이상(2018년)]이다.

전문가 컨설팅을 통해 수요자 중심의 시티투어 코스의 개발과 세부적인 운영계획의 수립을 지원하고, 한국관광공사, 여행사와 함께 사전답사여행(팸투어) 및 각종 행사를 진행하는 등 시티투어의 활성화와 성공모델을 수립하기 위한 적극적인 홍보 · 마케팅을 추진한다.

◎ 버스 한 대 없이 창업… '버스로 유럽 한바퀴' 만들었다

최근 독일 고속도로 곳곳에서는 시외버스 플릭스버스(FLIXBUS)를 쉽게 만날 수 있다. 또한 주요 도시 중앙역이나 공항, 관광 명소에서도 승객을 태우기 위해 대기하고 있는 플릭스버스가 많다. 이 버스들 앞에는 큰 짐가방을 들고 탑승을 기다리는 여행객들로 북적인다. 영국인 여행객 마이크 터너(24)씨는 "언제 어디서든 스마트폰 앱(응용프로그램)으로 버스 티켓을 예매할 수 있어 편하고 가격도 저렴해 만족한다"고 말했다.

◇유럽 여행 트렌드 바꾼 플릭스버스

독일 정부는 국영 철도를 보호하기 위해 사기업이 시외버스나 고속버스 영업을 하지 못하도록 법으로 금지하고 있었다. 그 결과 독일 고속도로에서는 대부분 승용차나 화물을 싣고 다니는 트럭만 볼 수 있었다. 버스는 도시나 마을 단위로 운행이 가능했다. 하지만 이 같은 경쟁 제한 때문에 갈수록 서비스 질이 하락한다는 지적이 잇따르자 정부는 2013년 누구나 시외버스 · 고속버스 사업을 할 수 있도록 법을 바꿨다. 플릭스버스는 2013년 독일 남부 도시 뮌헨에서 창업한 스타트업이다. 경영 컨설팅 회사 동료였던 요헨 엥게르트와 안드레 슈배플라인은 안정된 직장을 버리고 플릭스버스를 창업했다. 버스를 단 한 대도 보유하지 않고 있었던 이들은 그동안 소규모로 운송 사업을 하고 있던 중소 버스 업체들을 만나 업무 협약을 맺었다. 전국에 뿔뿔이 흩어져 운영되던 지역 버스 업체들을 한데 묶고 새 브랜드를 입혀 승객들에게 어필하자는 전략이었다.

플릭스버스가 유럽 여행의 새로운 트렌드를 만들고 있다. 그동안 유럽 여행객들은 주로 기차 · 비행기 또는 렌터카를 이용해야 했다. 그러나 지금은 플릭스버스만 이용해도 유럽 일주가 가능해졌다.

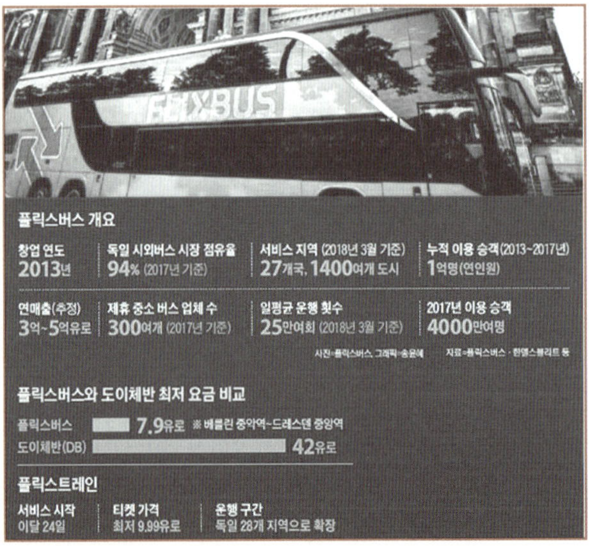

사진=플릭스버스, 그래픽=송윤혜 자료=플릭스버스 · 한델스블라트 등

전략은 성공했다. 플릭스버스는 사업 시작 단 5년 만에 독일 시외버스 시장의 94%를 장악하고 있다. 각 지역 중소 버스 업체들이 사업 제휴를 요청하면서 현재는 300여 버스 업체가 플릭스버스와 손을 잡고 있다. 플릭스버스는 2015년엔 경쟁 업체인 마인페른버스를 인수했고 해외 시장으로도 발을 넓

혔다. 현재 프랑스, 이탈리아, 덴마크, 네덜란드, 크로아티아, 스페인, 노르웨이 등 27개국 1400여 도시에서 플릭스버스를 이용할 수 있다. 플릭스버스의 하루 평균 운행 횟수는 25만여 회에 달한다. 2017년에는 4000만여 명이 플릭스버스를 이용한 것으로 집계됐다. 이 회사는 연간 3억~5억 유로(약 3940억~6570억 원)의 매출을 올린 것으로 알려졌다. 정확한 액수를 밝히지는 않았지만 지난해에는 처음으로 흑자를 내기도 했다.

◇저렴한 가격과 간편한 예매가 성공 비결

플릭스버스에 승객들이 열광하는 이유는 무엇보다 저렴한 가격 때문이다. 당일 예매하는 가격을 기준으로 베를린 중앙역에서 드레스덴 중앙역까지 플릭스버스를 이용하면 최저 7.90유로(약 1만300원)만 내면 된다. 독일 국영철도 도이체반(DB)을 이용하면 최저 요금이 42유로(약 5만5000원)다. 기차요금 대비 5분의 1 가격에 드레스덴까지 이동할 수 있다. 또한 기차를 운행하지 않는 지방 소도시에도 플릭스버스가 운행되기 때문에 교통수단을 여러 번 갈아타지 않고 여행이 가능하다. 기차는 좌석을 예약하려면 추가 요금을 내야 한다. 또 좌석을 예약하지 않으면 만석일 때 똑같은 요금을 내고도 서서 가야 하는 일도 많다. 하지만 플릭스버스는 입석 승객을 받지 않기 때문에 자리를 잡기 위해 발을 동동 구를 이유도 없다. 버스 티켓 예매와 취소도 간편하다. 모두 홈페이지와 앱을 통해서 가능하다. 출발 도시, 도착 도시, 승객 수, 버스 출발 시각을 입력하고 결제하는 방식이다. 또 출발 도시를 클릭하면 플릭스버스를 타고 여행 가능한 도시가 지도 위에 표시되기 때문에 거미줄처럼 촘촘하게 이어진 버스 노선을 보고 유럽 여행 계획을 짤 수도 있다. 버스 출발이 지연되는 경우에는 승객들에게 미리 문자로 알려준다. 이 같은 IT(정보기술) 시스템은 또 다른 공동 창업자인 IT 전문가 다니엘 크라우스가 만들었다. 슈배믈라인이 스마트폰 시대에 걸맞은 최신 서비스로 승부하기 위해 학창 시절 친구인 크라우스에게 창업을 제안했다고 한다.

◇ 미국 시장도 진출 예정

플릭스버스는 중소 버스 업체와 제휴를 맺는 즉시 버스를 리모델링한다. 우선 버스에 탑승하면 곧바로 무료로 와이파이(무선랜) 서비스를 이용할 수 있다. 플릭스버스는 "승객들이 장시간 이동하는 동안 지루해하지 않도록 LTE(4세대 이동통신)급 와이파이를 제공한다"고 밝혔다. 버스 안에 간이 화장실도 마련돼 있어 장거리 여행을 할 때 굳이 휴게소에 들르지 않아도 된다. 노트북이나 스마트폰을 충전할 수 있는 콘센트도 마련돼 있다. 버스 기사에게 음료수나 과자 등도 구매할 수 있다. 플릭스버스는 올해 안에 좌석마다 스크린을 설치해 마치 비행기처럼 승객들에게 무료로 영화를 볼 수 있는 서비스도 제공할 계획이다.

이 회사는 올해 안에 로스앤젤레스에 지사를 열고 미국 시장에도 진출할 예정이다. 미국에서 시외버스 산업이 급성장하고 있기 때문이다. 플릭스버스가 유럽 이외 지역에 진출하는 것은 미국이 처음이다. 슈배플라인 창업자는 지난해 말 독일 경제일간지 한델스블라트와의 인터뷰에서 "그동안 미국에서 싸구려로 인식돼 왔던 시외버스에 대한 이미지를 플릭스버스가 완전히 바꾸겠다"고 말했다.

플릭스, 이젠 기차까지… 다음달엔 獨 28곳으로 확대

플릭스버스는 기차 여행객까지 사로잡기 위해 새로운 기차 서비스를 내놓기로 했다. 플릭스버스는 지난 6일(현지 시각) "마치 플릭스버스처럼 기차를 이용할 수 있는 서비스를 곧 시작한다"고 발표했다. 플릭스트레인이라고 불리는 이 서비스는 3월 24일부터 독일 북부 도시 함부르크와 뒤셀도르프, 쾰른까지 플릭스트레인을 타고 여행할 수 있다. 요헨 엥게르트 플릭스버스 창업자는 "우리는 그동안 어떻게 하면 기차를 이용해 승객을 유치할 수 있을까 고민해왔다"면서 "궁극적으로 우리는 기차가 커다란 버스나 다름없다고 판단했다"고 말했다.

플릭스트레인은 서비스를 시작하기 위해 플릭스버스와 같은 방식으로 각 지역에 흩어져 있는 중소 기차 서비스업체들을 접촉했다. 엥게르트는 "자체 브랜드를 구축하는 데 어려움을 겪고, 승객도 제대로 유치하지 못하는 업체들이 대부분"이라고 말했다. 이 기차 서비스 업체들이 기차를 제공하면 플릭스버스는 플릭스트레인이라는 브랜드를 기차에 입히고 플릭스버스에서 이미 효과가 입증된 예매 시스템과 마케팅을 제공하는 방식으로 사업을 진행할 예정이다.

독일 일간 빌트는 "독일 국영 철도회사 도이체반(DB)이 운영하는 기차 서비스가 지연과 연착이 잦고 가격도 너무 비싸기 때문에 플릭스트레인이 승객들의 발길을 끌어당길 것"이라고 보도했다. 실제로 플릭스트레인의 가장 저렴한 표는 9.99유로(약 1만3000원)에 불과하다. 티켓도 플릭스트레인 홈페이지나 플릭스버스 앱 등에서 구매할 수 있어 간편하다. 출발 도시와 도착 도시를 홈페이지나 앱에 입력하면 플릭스버스와 플릭스트레인 중 더 빠르고 저렴하게 이용할 수 있는 수단을 자동으로 추천해준다. 플릭스트레인은 다음 달에는 베를린과 하노버를 거쳐 프랑크푸르트, 슈투트가르트까지 매일 기차를 운행한다. 다음 달 말에는 독일의 28개 지역에서 서비스를 제공하는 것을 목표로 하고 있다.

조선일보, 2018.03

제10장

해양관광 및 캠핑관광

Cultural Tourism

제10장

해양관광 및 캠핑관광

제1절 해양관광

학습 목표

1. 해양에 대해 이해한다.
2. 해양관광과 해양 레포츠, 도서관광, 크루즈 관광에 대해 고찰한다.

1. 해양(海洋)

해양은 그 나라가 영유하고 주권이 미치는 바다이며, 그 바다는 영해이다. 바다는 지구 표면에서 소금물로 채워진 부분이며, 대양과 연결된 넓은 해역을 의미한다. 영해는 12해리(1해리=1852m)의 범위로 설정된 지역이다. 영해선의 해양에는 바다, 해변, 개펄, 암초, 섬 등이 있다. 공해(公海)는 공공(公共)의 바다(海)라는 뜻으로 영유권이나 배타권이 특정 국가에 속하지 않는 바다이다.

섬은 바닷물로 완전히 둘러싸인 땅이다. 대륙보다 작고 암초보다 큰 것이며, 밀물일 때에도 수면 위에 있는, 자연적으로 형성된 육지지역을 말한다. 특히 사람이 살 수 없거나 살지 않는 섬은 무인도라고 한다. 큰 섬은 도(島, island)라 하고 작은 섬은 서(嶼, islet)라 하여 이 둘을 통칭 도서(島嶼)라 한다.

2. 해양관광

해양관광은 일상의 육지에서 벗어나 해양을 방문하고, 해양에 대해 체험하는 활동을 뜻한다. 해양관광은 해변뿐 아니라 해상, 해중, 해저에서 일어나는 활동들로 그 종류가 다양하다. 해양관광은 바다를 이용하는 관광 활동과 바다와 관련된 도서를 이용한 관광 활동이다.

해양관광의 형태는 해양생태 관광, 해양문화 관광, 크루즈 관광 등이 있다.

해양생태 관광은 현재 '제주도 올레길'이니 '둘레길'을 걷는 '슬로관광'이 인기를 끌고 있다. 해양생태 관광은 첫째, 배를 타고 바다 한 가운데서 바다와 풍광, 그리고 바다의 생물을 감상하는 것이고, 둘째, 배를 타지 않고, 바다가 보이는 해안이나 섬(도서) 등을 거닐며 바다가 만들어낸 자연의 풍광을 감상하는 것이다.

해양문화 관광은 해양문화를 중심으로 체험하는 관광활동이라고 할 수 있다. 해양문화 관광의 대상은 어촌의 생활환경, 어업 현장, 어업관련 제례와 민속, 어식문화, 어촌의 축제 등이 있다. 우리나라에는 많은 축제가 열리고 있는데, 해양관련 축제는 70여 개(보령머드축제, 명량대첩축제, 성산일출제 등)가 넘는다. 전남 진도의 영등축제의 경우 국내 관광객만 한 해 30만 명 이상을 유치하고 있으며, 일본 관광객 6,000명을 포함하여 1만 명의 외국 관광객을 유치하고 있다.

크루즈 관광은 배에 승선하는 것 자체를 목적으로 한다는 점에서 일반 해양관광과는 구별된다. 해양관광은 배를 이용하여 목적지까지 이동하거나 배를 타는 동안 섬이나 해양생태 등을 관광하는 게 주목적이다. 크루즈 관광은 배를 타는 것 자체가 목적이기 때문이다. 크루즈 관광은 대형 크루즈선에 승선하여 짧게는 며칠, 길게는 몇 달을 배에서 생활하면서 여가와 관광을 즐기는 것이다.

해양관광의 산업은 해수욕장을 비롯한 해변 휴양 산업, 해양스포츠산업, 유람관광산업이 있다. 해양관광산업은 전 세계 관광산업의 50% 이상을 차지하며(UNWTO, 2017), 국내시장은 국민소득 향상, 여가 증대, 해상관광으로 관광지대상 전환 등으로 마리나산업, 크루즈산업, 해양생태관광, 낚시레저산업, 해중레저산업 등에서 빠르게 성장하고 있다.

3. 해양 레포츠

1) 레저 스포츠(Leisure Sports)

레저 스포츠(Leisure Sports)는 'leisure+sports'의 합성어로 생활체육, 생활스포츠, 여가체육 등의 용어와 비슷한 개념으로 사용되고 있다. 레저 스포츠(Leisure Sports)를 '레포츠'라고도 칭한다.

레저(leisure)의 어원은 '자유롭게 되다(to be free)' 혹은 '허락하다(to be permitted)'라는 뜻이 포함된 라틴어의 'licere'에서 유래되었다. 레저는 자발적인 의사로 행하여지는 여가 또는 여가를 이용한 놀이나 오락이다. 스포츠(sports)는 체력이나 기술을 필요로 하는 활동으로, 오락으로 즐기거나 승부를 겨루기 위한 신체 운동이다.

레저 스포츠란 '레저 스포츠 진흥 및 안전에 관한 법률안(2014)' 제2조에 따르면, "삶의 질을 향상시키기 위하여 여가에 자발적으로 행하여지는 신체적 활동"으로 정의하였다. 따라서 레저 스포츠란 '인간의 삶에 대한 질을 향상시키기 위하여 여가에 자발적으로 행하여지는 모든 신체적 활동으로 레저 스포츠의 장비 및 기구를 이용하여 즐기는 운동'이라고 정의한다.

레저 스포츠의 기본 개념은

첫째, 근로 시간이 아닌 자유로운 여가(餘暇)에 행하는 스포츠 활동이다.

둘째, 생계유지의 목적이 아닌 순수한 스포츠 활동이다.

셋째, 의무적이거나 강제적이 아닌 자발적인 스포츠 활동이다.

넷째, 신체활동을 통해 건강을 유지 · 증진을 목적으로 직접 행하는 스포츠 활동이다.

다섯째, 건전한 정신함양을 목적으로 하는 스포츠 활동이다.

> 여가(餘暇)는 휴식 시간, 기분전환 및 스트레스 해소 시간(relaxation), 가족, 친구 및 지인과 함께 지내는 시간(communication), 취미 · 스포츠 · 자연 등과 함께 즐기는 시간(enjoyment), 건강유지나 체력증진 등 자기계발 · 자기투자를 위한 시간(self-enlightenment) 등으로 활용되고 있다.

2) 레저 스포츠 종목

레저 스포츠 종목은 자연환경의 지리적인 조건에 따라 육상, 수상, 항공으로 대별할 수 있다(레저 스포츠 진흥 및 안전에 관한 법률안(2014), 제3조).

해양 레포츠 종목은 수상 레포츠 종목과 수변 레포츠 종목이 있다.

구분	레포츠 종목
수상 레포츠	낚시(Fishing), 래프팅(Rafting), 바다래프팅, 수상 오토바이, 스킨스쿠버(스노클링 포함), 서핑보드(Surfing), 윈드 서핑(Wind surfing), 웨이크 보드(Wake board), 카약(카누 포함), 워터 스레드(Water Sled), 수중 스쿠터, 플라이보드(Fly board), 호버크라프트(Hovercraft), 파워보트, 뗏목탐험, 절벽다이빙
수변 레포츠	비치발리볼(beach volleyball)

플라이보드

윈드서핑

낚시

자료 : 위키백과

(1) 낚시(Fishing)

주요 도구로는 낚싯대, 릴, 낚싯줄, 찌, 갈고리, 미끼 등이 있다. 국제적으로 국제스포츠낚시연맹(The Confederation Internationale de la Peche Sportive)이 총괄하며, 2020년 도쿄 올림픽에 종목으로 채택 신청하였다.

낚시는 장소에 따라서 민물낚시와 바다낚시, 방법에 따라서 대낚시 · 릴낚시 · 견지낚시, 도구에 따라서 찌낚시, 루어(인조미끼)낚시, 플라이낚시 등으로 나뉜다.

(2) 래프팅(Rafting)

PVC나 고무로 만든 보트를 타고 계곡이나 강의 급류를 타는 레포츠이다. 래프팅은 원시시대에 통나무 뗏목을 타고 강을 건너던 것을 탐험 레포츠로 변형, 발전시킨 것이다.

바다래프팅은 12인승 고무보트에 탑승하여 200m 직선코스의 결승선을 통과하는 순서로 순위를 결정한다. 팀당 참가인원은 11명으로 키잡이 1명, 노잡이 8명, 예비 2명으로 기본 구성할 수 있다.

(3) 웨이크 보드(Wake board)

강이나 호수 등 물 위에서 모터보트가 만들어 내는 파도를 이용해 점프, 회전 등의 다양한 기술을 구사하는 수상 스포츠이다. 보트에 매달린 줄에 의지해 수면을 달리는 점에서는 수상스키와 비슷하지만 수상스키가 속도를 내는 것이라면 웨이크 보드는 묘기를 구사할 수 있다.

(4) 수상 오토바이(Personal Watercraft)

육상의 오토바이를 수상의 특성에 맞게 개량한 것으로 보드 위에 오토바이형 핸들을 장착하고 워터추진방식에 의하여 얕은 수심에서도 고속운항(시속 80~90㎞)이 가능하며, 제트스키라고도 한다.

(5) 서핑(Surfing)

물 위에서 떠있기 위한 기본적인 부력으로 파도 면을 따라 미끄러져 내려오기 위한 파도를 타는 스포츠이다.

(6) 카약(Kayak)

전통적으로 하나 또는 그 이상의 조정석을 가진 폐쇄 갑판으로 된 인력 보트이다. 보통 조정석은 덮개로 덮여 있으며, 물이 들어오는 것을 방지하고, 양날 노를 이용하여 저어서 추진 동력을 얻는다.

(7) 카누(canoe)

일반적으로는 사람의 힘으로 움직이는 작고 좁은 보트이며, 조그마한 기계/가스식 전동기나 돛단배의 힘에 의지하는 종류도 있다.

(8) 윈드서핑(Wind surfing)

일정한 판 위에 돛대를 세우고 바람을 받으며 파도를 타는 스포츠이다. 세계선수권 대회 경기 종목은 올림픽 코스, 자유형, 회전형 등 세 가지이다.

- **올림픽 코스** 바다 위에 3각 지점을 선정하여 부표를 띄워 놓고 차례로 그 지점을 돌아오는 경기 방식이다. 일곱 차례 주행을 하여 잘한 여섯 차례 주파 기록만을 가린다. 남자는 라이트급 · 미디엄급 · 라이트헤비급 · 헤비급 등 4개 체급으로 나뉘며, 여자는 체급이 없다.
- **자유형** 규정 종목과 3분 동안 세 가지 이상의 기술을 자유로이 발휘하는데, 기술의 난이도 · 창의성 · 완숙도 등을 가린다.
- **회전형** 바다에 부표 2개를 띄워 놓고 2명씩 달려 먼저 골인하는 선수가 이기는데, 토너먼트 방식으로 진행된다.

9) 워터 스레드(Water Sled)

고무보트에 공기를 충전시킨 것으로 바나나 모양과 비슷하다 하여 '바나나보트'라고도 한다.

10) 수중 스쿠터

수중스쿠터를 타고 편안히 숨 쉬면서 아름다운 바다 속을 산책할 수 있다. 걸을 필요 없이 이동하게 되므로 적당한 속도로 바다 속을 여행할 수 있다.

11) 호버크래프트(Hovercraft)

땅 · 강 위 · 바다 위에 압축공기를 뿜어내어 기체를 띄워서 나는 에어쿠션선이다.

12) 비치발리볼(beach volleyball)

해변의 모래밭에서 중앙에 네트를 쳐놓고 경기를 펼치는 배구의 일종이다. 1996년 애틀랜타 하계 올림픽에서 올림픽 정식 종목으로 채택되었다.

4. 도서관광

도서의 사전적 정의는 수계(바다, 내해호소, 대하 등)로 4면이 둘러싸인 일정 규모(그린란드 면적 2,166,000km²) 이하의 육지로, 만조 시에 밑으로 수몰되지 않는 지역을 의미한다. 도서는 자연적으로 형성된 육지로, 물로 둘러싸여 있되 만조 시에 수면 위에 있는 땅 둘레 100m 이상의 땅을 의미한다(유엔해양법조약, 제121조).

도서의 현황은 3,215개의 섬(유인 494개소, 무인 2,721개소)과 약 12,035km에 이르는 해안선, 해양관광에 유리한 수심 20m 내외의 해역이 국토의 1/3에 이른다(해양수산부). 가장 큰 섬인 제주도(1,849km²)와 거제도, 진도, 남해도, 강화도가 5대 섬이다. 섬의 수는 3,215개로 동해에 169개, 남해에 2,244개, 서해에 892개이다.

도서관광은 해양관광으로 삼면이 바다로 둘러싸여 풍부한 편이다. 동해의 넓은 해수욕장과 남해의 다도해를 중심으로 해양 리조트 및 유람 관광선, 서-남해 갯벌 등 해안별 특징을 활용할 수 있는 지리적 여건을 갖추고 있다.

도서관광은 육상과 해양이 공존하는 생태자원의 도서지역을 중심으로 관광객을 흡입시키고, 방문객에게 감동과 감흥을 느낄 수 있도록 경험하는 관광이며, 도서(섬) 및 해양 공간 풍경과 해양 자원을 채취, 구매의 체험 활동이 포함된 관광이다.

〈표 10-1〉 도서관광자원 분류

관광 자원	대분류	소분류
도서자연자원	자연 주관광 자원	해수욕장, 해변(갯벌, 자갈), 해변길, 산, 자연림 등
	자연 부관광 자원	경관(일출, 일몰), 유람(해안, 해상), 해식동굴, 무인도, 철새도래지 등
도서인문자원	사회 관광자원	재래시장, 놀이축제, 수변/낚시공원, 전통건어물
	문화 관광자원	지역문화재, 전통풍어제, 천연기념물, 전통섬음식 등
	산업 관광자원	어항, 마리나시설, 리조트, 항만, 등대, 전망대 등

1) 제주도

제주도(濟州島)는 대한민국에서 가장 큰 화산섬이며, 인구가 66만여 명이다(2018년 2월 기준). 섬의 면적은 1849km²이며, 대한민국 면적의 1.83%이다. 기후는 온대 기후이며, 겨울에도 거의 영하로 떨어지지 않고 영상을 유지한다.

제주도 한라산(1956m)은 1970년에 국립공원으로, 한라산 일대를 천연기념물(제182호)로 1966년에 지정하였다. 유네스코의 생물권보전지역(830㎢)으로 2002년에 지정되었다. '제주 화산섬과 용암 동굴' 로 유네스코의 세계자연유산에 등록(2007년)되었으며, 제주도 전체는 유네스코의 세계지질공원으로 2010년에 인증되었다.

람사르 등록 습지는 총19개소 중에서 제주 물영아리오름습지(2006), 제주 물장오리오름습지(2008년), 제주 1100고지습지(2009년), 제주 동백동산습지(2011) 등이 등록되었다.

제주도는 세계 평화의 섬으로 지정(2005)되었으며, 세계7대 자연경관(불가사의)으로 2011년 12월 21일에 확정되었다.

세계 7대 자연경관 선정 지역

대한민국 제주도, 베트남 하롱베이, 필리핀 지하강, 브라질 아마존, 아르헨티나 이과수폭포, 인도네시아 코모도 국립공원, 남아프리카공화국 테이블산

뉴세븐 원더스(The New7Wonders) 재단

세계평화의 섬은 "모든 위협요소로부터 자유로운 상태인 적극적 의미의 평화를 실천해 나가는 일련의 사고체계와 정책 등을 포괄하는 문화적, 사회적, 정치적 활동체계"를 말한다고 할 수 있다.

세계의 평화도시

일본 히로시마시, 오키나와시, 독일 오스나브뤽시, 스위스 제네바

제주도의 명소는 한라산을 비롯하여 성읍민속마을, 알작지 해안(내도동), 성산일출봉, 외돌개, 우도 동안경굴, 만장굴, 용머리해안, 지삿개(주상절리대), 용두암, 영실기암 등이 있다. 제주도는 7개(마라도, 가파도, 우도, 비양도, 추자도 등)의 유인도와 50여 개(차귀도 등)의 무인도 그리고 오름이 368곳이 있으며, 올레길은 21코스로 총 길이는 약 420km이다.

- 제주 성읍민속마을은 중요민속자료 제188호로 지정된 제주문화의 원형을 잘 간직하고 있는 곳이다. 돌로 돌담을 쌓고, 초가를 짓고, 성을 쌓고, 돌하르방을 만들었던 제주사람들의 돌을 다루는 장인정신과 돌을 이용하는 삶의 지혜가 녹아 있는 곳이다.
- 알작지 해안(내도동)은 반질반질한 둥근 돌(먹돌 · 차돌)로 이루어져 있다.
- 성산일출봉은 제주도의 대부분의 화산과는 달리 바다에서 분출한 화산이다.
- 빌레못동굴은 단일동굴의 길이가 7천여 미터로 세계 최장이며, 구석기시대 유물 · 유적지로 고고학적 의의가 높은 용암동굴로서 천연기념물 제342호로 지정 보호되고 일반에는 공개되지 않고 있다.
- 외돌개는 서귀포의 앞 바다 전경을 한눈에 볼 수 있는 150m 높이의 분석구 삼매봉 바로 밑의 고석 포구 입구에 조면암질 안산암으로 된 높이 20m의 기둥이다.
- 우도 동안경굴(東岸鯨窟)은 우도의 검은 모래가 있는 '검멀레' 해안에 있는 명소이다.

- 만장굴은 천연기념물 제98호로 지정, 보호되는 화산동굴이다. 화산이 분출할 때 땅 속 깊이 잠겨있던 암장이 화구로부터 솟아나 지표면으로 흘러내리면서 생긴 용암동굴이다.
- 용머리해안은 서귀포시 산방산 앞자락에 위치한 사암층으로 만들어진 기암절벽이 있는 곳이다.
- 지삿개는 서귀포시 중문 대포동의 '주상절리대' 이다.
- 영실기암(靈室奇巖)은 설문대 할망의 오백아들의 영혼이 깃든 성소이다.

2) 울릉도/독도

울릉도(鬱陵島)는 경상북도 울릉군의 주도(主島)이며, 부속도인 관음도 · 죽도 · 독도 및 여러 개의 암도로 이뤄져 있다. 대한민국에서 9번째로 넓은 섬으로 생화산이다. 섬 중앙에는 성인봉이 있다. 면적은 72.861㎢, 인구는 1만 명이다(2017년 12월 말 기준).

독도(獨島)는 동해의 남서부에 있는 섬으로 동도와 서도를 포함한 총 91개의 크고 작은 섬들로 이루어져 있다. 독도는 천연보호구역으로 1982년 천연기념물(제336호)로 지정하였다. 울릉도 · 독도는 2012년 자연공원법 제36조의3의 규정에 의거 국가지질공원으로 인증 고시하였다.

삼국시대에는 울릉도를 우산국(于山國)이라고 명주(溟州)의 정동쪽 바다에 있는 섬이다. 신라 지증왕 13년(512)에 하슬라주(현재의 강원도 강릉시) 군주로 임명받은 이사부가 함대를 이끌고 우산국을 정벌하여 복종하고, 해마다 토산물을 공물로 바쳤다.

울릉도는 포항항에서 뱃길로 270km, 독도는 울릉도에서 동남쪽으로 92km 떨어져 있다. 육지에서 육안으로 보이지 않는다.

울릉도로 가는 여객터미널은 포항(여객터미널)-도동항, 후포(여객터미널)-사동항, 묵호(여객터미널)-도동항, 강릉(안목)항(여객터미널)-저동항 등이 있다.

〈표 10-2〉 울릉도 관광 코스

종류	코스	소요	
육로관광	버스일주	3~4시간	20,000원
	성인봉		도동대원사-성인봉-나리분지-도동
	태하등대	1시간	태하에 내려 황토굴이 있는 바다쪽으로 가서 산길을 이용
해상관광	유람선	도동항	2회(9시15분, 15시40분) 운행
	죽도		저동항-저동항
	도선	30분	저동항-선창
트래킹	행남	1시간30분	동쪽 : 도동-행남등대
	내수전-석포	1시간50분	동쪽 : 내수전-석포
	남양-태하	2시간	남서쪽 : 남양-태하
	대풍감	30분	서쪽 : 태하항의 황토굴-태하등대
자전거 트래킹	해안도로		왕복 2차 포장도로(44.2km)
	원시림		내수전-석포산 길 4.4km
	산림욕		나리분지-신령수 2km
등산	대원사	6시간	도동-대원사-팔각정-성인봉-신령수-나리분지-천부
	KBS중계소	6시간	도동-KBS중계소-팔각정-성인봉-신령수-나리분지-천부
	안평전	10시간	도동-안평전-성인봉-신령수-나리분지-천부-석포-저동-도동
스탬프 투어 18곳	도동항, 도동등대, 독도전망대, 옛군수관사, 봉래폭포, 내수전일출전망대, 울릉자생식물원, 남서일몰전망대, 태하향목모노레일, 예림원, 울릉천국, 천부해중전망대, 나리분지(너와집), 안용복기념관, 관음도, 죽도, 성인봉, 독도		

무인도서를 여행지로 선택은 무인도서의 아름다운 자연경관, 건강한 생태자원(67.2%), 조용하고 안전한 환경(55.0%), 편리한 접근수단(42.8%), 다양한 편의시설 및 체험프로그램(31.2%) 등의 요인을 중요하게 고려한다.

5. 크루즈 관광

크루즈(Cruise) 여행은 유람선(遊覽船) 또는 크루즈 선(Cruise Ship) 등의 여객선으로 항해를 통한 유람을 목적으로 여행한다. 크루즈 안에는 그 자체로 화려한 움직이는 리조트이며, 다양한 국적의 음식과 식당, 극장, 카지노, 수영장, 바, 면세점, 도서관, 스포츠센터 등의 다양한 편의시설과 프로그램이 있다.

〈표 10-3〉 기항지 크루즈 관광객 입항 현황

(단위 : 만 명)

구 분	2016년		2015년		2014년	
	항차	관광객	항차	관광객	항차	관광객
합 계	791	195	415	88	459	105
제주항	507	120	285	62	240	59
부산항	209	57	71	17	110	24
인천항	62	17	53	9	92	18
기타(여수, 동해 등)	13	1	6	0.1	17	4

자료 : 해양수산부(2017)

〈표 10-4〉 크루즈 관광객 입항 경제효과(2016)

지역 소비지출	생산 유발	고용 유발
2조465억 원 • 관광 · 쇼핑 2조165억 원 • 항만수입 197억 원 • 선용품 수출 103억 원	3조4,463억 원 소비지출액(2조465억 원) × 생산유발승수(1.684)	2만4,763명 소비지출액(2조465억 원) × 고용유발승수(0.0121)

자료 : 해양수산부(2017)

〈표 10-5〉 관광객 소비지출

구 분	2016년	2015년	비 고
합 계	2조165억 원	9,037억 원	2015년 기준
관광객 관광 · 쇼핑	1조 9,884억 원	8,925억 원	*1인 102만 원
관광버스 임차	163억 원(52천 대)	65억 원(21천 대)	*대당 30~45천 원
관광가이드	118억 원(52천 명)	47억 원(21천 명)	*1인 20~30천 원

자료 : 해양수산부(2017)

크루즈 여행자를 위한 Tip

1. 여권 유효기간이 출발일을 기준으로 6개월 이상 남아있어야 한다.

2. 복장은 기항지의 기후에 맞게 준비하며 얇은 외투나 점퍼 등은 필수이다. 크루즈 내부의 온도가 적정 실내온도보다 약간 낮게 유지되기 때문이다.
   크루즈의 꽃은 '포멀 나이트(Formal night)' 때 입을 옷도 생각해두면 좋다. 정장이나 화려한 턱시도, 드레스, 한복 등도 좋지만 셔츠나 재킷, 블라우스, 원피스 등 깔끔하고 격식을 갖춘 복장이면 충분하다.

3. 크루즈 선내에서는 카지노를 제외한 모든 시설에서 현금이 통용되지 않는다. 선내 팁, 기항지 관광, 면세품 구입, 주류와 음료 구입, 인터넷 이용 등 모든 결제는 승선카드(객실 키)에 등록된 신용카드 혹은 예치된 현금으로 이뤄진다. 'VISA / Master Card' 로고가 카드 앞면에 있는 신용카드를 준비해야 하며 체크카드는 사용이 안 된다. 신용카드가 없는 경우 현금을 예치하며, 1인당 150달러 이상 가능하다.

4. 전압의 경우 대부분의 크루즈에서 110V와 220V 모두 사용할 수 있다. 다만 콘센트가 하나인 경우가 많아 여행용 멀티콘센트를 준비하면 편리하다.

5. 크루즈의 신문이 매일 객실로 배달되므로 각종 프로그램을 참고하여 참여한다. 경우에 따라 한국어판도 있다. 크루즈에서는 생각보다 많은 일이 벌어진다. 화려하고 유쾌한 즐길거리부터 보이지 않는 곳에서 고군분투하는 크루들까지 어느 하나 빼놓을 수 없다.

'탐나는 크루즈'가 2018년 11월 24일 18시(80분간) 방송사 tvN에서 7박 8일간의 크루즈 여행이 첫 방송되었다. 국내 최초 크루즈 생활기를 담은 리얼 버라이어티 예능 출연자는 윤소희, 혁, 이성재, 장동민, 김지훈, 솔비, 박재정, 레이첼 등 8명이다.
'아모르파티(amor fati)'가 2018년 12월 9일부터 매주 일요일 밤 10시30분에 tvN에서 방송되었다. 첫 방송에서는 이청아, 허지웅, 배윤정, 나르샤, 하휘동의 부모가 싱글 황혼의 크루즈 여행의 첫 발을 내딛는 모습이 그려졌다.

제2절 야영관광

학습 목표	1. 야영의 개념에 대해 이해한다. 2. 야영장, 야영관광에 대해 고찰한다.

1. 야영(Camping)

1) 야영(Camping) 관련 용어

야영(野營, Camping)은 영어로 캠핑이며, 야외에서 숙박을 해결하는 행위이며, 야외 레크리에이션 활동이다. 우리나라에서 캠핑은 1970~80년대 처음으로 시작되었으며, 주로 지정된 야영장에서 숙영하며 자연을 즐기는 레포츠이다.

부시크래프트(bushcraft)는 덤불을 뜻하는 부시(bush)와 기술을 뜻하는 크래프트(craft)의 합성어이다. 즉, 덤불(숲)에서 여유롭게 유유자적 즐기는 방식의 캠핑이다. 최소한의 장비로 자연을 훼손하지 않는 범위 내에서 자연물을 최대한 활용해 실외 활동을 즐기는 레저스포츠를 뜻하는 것이다. 부시크래프트는 편리한 첨단 캠핑장비를 사용하는 대신 자연 속에서 최소도구로 필요한 것을 직접 만들고 구하는 과정을 즐기는 고전적 야생캠핑이다.

비박(非泊, Bivouac)은 독일어 '비바크(biwak)' 의 Bi(주변)와 Wache(감시하다)에서 유래되었다. 비박은 프랑스어(bivouac), 스페인어(vivac)에서도 군사용어로서의 야영을 뜻한다. 국내에서는 주로 등산 도중 텐트를 치지 않고 비, 눈, 이슬을 피할 수 있는 곳에서 노숙을 뜻한다. 산이나 숲에 들어가 야영하는 것을 '비박' 으로 부르는 것은 부적절하다.

롬인(Rom) 깃발
http://wikipedia/위키백과

집시(Gypsy)는 유럽을 중심으로 유랑생활을 하는 민족이다. 롬인(Rom, Roma, Roms)은 북부 인도에서 기원한 유랑 민족이며, 집시란 이름으로 불렸다. 원래 조상은 인도아리아계에 살았으나 지금은 세계 각지에 퍼져 있다. 집시는 꼭 롬족만을 가리키는 단어는 아니다. 현재 동유럽에 가장 많으며, 스페인의 칼레, 프랑스의 마누시, 독일의 신티 등 여러 집단이 있는데, 그 중 롬족이 가장 큰(1100~2000만 명) 집시 집단이며, 롬어를 사용하였다.

방랑자(wanderer, Tramp, Drifter), 유랑자(Vegabond)는 정처 없이 떠돌아다니는 사람이다. 떠돌이는 정한 곳 없이 이리저리 떠돌아다니는 사람이다. 나그네는 순우리말이다. 순례자(pilgrim)는 종교적인 목적으로 성지를 순례(pilgrimage)하는 사람이다.

하이킹(hiking), 트레킹(trekking), 캐러밴(Caravan)

하이킹(hiking)은 건강을 위해, 또는 미지의 지역을 견문하거나 자연의 풍경과 역사적인 경관을 즐기기 위하여 걷는 활동이다. 그냥 걷기, 또는 워킹이라고도 한다. 언덕과 산을 넘고, 그 중턱을 가로지르는 코스도 있어서, 등산 행위와 일부 활동이 겹치기도 한다. 최근의 둘레길, 올레길 등이 하이킹에 해당한다. 또한, 자전거를 이용하여 즐기는 것을 하이킹이라 부르는 경우가 있다.

트레킹(trekking)은 산 정상을 등정하는 목적으로 하지 않는 걷기라는 측면에서는 하이킹과 유사한 개념이다. 다른 점은 하이킹보다 상대적으로 긴 거리를 걷는다는 점이며, 네팔, 남미 등의 고산 지대에서 이루어지는 걷기가 포함된다. 트레일(trail)은 주로 북미에서 사용되는 장거리 하이킹이다.

캐러밴(Caravan)은 희말라야 고산등반을 위해 베이스캠프까지 걸어서 짐을 옮기는 행위이다. 트레킹과 캐러밴의 차이점은 트레킹은 고산 주변을 장시간 걷는 행위이며, 캐러밴은 정상 등정을 하기 위해 '짐을 수송' 하는 것을 목적으로 한다는 점이다.

2) 야영(Camping) 구성요소

첫째, 야영객이다. 야영객은 1박 이상 도시에서 떠나 주로 야영장이나 야외에서 보내면서 자연을 즐긴다. 캠핑 구성원의 인원수와 구성원의 특성에 따라 캠핑의 참가동기와 체험 만족도에 중요한 영향을 미친다.

둘째, 야영장이다. 야영하는 사람들은 보통 국립공원, 다른 공공 자연보호 지역, 또는 사유 야영지에서 모인다. 캠핑의 야영장은 숙박의 안전성과 취사의 용이성, 풍경의 미술성, 주변 환경의 특성에 따라 캠핑의 선호도, 이미지에 영향을 미친다. 우리나라는 1991년부터 국립공원 내에서 야영, 취사를 금지하였다.

셋째, 이동수단이다. 캠핑의 이동수단(대중교통, 도보, 자전거, 보트, 캐러밴, 모터홈)에 따라 캠핑 목적지의 거리, 장소, 일정, 비용 등이 다양하게 나타난다.

야영의 구성요소들은 서로 상호연관성으로 구성된다.

3) 야영(Camping) 종류

야영(Camping)의 종류는 이동수단에 따라 백패킹, 바이크 캠핑, 보트 캠핑, 세미오토캠핑, 자동차 캠핑 등으로 구분할 수 있다.

백패킹(Backpacking)은 모든 캠핑 도구를 배낭 하나에 짊어지고 여행을 하는 것이다. 배낭여행의 일종으로 등산과 트레킹이 접목된 레저 캠핑이다.

바이크 캠핑(Bicycle Camping)은 자전거를 이용하여 야영용품을 적재하고 여행하는 것이다.

백패킹
자료 : google.co.kr/백패킹

자전거 캠핑
자료 : google.co.kr/자전거캠핑

보트 캠핑(Boat Camping)은 카누, 카약을 타고 이동하고 즐기다가 호수, 강, 바닷가에서 야영을 즐기는 것이다.

세미오토캠핑은 캠핑카나 트레일러 대신 자동차에 장비를 싣고 다니며 텐트를 치고 캠핑하는 것이다.

오토캠핑(Auto Camping)은 오토모빌(automobile)과 캠핑의 합성어이다. 자동차 캠핑(Car Camping), 모터홈(Motor Home)이라고도 하며, 야영용품을 자동차에 적재하고 여행하는 것이다.

모터홈(Motor Home)
자료 : google.co.kr/자동차캠핑

Caravan
자료 : google.co.kr/자동차캠핑

글램핑(glamping)은 '화려하다, 매혹적이다' 라는 뜻의 글래머(glamorous)와 캠핑(camping)의 합성어로 캠핑에 필요한 도구들이 준비된 장소를 대여하여, 야영장에서 미리 텐트, 취사 장비를 갖춰둔 상태에서 즐기는 것이다.

별밤글램핑팬션
http://star-night.co.kr/f/d4828/f6281/main_visual02.jpg

힐포인트 글램핑
http://healpoint.co.kr/PEG/rooms/room.14092019741717.jpg

4) 캠핑카(Camping Car) 종류

캠핑카의 종류는 자체 동력의 유무에 따라 캐러밴(Caravan, 캠핑용 트레일러), 모터홈(Motor Home)으로 구분한다. RV(Recreational Vehicle) Camping(레저 차량 캠핑)은 자동차 캠핑의 일종이다.

(1) 캐러밴(caravan) 또는 트래블 트레일러(travel trailer)

자체 동력이 없이 동력 장치가 달린 견인차에 예인되어 끌려가도록 만들어진 여행용 이동 트레일러를 가리킨다. 다양한 모델이 있으며 일부 국가들은 이용료를 지불하고 지정된 장소에서만 사용할 수 있도록 제한한다.

❶ 폴딩 트레일러

트레일러 위에 텐트 및 주방기구를 설치한다. 바닥과 골격은 금속이지만 벽면은 캔버스처럼 유연한 소재로 만들어 납작하게 접을 수 있다. 보관이나 주행 중에는 접었다가 캠핑을 할 때만 펼쳐서 사용한다.

❷ 루프탑 트레일러

자동차 지붕 위에 텐트 및 주방기구를 설치한다.

(2) 자동차 집(Motor Home)

수면, 취사, 샤워 시설 등이 갖춰진 자체 동력이 있는 차량이다. 다양한 모델이 있다.

❶ 미니 버스

최대 4인이 탈 수 있는 주거 시설 외에 냉장고, 에어컨, TV 등을 구비한 하이머의 액티브 모델이며, 옵션 선택으로 250와트 태양열 충전시스템을 장착할 수 있다.

❷ 캠퍼밴

모터홈을 축소한 개념으로, 밴의 화물칸을 취침 및 식사 공간으로 개조했다. 대부분의 캠퍼밴에는 화장실과 샤워룸이 없다. 뒷좌석을 접거나 돌려서 취침 및 식사 공간으로 활용할 수 있다. 더 많은 인원을 수용하기 위해 천장 위에 루프톱 텐트를 장착할 수 있다

❸ 트럭 캠퍼

평소 타고 다니는 픽업트럭의 짐칸 위에 주거 공간을 싣고 다니는 형태다. 크기는 폴딩 트레일러와 비슷하다.

5) 야영용품

(1) 야영용품 선택의 유의사항

- 가볍고 부피가 적은 것을 선택한다.
- 필요한 용구와 편리한 용구를 구분하여 휴대한다.
- 용도가 비슷한 것은 사전에 점검하여 편리한 것으로 선택하여 중복을 피한다.
- 동료와 상의하여 장비를 분산하여 배분한다.

(2) 야영용목 목록

대분류	소분류	예상 가격	용도
주거용	텐트	150,000	2인용
	*타프(천막)	300,000	야외
	매트, 비닐	12,000	
	침랑	50,000	1인 Sleeping bag
	램프(가스)	60,000	
	램턴 해드	40,000	

대분류	소분류	예상 가격	용도
취사용	버너(가스)	75,000	
	*그릴(화로대)	100,000	숯불구이
	코펠, 식기세트	135,000	4인용
	*테이블, 의자4인	115,000	
	칼, 가위, 집게	50,000	set 구입
	휴지, 물휴지 등		설거지 도구
	양념류 :		김치
	원료류 :		가스, 점화도구
	보온병/수통		겨울/여름
	비상식량		치즈, 미숫가루, 육포
의복용	배낭(대), 스틱	200,000	
	우의, 우산		
	모자, 장갑, 양말		계절에 따라
	바지, 외투		계절에 따라
	상하속옷(기능성)		비닐팩 보관
기타	신분증, 필기구		핸드폰 팀원 저장
	현금, 카드		메모수첩
	핸드폰, 충전기		
	비상약, 개인약		
	세면도구, 수건		
	차량 관련		보험

2. 야영장

우리나라는 국립공원에서 무단으로 야영을 할 수 없고, 국립공원관리공단 예약시스템에서 온라인으로 15일~30일 전에 예약하고 지정하는 장소에서 취사하고 취침한다. 국립공원 예약의 유형은 대피소, 야영장, 민박촌, 탐방예약 등이다.

캠핑장업 또는 야영장업은 관광사업의 관광객이용시설업의 소분류로 "야영에 적합한 시설 및 설비 등을 갖추고 야영편의를 제공하는 시설을 관광객에게 이용하게 하는 업"이다(관광진흥법, 제3조제1항).

야영장업의 종류는 일반 야영장업, 자동차 야영장업으로 구분한다.

- **일반 야영장업** 야영장비 등을 설치할 수 있는 공간을 갖추고(천막 1개당 15제곱미터 이상), 야영에 적합한 시설을 함께 갖추어 관광객에게 이용하게 하는 업.
- **자동차 야영장업** 자동차를 주차하고 그 옆에 야영장비 등을 설치할 수 있는 공간을 갖추고(차량 1대당 50제곱미터 이상), 취사 등에 적합한 시설을 함께 갖추어 자동차를 이용하는 관광객에게 이용하게 하는 업.

국립공원은 야영장을 4개 등급으로 별표(★)로 구분하여 제공하며, 풀옵션(취사도구세트, 침구세트, 침낭 등)야영장도 운영한다.

야영장업의 현황은 2017년도 3월보다 일반야영장업이 990곳에서 1,568곳으로, 자동차야영장업이 284곳에서 376곳으로 꾸준히 증가하고 있다(한국관광협회중앙회, 2017년 9월 기준).

전국 캠핑장은 한국관광공사의 고캠핑(http://www.gocamping.or.kr/)에서 정보를 조회, 예약할 수 있다.

- **주변시설**(계곡, 산책로, 운동장, 호수, 낚시, 해수욕장, 물놀이장, 강, 청소년체험시설, 농어촌체험)
- **캠핑장시설**(샤워실, 개수대, 매점, 수세식 화장실, 재래식 화장실)
- **이용조건**(화로대 사용, 전기, 무선인터넷, 캠핑장비대여, 장작판매, 온수)
- **야영시설**(캐러밴, 텐트, 글램핑캠핑장)
- **바닥형태**(잔디, 데크, 맨흙, 파쇄석, 기타)
- 애완동물출입, 상주관리자 유무의 정보를 제공하고 있다.

테마형 캠핑장은 국립공원, 공공 자연보호 지역(자연휴양림, 유원지), 그리고 사유야영지(도심캠핑, 강변캠핑, 해수욕장, 낚시터)와 캐러밴 등으로 구분할 수 있다.

- 국립공원에는 소백산국립공원 남천야영장이 있다.
- 자연휴양림에는 편익시설로 야영장(야영데크 포함), 오토캠핑장 등을 설치할 수 있다.
- 유원지에는 휴양시설로서 야영장(자동차야영장 포함)을 설치할 수 있다. 바다로클램핑(강화군).
- 도심캠핑에는 상암동 노을공원 노을캠핑장, 마포구 한강공원 난지캠핑장이 있다.
- 강변캠핑에는 연주시 부석면 선달산계곡캠핑장 등이 있다.
- 해수욕장에는 야영장 등 이용객 편의시설이 포함된다. 추암오토캠핑장(동해시) 등이 있다.
- 캐러밴에는 캐러밴 캠프(화성시)가 있다.

3. 야영관광

1) 야영관광 목적

(1) 자연 이해와 사귐

자연과 친해져서 자연을 이해하며 자연에 대한 지식과 여러 가지 놀랍고 새로운 경험을 갖도록 도와주기 위함이다.

(2) 신체적 및 정신적 건강

맑은 공기, 넓은 대자연 속에서 가슴을 펴고 사회생활에서 오는 긴장을 해소하며 여러 가지 활동을 통해 건강한 신체와 건전한 정신을 증진시키기 위함이다.

(3) 인간관계 개선

자연 속에서 자기를 발견하고 일상생활 중 소홀했던 인간상호 간의 이해를 도모하며 상호 간에 신뢰를 형성해 인간관계를 개선하고자 함이다.

(4) 민주적 생활 훈련

사회의 일원으로서 공동체 속에서의 자기위치, 자기역할, 지도력, 책임 등을 알고 사회적 성격을 발전시키고 자발적이고도 자주적인 생활훈련을 경험함으로써 민주시민을 양성케 함이다.

2) 야영관광 특징

❶ 휴식과 느긋함이다

캠핑을 떠나면 고된 노동에서 벗어나 즐겁게 휴식할 수 있다. 모든 시간을 자신과 동행자를 위해 보낼 수 있으며, 무언가를 위해 바쁘게 움직일 필요도 없다. 마음의 짐을 놓고 세상을 관조할 수 있게 되는 것이다.

❷ 요리의 즐거움, 향도 음식의 맛이 있다

요리는 캠핑의 꽃이다. 집에서처럼 요리를 할 수는 없지만, 자연에서 만들어 먹는 음식이기에 더욱 맛이 있다. 초보 요리사가 된 자신이 설익은 밥을 내놓거나 간이 맞지 않는 찌개를 끓여도 캠핑장에서는 모두 용서된다.

❸ 자연에서 오감을 느끼며 육감이 살아난다

캠핑은 자연으로 돌아가는 것이다. 캠핑은 책, TV에서 보았던 곤충과 나비, 꽃과 나무, 동물들을 직접 접할 수 있다. 자연에서는 도심에서 들을 수 없고, 볼 수 없었던 자연이 가깝게 느껴진다. 바람이 부는 소리와 텐트에 떨어지는 빗방울, 귀뚜라미의 울음소리가 청각을 틔워주고, 자연이 연출하는 변화가 눈을 뜨게 해준다. 아침이면 밀려오는 안개, 밤하늘을 수놓는 별, 낙엽이 지는 소리 등 자연이 그대로 전해진다.

❹ 자신이 가족/구성원의 일원이다

캠핑은 가족/구성원을 위한 배려이다. 자신이 돈을 벌어오는 기계에서 가족/구성원의 일원으로 돌아온다. 자신이 서툰 솜씨로 만든 음식이라도 그 속에 사랑이 담겼다는 것을 깨달으며 상대방은 자신에게 감사함을 품게 된다.

❺ 협동심, 독립심, 사회성 향상

캠핑은 주로 가족이나 혹은 친구들과 함께 한다. 텐트를 칠 때는 여럿이 힘을 모아야 하며 짐 정리하기, 캠핑사이트 꾸미기, 요리하기 등도 서로의 도움을 필요로 한다. 이처럼 모든 일을 힘을 함께 진행하다보면 협동심이 길러진다.

캠핑은 집보다 편안하지 못하다. 어떤 것은 그 자리에서 직접 만들어야 하기도 한다. 또 짐을 나르거나 캠핑장을 구축하는 일 등은 누구의 몫이 아니다. 자신에게 주어진 일을 책임감 있게 해내면서 자연스럽게 독립심도 키우게 된다.

위급한 상황에서는 서로의 경험을 나누면서 최선의 해결책을 찾게 되는데, 이런 과정을 통해 사회성을 키운다.

❻ 레저 활동 및 문화 체험 확대

캠핑을 가서 즐길 수 있는 야외활동은 낚시나 야생화관찰, 별보기, 자전거, 둘레길 걷기(하이킹, 트래킹) 등은 기본이다. 갯벌체험, 농촌체험, 연날리기나 그림그리기, 사진찍기, 만들기 등의 다양한 체험활동이 있다. 노련한 캠퍼는 모두 함께 할 수 있는 야외활동, 체험활동을 빼놓지 않고 준비한다.

❼ 위기 대처능력 향상

캠핑을 하다보면 뜻하지 않은 상황과 맞닥트리는 경우가 있다. 기상이변으로 폭우가 쏟아지거나 폭설이 내릴 수 있다. 화상을 입을 수도 있고, 해로운 곤충에게 물릴 수도 있다. 초보 캠퍼들은 이런 순간 당황하여 해결책을 찾지 못한다. 그러나 노련한 캠퍼는 침착하게 대처할 줄 안다.

제11장

문화축제 및 개별여행

Cultural Tourism

제11장 문화축제 및 개별여행

제1절 문화축제

학습목표
1. 축제의 개념에 대해 이해한다.
2. 축제의 종류, 현황, 발전, 효과 등에 대해 고찰한다.

1. 축제

축제(祝祭)는 지역 사회, 학교, 교회 등의 집단이 특별한 의미가 있는 시간을 기념하기 위하여 여는 행사로 일종의 의식이다. 축제는 주로 음악, 춤, 음식, 스포츠 등이 함께 한다.

페스티벌(Festival)은 축제를 의미하며, 페스티벌은 성일을 뜻하는 라틴어 Festivalis에서 유래하며 그 뿌리가 종교의례에 있다.

카니발(carnival)은 가톨릭 국가들을 중심으로 사순절(四旬節 = 부활절 : 춘분(양력 3월 21일) 후 음력 15일 다음의 첫 일요일) 40일 전)을 앞두고 3~7일간 자유롭게 먹고 마시며 즐기는 그리스도교 전통 축제이다. 어원은 carne(고기) + vale(사양, 작별)의 합성어로 사육제(謝肉祭)이다.

2. 축제 종류

축제의 종류는 기능에 따라 유형이 다양하며, 종교 / 역사 / 민속 축제, 특산물 / 음식 축제, 계절 / 꽃 / 기후 축제, 예술 / 영화 / 음악 축제 등으로 대별할 수 있다.

1) 종교 / 역사 / 민속 축제

이탈리아 베네치아 카니발(Carnevale di Venezia)은 1268년부터 매년 사순절 전날까지 10여 일 동안 열리는 축제이다. 카니발은 부활절을 기준으로 축제 시작일이 매년 바뀌며, 보통 1월 말에서 2월 사이에 시작하여 사순절 전날에 끝난다.

삼바퍼레이드
자료 : http://wikimedia.org/위키백과

브라질 리우 카니발(Carnaval do Rio de Janeiro)은 매년 2월 말부터 3월 초 사이의 4~5일 동안 토요일 밤부터 수요일 새벽까지 열린다. 구세주 그리스도상(Cristo Redentor)은 1931년 10월 12일 봉헌식 거행. 신세계 7대 불가사의 중 하나로 등재하였다. 남미 3대 축제는 리우 카니발, 볼리비아의 오루로 카니발, 페루 태양제이다. 축제 기간에는 관광객이 1000만 명, 외국관광객 10만여 명이 포함된다. 세계 3대 축제이다.

마추 픽추
자료 : http://wikimedia.org/위키백과

페루 태양제는 잉카시대의 인티 라이미(Inti Raymi)는 태양제(fiesta del sol)란 뜻으로 태양의 신인 인티(Inti)에 대한 존경을 표하기 위해 자신들이 태양의 후손이라고 생각으로 시작되었다. 한해 농사의 풍요와 다음 해의 풍작을 기원하며, 태양에 대한 잉카인들의 숭배사상이다. 태양제는 6월 24일 전후로 약 일주일간 이뤄지며, 태양과 지구가 가장 멀리 떨어지는 동지이다. 마추 픽추

(machu picchu)는 페루에 있는 잉카 문명의 고대 도시이며, 원주민말로 '나이든 봉우리' 를 뜻이다. 유적은 높은 산턱(해발 약 2,057m)에 위치하며, 3m씩 오르는 계단식 밭이 40단이 있어서, 3,000개의 계단으로 연결되어 있다 산자락에서는 그 모습을 볼 수 없어 '공중 도시' 라고도 한다. 마추픽추는 신세계 7대 불가사의 중 하나이며, 세계문화유산(1983년)로 등재하였다.

옥토버페스트(Octorberfest)

자료 : http://wikimedia.org/위키백과

독일 옥토버페스트(Octorberfest)는 뮌헨에서 9월 셋째주 토요일 정오부터 10월 첫째 일요일까지 16일간 개최한다. 1810년 10월 12일 첫 민속축제가 열렸다. 관광객 600만 명 이상(외국인의 수는 15% 정도)이 방문하며, 소시지 30만 개 이상, 맥주 600만 리터 이상 소비되며, 민속 의상과 소총부대 행렬로 거리를 행진한다. 세계 3대 축제이다.

몽골 나담 축제(Erin Gurvan Nadaam)는 몽고(인구 250만)에서 1921년 3일간(매년 7월 11일 부터 13일) 열리는 축제이다. 행사 기간은 국가 공휴일로 지정된다. 전투에 강한 유목민족, 징기스칸의 후예답게 축제의 내용도 매우 박력이 있다. 나담(게임)은 말타기, 활쏘기, 씨름(레슬링) 등을 하면서 단어 뜻 그대로 '즐겁게 노는 축제' 이다.

태국 송크란(Songkran Day) 축제는 매년 음력 4월 13일~15일까지 치앙마이에서 열리는 전통 국경일이며 최대 축제이다. 타이의 설날이며 참가자들끼리 '물' 을 뿌리는 행위를 하여 '물의 축제' 로도 불린다. Songkran은 타이어로 "이동, 변경"을 뜻하며 태양이 위치를 바꾸는 날을 가리킨다.

4월 13일은 마하송크란(Maha Songkran Day), 묵은해의 마지막 전날, 4월 14일은 완나오(Wan Nao), 묵은해의 마지막 날, 4월 15일은 완탈로엥속(Wan Thaloeng Sok) 새해 첫날을 뜻한다.

강릉 단오제(端午祭)는 1천년 전부터 단오날(음 5월 5일) 마을을 지켜주는 대관령 산신을 제사를 지내고, 마을의 평안과 농사의 번영, 집안의 태평을 기원한다. 단오제의 행사는 음력 4월 5일 신주근양(神酒謹釀, 신에게 드릴 술을 담그는 일)부터 음력 5월 7

강릉 단오제
자료 : http://wikimedia.org/위키백과

진주남강 유등축제
자료 : http://wikimedia.org/위키백과

일 송신제(送神祭, 신을 대관령으로 보내는 제사)까지 행사하는 강릉 지방의 향토 제례 의식이며, 국가무형문화재(제13호)로 등록(1967년)되었고, 유네스코가 '인류무형문화유산'으로 등록(2005년)되었다.

진주 남강 유등축제(2000)는 10월 1일~15일, 1592년 10월 충무공 김시민 장군이 3,800여 명의 군관민으로 왜군 2만 대군을 물리친 진주대첩을 거두었다. 이때 성 밖의 의병과 지원군들과 횃불과 함께 남강에 등불을 띄워 남강을 건너려는 왜군을 저지하는 전술에서 유래되었다.

한성 백제문화제(1994)는 2천년 전 현재의 서울 송파구를 493년 간 수도로 삼았던 한성백제의 역사와 문화를 재현하는 축제로 매년 10월 첫째주 목요일~일요일에 송파구 올림픽공원 일대에서 역사문화거리행렬, 백제체험마을, 몽촌토성성곽돌기 등이 있다.

서산 해미읍성 축제(2000년)는 매년 10월 초 3일간 해미읍성 일대에서 열린다.

안동 국제탈춤 페스티벌(1997)은 매년 9월 마지막 금요일부터 10일간 개최하며, 전통 탈춤으로 하회별신굿탈놀이를 비롯해 탈과 관련된 문화를 즐길 수 있는 방문객 100만 명 이상 참가하는 축제이다.

진해 군항제(1952)는 매년 4월 1일에서 4월 10일까지 10일 동안 창원시 진해구에서 개최되는 벚꽃축제로, 진해벚꽃축제라고도 불린다. 270만 명 이상(외국인 22만 명) 참가. 충무공 이순신 장군의 동상을 1952년 4월 13일 북원로터리에 세우고 추모제를 거행하여 온 것이 계기가 되었다.

〈그림 11-1〉 Symbol

기독교, 유대교, 힌두교, 바하이교
이슬람, 영지주의, 도가, 신토
불교, 시크교, 자이나교
어야버지교, 위카, 템플러, 슬라브 신이교

종교(宗敎, Religion)란 규정된 믿음을 공유하는 이들로 이루어진 신앙 공동체와 그들이 가진 신앙 체계나 문화적 체계(cultural system)를 말한다. 종교는 인간과 관련된 존재의 우주적 질서(a cosmic order of existence)이다.
종교는 세계관에 의해 형성되고, 종교는 문화의 뿌리이다. 이들의 상호관계는 결과적으로 밀접한 관계를 형성하고 있다.

2) 특산물 / 음식 축제

스페인 토마티나(La Tomatina)는 1944년 토마토 가격 대폭락으로 화가 난 농부들이 의원들에게 토마토를 던지면서 시작된 민속축제이다. 1945년부터 스페인 발렌시아 주의 부뇰 마을에서 8월 마지막주 수요일에 개최된다. 2013년부터 인원수 제한으로 입장 티켓을 구입하여야 한다. 1) 부상을 방지하기 위해 으깬 토마토만을 던질 수 있다. 2) 토마토를 제외한 발사체는 허용되지 않는다. 3) 참가자들은 트럭이 지나갈 수 있는 거리를 확보해야 한다. 4) 토마토 던지기를 마치는 신호 다음에는 토마토를 던질 수 없다.

La Tomatina
자료 : http://wikimedia.org/위키백과

프랑스 보르도 / 몽마르트 와인축제, 이탈리아 와인축제, 아르헨티나 와인축제, 대한민국막걸리축제(2003) 등이 있다.

금산 인삼축제
자료 : http://huevalley.com/

인삼-산삼 축제로는 금산인삼축제(1981), 증평인삼골축제(1992), 영주풍기인삼축제(1998), 함양산삼축제(2003), 파주개성인삼축제(2005), 강화고려인삼축제(2013), 음성인삼축제(2013)가 있다.

벌교꼬막축제(2001)는 보성군 벌교읍에서 매년 10월 마지막 금~일요일(3일간)까지 열리며, 체험행사는 꼬막 삶아보고 시식체험, 포맥스 작품, 페이스페인팅체험, 천연비누 만들기, 풍선아트체험, 바퀴달린 널배체험, 꼬막잡기, 널배타기, 갯벌달리기, 꼬막까기, 꼬막던지기, 꼬막무게 알아맞히기 등이 있다.

김제지평선축제(1999)는 농경문화를 직접 체험할 수 있는 프로그램이다.

3) 계절 / 기후 축제

덴마크 올보르 봄맞이축제(벚꽃, 산수유, 유채꽃, 진달래)가 있으며, 네덜란드 튤립축제(1949)는 큐켄호프(Keukenhof)에서 3월 23일~5월 21일 약 두 달간 행사기간에 100만 명 이상 방문하여, 4월 말엽이 축제의 절정기로 튤립을 비롯해 세계 각국이 원산지인 다양한 꽃들을 볼 수 있다.

고양국제꽃박람회는 1997년 첫 개최되어, 국내외 관람객이 600만 명 이상 방문하며, 매년 4월 마지막 주 토요일부터 17일간 고양시 호수공원에서 펼쳐진다. 고양국제꽃박람회에는 국제적인 화훼 전시회로 35개국 320여 개의 화훼 관련 기관, 단체, 업체가 참가하여 각국의 화훼류와 화훼 신상품을 선보인다.

고양국제꽃박람회
http://ecoday.kr/news/data/20170402/p1065608613244526_237_thum.jpg

이 외에 하지축제(스웨덴, 노르웨이), 러시아 상트페테르부르크 백야축제가 있다.

보령머드축제(1998)는 매년 7월 중순경에 시작되어 4일간 대천해수욕장을 기반으로 개최되는 지역 축제이다. 머드를 주제로 하는 관광객(400만 명 이상) 체험형 이벤트로, 머드 마사지뿐만 아니라 다양한 놀이 프로그램이 있다. 2001년에 ISO 9002 인증 획득 및 2004년 미국식품의약국(FDA) 안정성검사를 통과하여 축제에 사용되는 머드의 안정성을 확인받았다.

보령머드축제
자료 : http://post.phinf.naver.net/

가을 단풍 축제는 설악산, 내장산(백양사), 강천산, 오대산 등 국립공원 중심으로 이루어진다.

미국 할로윈(Halloween day)은 매년 성인 대축일 전날인 10월 31일에 행해지는 전통 행사이다. 할로윈을 상징하는 주황색 호박은 가을과 밀접한 관련이 있다. 할로윈의 어원은 Hallow로 이는 앵글로 색슨어로 성도를 의미하며, All Hallows Even(만성절 전야제)을 줄여서 Halloween이다.

중국 하얼빈 국제빙설제(1985)는 매년 1월 5일경부터 2월 말까지 개최되는 빙설제이다. 자오린공원에 전시 작품이 1,500여 점 이상으로 세계에서 제일 큰 얼음 축제이다. 세계 삼대 빙설제는 일본 삿포로 눈축제, 캐나다 퀘백 윈터 페스티벌이다.

하얼빈 국제빙설제
자료 : http://www.visitchina.or.kr/

일본 삿포로 눈축제(Sapporo Snow Festival)는 1950년(매년 2월 초), 홋카이도(北海道) 삿포로 시내의 중고등학생들이 6개의 얼음조각을 오도리공원에 전시하면서 눈축제의 역사가 시작되었다.

캐나다 퀘백 윈터 카니발(Quebec Winter Carnival)은 1894년 퀘벡주민들이 시작한 소규모 마을축제에서 세계적인 명성을 누리는 축제로 발전했다. 매년 1월 말부터 2월에 걸쳐 퀘벡시에서 17일간 열리는 눈축제이다.

대관령눈꽃축제(1993년 1월 말 7일간 개최), 태백산눈축제(1995년 1월 말 9일간 개최), 설악산눈꽃축제(1996년 1월 말 3일간 개최)가 있다. 빙어, 산천어, 송어축제는 인제빙어축제(1997), 양평빙어축제(2011), 강화도 송어-빙어축제(2012)가 있다.

화천 산천어축제

http://img.yonhapnews.co.kr/etc/inner/KR/2016/01/08/AKR20160108181751062_01_i.jpg

화천산천어축제(2003)는 150만 명 이상 참가, 1월 초부터(23일 간) 눈썰매, 얼음썰매, 창작썰매, 얼곰이 자전거 등 얼음과 눈을 체험하는 야외 프로그램과 선등거리공연, 실내얼음조각광장, 겨울문화촌 등의 문화행사가 열린다.

4) 예술 / 영화 / 음악 축제

멕시코 세르반티노 축제(International Festival Cervantino)는 1972년부터 개최되어 돈키호테의 작가 세르반테스를 기리기 위해 시작되었다. 세계 문화유산으로 등재된 멕시코의 작은 도시 '과나화토'에서 매년 10월 중 20일간 열리는 행사로 세계 4위 규모의 종합 예술 축제이다.

영국 에든버러 축제(Edinburgh Festival)는 스코틀랜드 에든버러에서 매년 8월 마지막 주와 9월 첫째 주에 개최되는 여러 문화예술 축제의 총칭이다. 에든버러 성에서는 군악대의 백파이프 연주와 하이랜드 댄스가 펼쳐진다. 밀리터리 타투 퍼레이드(Military Tattoo)는 세계에서 가장 큰 군악대 카니발이다. 시내 곳곳에서 다양한 거리예술이 퍼포먼스를 펼친다. 진해군항제는 1952년 4월 13일 충무공 이순신 장군의 동상을 진해 북원로터리에 세우고 추모제를 올린 것에서 유래됐다. 추모행사가 10여 년간 계속돼오다 1962년부터 봄(4월 1일~10일) 축제로 발전하였다.

프랑스 칸느 영화제는 프랑스 남부도시 칸에서 매년 5월에 열리는 영화제이다. 이탈리아의 베니스 국제영화제, 독일의 베를린 국제영화제와 더불어 세계 3대 영화제이다.

독일 바이로이트의 바그너 음악제는 독일에서 현재 120개가 넘는 음악축제 중에서

바이로이트 음악축제는 세계적 경쟁력을 갖춘 독일의 대표적 음악축제이다. 입장권의 수요는 증가 추세에 있어 지금 예매하더라도 8년 후에 볼 수 있을 정도이다.

오스트리아 잘츠부르크 음악제는 모차르트의 고향에서 매년 7월 하순에서 8월 하순까지 약 6주간 열리는데, 개최일자와 기간은 해마다 약간씩 변한다.

- **부산국제영화제(1996년)** 매년 10월 첫째주 목요일부터 약 10일간 개최
- **부천국제판타스틱영화제(1997년)** 매년 7월 셋째주 목요일부터 약 11일간 개최
- **전주국제영화제(2000년)** 비경쟁 국제영화제. 매년 4월 마지막주 목요일부터 약 9일간
- **광주국제영화제(2001년)** 비경쟁 국제영화제

전주대사습놀이(1975년)는 매년 5월 마지막 주 4일간 개최한다. '사습놀이'란 조선 숙종 때의 마상궁술대회와 영조때의 물놀이와 판소리, 백일장 등 민속무예놀이를 일컫던 말이다. 판소리 10개 부문(명창부, 농악부, 무용부, 기악부, 시조부, 민요부, 가야금 병창부, 판소리 일반부, 궁도부, 명고수부 등)도 열린다.

전주세계소리축제(2001년)는 매년 9월 마지막주 5일간 열리고 있다. 한국의 전통음악인 판소리를 근간으로 세계 음악을 한 자리에서 즐기는 세계음악예술제를 표방하고 있다.

3. 축제 범위 및 현황

1) 축제 범위

지역축제 범위

- 일정 기간(2일 이상) 지역주민, 지역단체, 지방정부가 개최
- 불특정 다수인이 함께 참여하는 문화관광예술축제(문화관광축제, 특산물축제, 문화예술제, 일반축제 등)

- 국가에서 지원하는 축제
- 지자체 주최(주관)하는 축제
- 지자체에서 경비지원 또는 후원하는 축제
- 민간에서 추준위를 구성하여 개최하는 축제
- 문화체육관광부 지정 문화관광축제 포함

지역축제 비포함

- 특정계층만 참여하는 행사(경연대회, 가요제, 미술제, 연극제, 기념식, 시상식 등)
- 단순 주민위안 행사(경로잔치 등)
- 순수 예술행사(음악회, 전시회 등)
- 기타 종합적인 축제로서의 성격이 약한 행사는 제외

우리나라 축제는 지방자치제(1995년)가 시행되면서 지역문화축제와 행사들이 급속하게 증가하게 되었다.

축제 현황은 2014년 555개, 2017년에 총 733개로 서울 60, 부산 33, 대구 24, 인천 19, 광주 8, 대전 9, 울산 10, 세종 3, 경기 78, 강원 68, 충북 36, 충남 90, 전북 53, 전남 102, 경북 65, 경남 46, 재주 29개가 개최된다(문화체육관광부, 2017).

방문객 100만 명 이상 참가한 축제는 2016년에 693개 중에서 56개이다(관광정보시스템).

4. 축제의 지원 및 발전

1) 축제 지원

축제 지원은 지역축제의 자생력과 경쟁력 강화를 위해 5회까지 문화체육관광부에서 지원한다. 지원이 종료되는 대표 축제를 명예대표(글로벌) 축제로 지정하여 홍보비 등 간접 지원을 한다. 글로벌 축제는 안동국제탈춤축제(2010년 종료), 보령머드축제(2010년 종료), 진주남강유등축제(2013년 종료)가 있다.

2) 축제 발전

〈표 11-1〉 축제 발전 단계

시기	1970~80년대	1990~2000년대	2010년대~
축제 구분	관람 축제	참여 축제	소통 축제
시대 특성	아날로그 시대	디지털 시대	컨버전스 시대
표현 방법	관람(spectacle)	체험(experience)	상호작용(interactive)
전달 방식	자원 보존 (conservation)	대중 교육 (mass education)	글로벌 통신망 (networking)
축제	지역 공동체 강조	다양한 정보 제공	오감만족 공동체

5. 축제 효과

문화관광축제는 지역문화와 관광트렌드를 축제에 접목시킴으로써 지역의 전통문화, 문화예술, 생태자연, 특산품, 주민화합을 주제로 축제를 개최하여 국내 및 외래 관광객을 유치한다.

1) 지역 축제의 긍정적인 효과

- 여가 활동으로 삶의 질 향상
- 지역 주민들의 자발적 참여, 정체성 확립 및 공동체 의식 강화
- 지역 이미지 제고 및 발전
- 지역 경제를 활성화(고용창출, 소득증대, 연관산업 발전)
- 지역 문화의 세계화(국가 간 문화교류)

2) 지역 축제의 부정적인 효과

- 문화 변질 : 과도한 소비, 문화 상품화

- 과다한 일탈 행위, 전문성 부재
- 환경 훼손(교통 혼잡, 쓰레기 과다 배출)
- 유사 축제 경쟁 유발 및 정부보조금 의존

3) 지역 축제의 미래 방향

- 지역주민 직접 참여
- 교육 및 역사적 가치
- 문화의 다양성 가치
- 창의적 지속적 가치
- 문화의 고유성 가치

고대 세계 7대 불가사의

1. 대피라미드(→ 이집트 문명)
2. 바빌론의 공중 정원(→ 바빌론)
3. 알렉산드리아의 등대(→ 알렉산드리아 → 파로스등대) 복원 시도
4. 에페소스의 아르테미스 신전(→ 에페소스)
5. 마우솔로스의 영묘(→ 할리카르나소스)
6. 올림피아의 제우스 상(→ 올림피아, → 제우스)
7. 로도스의 거상(→ 로도스)

중세 세계 7대 불가사의

1. 스톤헨지
2. 콜로세움
3. 콤 엘 쇼카파의 카타콤베(Catacombs of Kom el Shoqafa)
4. 만리장성
5. 영곡탑(靈谷塔)
6. 하기야 소피아
7. 피사의 사탑

이것들 외에 아래와 같은 것이 들어간다.

1. 타지마할
2. 카이로 요새
3. 엘리 성당
4. 클루니 수도원

신세계 7대 불가사의 (2007)

1. 마추 픽추(machu picchu) : 페루에 있는 잉카 문명의 고대 도시.
2. 브라질의 리우데자네이루 예수상
3. 멕시코 치첸이트사의 마야 유적지
4. 중화인민공화국(중국) 만리장성
5. 인도 타지마할
6. 요르단 고대도시 페트라
7. 이탈리아 로마 콜로세움

제2절 개별여행

학습 목표
1. 여행과 개별여행의 개념에 대해 이해한다.
2. 여행에 대한 계획, 일정/예산, 준비 등에 대해 고찰한다.

1. 여행

여행은 여행 기획에 따라 패키지여행(Package Tour)과 개별여행(Free Independent Tour)으로 구분한다.

여행은 여행 조건에 따라 패키지여행(기획여행, 모집여행), 희망여행으로 구분한다.

패키지여행은 국외여행사의 '기획여행', 국내여행사의 '모집여행' 상품을 여행자들이 선택하여 최소출발인원이 채워지면 정해진 일정을 함께 여행하는 상품이다(여행표준약관 제3조).

희망여행은 여행자(개인 또는 단체)가 희망하는 여행조건에 따라 여행사가 운송 · 숙식 · 관광 등 여행에 관한 전반적인 계획을 수립하여 실시하는 여행이다(여행표준약관 제3조). 단점은 가격이 패키지여행보다 높을 수 있다.

2. 개별여행

개별여행(FIT = Free/Foreign/Frequently Independent Tour/Travel/Traveler)은 여행사가 기획한 여행 상품의 '패키지여행'과 반대되는 의미이다.

여행정보들을 스스로 수집하여, 여행에 필요한 물건들을 배낭, 캐리어에 챙겨서 자신의 여행목적에 맞는 자신만의 여행이다(개별여행 = 배낭여행).

장점은 자유로운 일정, 비용절감(숙박, 식사, 교통 등), 타국인을 만날 수 있고, 단점은 도보여행(짐 무게/부피), 비용절감(불편함), 현지정보미비, 문제를 직접 해결해야 한다.

1) 개별자유여행

개별자유여행은 왕복 항공권과 유레일패스(Eurail Pass) 같은 현지 교통패스만 소지하고 출발하는 여행이다. 즉 현지에서 랜드업무(숙박, 식사, 교통, 여행일정 등)의 모든 것을 자신이 알아서 해결해야 한다.

2) 개별패키지여행

개별패키지여행은 개별자유여행의 단점을 보완한 것으로 여행준비가 미흡하거나 여행에 익숙치 못한 사람들에게 적절하다. 대개 1명의 안내자가 국가 간의 이동과 공항(또는 역)에서부터 호텔까지 이동을 안내해 주고, 관광은 본인이 진행하는 방법이다. 장점은 숙소 문제를 원활히 해결할 수 있고, 여행 경험이 풍부한 가이드가 여행 전반에 걸쳐 조언을 해주기 때문에 낯선 이국에서의 불안감을 져버릴 수 있다. 단점은 여행코스가 정해져 있다는 점과 자칫 인솔자와 의견 마찰, 신뢰문제가 발생하면 여행이 피곤해진다.

3) 호텔팩(에어텔)

호텔팩은 이국적 경험의 폭을 넓히면서도 배낭여행의 고민 중 하나인 숙박 문제를 해결할 수 있도록 나온 여행상품이다. 장점은 숙소 예약으로 자유로운 여행을 할 수 있다. 단점은 숙소가 있는 도시를 찾아가야 하기 때문에 일정에 맞추어 이동해야 하며, 예약된 숙소에서 숙박하지 않으면 숙박비가 환불되지 않는다.

3. 관광 통계

관광지식정보시스템에 따르면

연도	입국(외국인)		출국(내국인)		감소 요인
	인원(명)	성장률(%)	인원(명)	성장률(%)	
2007	6,448,240	4.8	13,324,977	14.8	
2008	6,890,841	6.9	11,996,094	-10.0	세계금융위기
2009	7,817,533	13.4	9,494,111	-20.9	한일 관계
2010	8,797,658	12.5	12,488,364	31.5	
2012	11,140,028	13.7	13,736,976	8.2	
2013	12,175,550	9.3	14,846,485	8.1	
2014	14,201,516	16.6	16,080,684	8.3	
2015	13,231,651	-6.8	19,310,430	20.1	중동메르스, 한중 관계
2016	17,241,823	30.3	22,383,190	15.9	
2017	13,335,758	-22.7	26,496,447	18.4	한중 사드

자료 : 관광지식정보시스템(www.tour.go.kr)

한국을 방문한 후 출국하는 외래관광객의 여행형태는 개별여행 9,314명(77.6%), 단체여행 1,998명(16.6%), 에어텔 691명(5.8%) 등이다.

4. 여행 계획 및 방법

1) 여행 계획

(1) 정보 수집

출발시즌에 맞는 최근의 가이드북, 인터넷 정보, 자기만의 정보를 수집한다.

(2) 여행 시기

성수기/비수기, 주중/주말 구분. 성수기는 여름과 겨울 방학이며, 성수기에는 볼거리가 많지만, 비싼 항공요금과 반드시 예약을 해야 하는 숙소와 교통이 문제. 비수기는 날씨가 여행에 적합하지 않거나, 관광지가 다음의 성수기를 대비해 수리에 들어가는 등의 단점이 있지만, 예약 없이도 숙박과 교통을 바꿀 수 있는 장점도 있다.

(3) 여행 기간

동반자 유무, 경비나 시간(박)의 문제를 고려한다. 보통 15~30일 간의 여행이 좋다. 유럽일주의 경우 40일, 미국의 경우 동서횡단이 30일, 동부나 서부만 여행할 경우 20일 정도가 무난하다.

2) 여행 방법

개별여행은 일정을 바꿔가며 저렴하게 즐길 수 있지만 많은 준비와 사전 지식이 필요하다.

국내여행사는 비용이 약간 비싸고 일정을 변동할 수 없지만 모든 일정과 준비를 여행사 측에서 맡아서 하고, 가이드가 모든 일정을 설명하여 주기 때문에 많은 배경지식과 준비 없이도 출발이 가능하다.

국제 현지 조인트는 비용은 중간 정도지만, 외국 친구를 만들 수 있으며, 언어 실력이 문제이다.

5. 여행 일정 및 예산

1) 여행 일정표 작성

여행 일정표는 한글 프로그램에서 표를 이용하여 작성한다. 여행 일정표는 첫째, 출발일, 둘째, 관광중간일, 셋째, 도착일로 구성한다.

〈표 11-2〉 여행 일정표

일자	장 소	교통편	시 간	세 부 일 정	식 사
1 00월 00일 (토)	부 산 상 해 항 주	OZ311 버스 지하철 택시 렌트	07:00 09:45 10:35 18:00 19:00 21:00	공항 집결 및 수속 (로밍/보험/환전) 공항 출발 상해 입국 수속 후 차량 렌탈 중식 항주로 이동(약 3시간) ➤ 오산, 성황각에서 항주시내 관망 석식 후 송성 가무쇼장 이동 ➤ 송성 민속촌 자유시간 ➤ 가무쇼 관람 발맛사지체험(팁포함) 호텔 투숙 및 휴식 HOTEL : 호텔명 / 연락처(5성급)	중:기내식 석:자유식
2 00월 00일 (일)	도시명	교통편	시간	세부 일정 사항 HOTEL : 호텔명 / 연락처(5성급)	조:호텔식 중:현지식 석:한국식
3 00월 00일 (월)	상 해 부 산	택시 OZ312	8:00 9:30 11:40 14:40	호텔 조식 후 출발 공항 도착 상해 출발 부산 김해 공항 도착 후 해산	조:호텔식 중:기내식

2) 여행 예산서 작성

여행 예산서은 엑셀(Excel) 프로그램에서 작성한다.

여행 경비 = 항공료 + 국외(방문 시)경비(항목별, 국가별) + 국내(방문 전)경비(보험료, 비자료 등)

= 1인당 국내단가(국외단가) × 수 × 명 = 합계 / 지불방법(현금 / 카드)

〈표 11-3〉 **여행 예산 / 정산서**

항목	소항목	외화	원화	수*명	외화	원화	비고
		1인당			5		
항공운임	항공료		560,000	5		2,800,000	
	TAX		40,000	5		200,000	
	소계	0	600,000		0	3,000,000	
해외경비	지상비					0	
	호텔료a	$60		5	$300	360,000	
	호텔료B	$90		5	$450	540,000	
	식사비 중	$12		3*5	$180	216,000	
	교통비/1일	$350		4	$1,400	1,680,000	
	교통비/반	$200		2	$400	480,000	
	입장료	$50		5	$250	300,000	
	기타	$50		5	$250	300,000	
	소계				$3,230	3,876,000	
국내경비	비자비		18,000	5		90,000	
	보험료		46,000	5		230,000	
	공동구매		50,000	5		250,000	
	기타1		46,000	1		46,000	
	기타2		40,000	1		40,000	
	소계					656,000	
합계	합 계				$3,230	7,532,000	

6. 여행 준비

1) 여권

유효기간(출발일 6개월 여유)을 확인한다. 1면 복사본은 별도로 보관한다.

2) 비자(VISA)

방문하려는 국가의 입국 허가증이다. 유럽의 대부분 나라들은 우리나라와 비자 면제협정이 체결, 나라에 따라 체재 기간 60일 또는 90일 이내의 관광, 귀국용 항공권을 소지한 경우 무비자 입국이 가능하다. 우리나라와 비자 면제협정이 체결되어 있지 않은 나라를 방문할 경우에는 대상 국가의 한국 주재 대사관이나 유럽 현지의 대사관 또는 국경역, 공항 등에서 비자를 발급받을 수 있다.

3) 항공권

출국과 귀국 날짜, 노선, 유효 기간을 확인한다. 복사본은 별도로 보관한다.

4) 유스 호스텔 회원증

유효 기간은 발급일로부터 1년, 회원이 아닐 경우 이용이 불가하거나 추가요금을 지불하면 이용이 가능한 곳도 있다. 만 26세 이하면 누구나 가능하며, 유스 호스텔 연맹에서 유스 호스텔 정보와 함께 예약을 대행. 국내에서는 한국 유스 호스텔 연맹에서 발급을 총괄하여 각 여행사에서도 대행을 하고 있다.

5) 국제학생증(ISEC)

유럽, 미주, 동남아 등 세계각국의 박물관, 공원, 패스트푸드 이용 시 각종 할인혜택을 받을 수 있으며, 여행이 끝나도 국내의 300여 가맹점에서 다양한 할인서비스를 받을 수 있다. 국제유스증(ISIC)은 스위스의 국제학생연맹 산하 기관에서 발행하는 학생증이다. 우리나라에서는 국제학생여행사에서 총괄하며, 배낭여행을 취급하는 여행사에서 대행한다.

6) 국제 운전면허증

렌트카로 여행할 경우 필요하다.

7) 여행자보험

해외여행 중에 일어날 수 있는 불의의 사고에 대비하여 드는 여행자를 위한 보험이다.

8) 예비용 사진

만약을 대비해 2~3장 정도 준비한다.

9) 체재비 환전

개별 배낭여행은 1일 6~7만 원, 단체 배낭여행은 1일 5~6만 원 정도, 여행 스케줄에 맞춰 별도의 예비비를 책정한 금액을 환전한다. 분실 염려만 없다면 일정에 맞춰서 해당 국가의 화폐로 소요 경비를 환전한다. 분실 염려가 있으면 재발급되는 여행자수표(T/C)를 5:5 정도로 준비한다.

해외 통용되는 신용카드(VISA/MASTER, Diners, American Express 등)를 준비하면 비상시 유용하다. 유럽에서는 Tomas Cook, American Express(AMEX)의 여행자 수표가 도시마다 지점이 있으며, 해당 지점을 이용할 경우 수수료 없이 환전이 가능하다.

10) 전압

전압의 경우 110V와 220V 모두 사용할 수 있는 핸드폰 보조충전지와 여행용 멀티 콘센트를 준비하면 편리하다.

제12장

문화 콘텐츠 및 문화관광 콘텐츠 개발

Cultural Tourism

제12장

문화 콘텐츠 및 문화관광 콘텐츠 개발

제1절 문화 콘텐츠

학습 목표
1. 미디어에 대해 학습한다.
2. 콘텐츠, 디지털콘텐츠, 미디어콘텐츠에 대해 학습한다.

1. 미디어(Media)

1) 미디어(media)

미디어(media)는 미디엄(medium)의 복수이며, 미디엄(medium) 단어는 라틴어인 메디우스(medius)에서 유래한 단어로 '중간' 이란 뜻이다.

미디어(media, 媒體)는 사전적으로 "어떤 작용을 한쪽에서 다른 쪽으로 전달하는 역할을 하는 것"이라고 정의한다(네이버국어사전, 2017). 미디어는 언론학에서 "메시지를 주고받는 수단(means, 무엇을 이루기 위한 방법이나 도구)의 정도"로 정의하고 있다. 즉, 둘 이상의 사이에 의사소통(communication)을 표현하는 수단으로써 송신자의 정보를 전송하는 매체이다.

매체(media)의 종류는 신문, 잡지, 도서, 전화, 텔레비전, 영화, 음악, 우편, 전보, 전자우편, 스마트폰 등으로 매우 다양하며, 꾸준히 새롭게 발전되고 있다.

〈그림 12-1〉 미디어 역할

2) 대중매체

대중매체(大衆媒體, mass media)는 대중전달매체(大衆傳達媒體)의 줄임말로, 불특정 다수의 일반 대중을 상대로 대량의 정보 및 시사내용, 당대의 이슈 등을 동시에 전달하는 역할을 담당하는 매체를 말한다.

대중매체의 구분은 활자매체(신문, 잡지, 서적, 포스터, 전단 등), 음성매체(라디오, 음반, 테이프 등), 영상매체(TV, CATV, 영화, 애니메이션 등), 전자매체(컴퓨터, 스마트폰, 태블릿PC 등)로 구분한다.

인쇄매체는 19세기 중엽 윤전기 등의 발명으로 이루어졌다. 음성매체는 1877년 에디슨이 전축을 발명과 20세기 들어 라디오가 등장하였다. 전자매체는 최종 사용자(청중)가 콘텐츠에 접근할 수 있도록 전자공학이나 전자기기적 힘을 이용하는 대중매체이다. 전자매체는 다시 다중매체(Multi_media), 하이퍼미디어(Hypermedia), 디지털 미디어(Digital media)로 구분할 수 있다. 한편, 새로운 매체는 대부분 디지털 미디어의 형태로 되어 있다.

〈표 12-1〉 매체 구분

매체 구분		미디어(전달 수단)	비고
활자(인쇄) 매체		신문, 잡지, 도서, 포스터, 전단	윤전기
음성 매체		라디오, 음반, 테이프	전축(1877)
영상 매체		TV, CATV, 영화, 애니메이션	영사기
전자 매체	멀티 미디어	컴퓨터	단방향
	하이퍼 미디어	인터넷(멀티미디어 + 상호작용)	쌍방향
	디지털 미디어	스마트폰, 태블릿 PC	다방향

3) 멀티미디어(Multimedia)

멀티미디어(Multimedia)는 다중매체(多重媒體)로 Multum(다중)과 Media(매체)를 합성어이며, 여러 형식(텍스트, 그래픽, 오디오, 비디오)의 정보 콘텐츠와 정보 처리를 사용하여 사용자에게 정보를 제공하는 미디어를 뜻한다.

멀티미디어의 매체들은 영상과 소리를 많이 사용하기 때문에 정보의 양이 크고 이것들을 처리하기 위해서는 고속의 전송선로를 제공하기 위한 교환기술과 영상과 음성 신호의 처리기술이 필요하다. 멀티미디어 기술 발전의 핵심적인 역할은 정보의 압축 및 복원 기술이다. 대표적인 압축 기술은 JPEG(Joint Photographic Experts Group, 정지화상), MPEG(Moving Picture Experts Group, 동화상) 등이 있다.

❶ 문서(Text) 데이터는 txt, wri, hwp, doc, gul, ps 등이 있다.

〈표 12-2〉 문서 파일

파일형식	주요 설명
HWP	한글과 컴퓨터사에서 제공하는 한글 프로그램의 파일 형식
DOC	Documentation의 약자로 MS사에서 제공, WORD 문서 작성프로그램의 파일 형식
GUL	삼성전자에서 개발한 훈민정음 프로그램의 파일 형식
WRI	Windows의 워드패드 사용되는 파일 형식
PS	Postscript 파일 형식
Excel	Microsoft사 업무용 응용 프로그램

❷ 이미지(Image) 데이터는 픽셀(pixel ; picture element의 준말, 화소(畵素)) 단위로 구성된다. 픽셀의 모형은 정사각형(512㎛×512㎛) 또는 직사각형이 있다. 해상도(Resolution)는 픽셀의 밀도를 의미한다. 이미자의 종류는 움직이지 않는 이미지를 정지 이미지(still image)라고 하며, 움직이는 이미지를 애니메이션 이미지(animation image)로 구분한다.

〈표 12-3〉 이미지 파일

파일형식	주요 설명
BMP	Window에서 기본적으로 제공되는 형식 데이터를 출력하는 속도는 빠르나 파일용량이 크다.
GIF	Graphic Interchange Format로 압축률이 뛰어난 그래픽파일 형식
JPEG	Joint Photographic Expert Group에서 개발 사진, 그림파일의 압축 파일 형식
EPS	프린터에 그래픽정보를 보내기 위해 등장한 Postscript언어를 활용한 파일 형식
WMF	Windows에서 사용하는 메타 파일 방식
PNG	Portable Network Graphics의 파일형식, 웹상에서 사용 가능
TIFF	Tagged Interchange File Format의 파일 형식 범용 비트맵 이미지 형식으로 데스크탑 출판용 소프트웨어에서 사용

❸ 오디오(Audio) 데이터는 소리를 나타내는 아날로그파형을 디지털화하여 직접 표현하는 디지털 오디오(Digital Audio) 데이터와 소리(음)를 특정표기법에 따라 숫자나 문자로 상징적 표현을 하는 MIDI(Musical Instruments Digital Audio) 데이터로 구분된다.

〈표 12-4〉 오디오 파일

파일형식	주요 설명
WAV	IBM과 MS사가 함께 만든 사운드 파일형식, 용량이 큰 것이 단점
MIDI	WAV에 비해 상대적으로 용량이 작은 사운드 파일 형식 웹상의 배경음악으로 사용

파일형식	주요 설명
RA(RAM)	Real Network사의 Streaming 사운드 기술로 제작된 파일 형식
MP3	오디오 데이터의 압축 기술인 MPEG-1과 MPEG-2 이용 높은 음질과 데이터의 용량이 작은 것이 특징

❹ 비디오(Video, 동영상) 데이터는 이미지와 오디오로 구성된 하나의 구조화된 멀티미디어 형식이다. 비디오의 이미지를 프레임(frame)이라고 부른다. 비디오는 플레이백(Playback)하는 화면의 크기와 초당 프레임의 수에 따라 종류가 구분된다.

〈표 12-5〉 **비디오 파일**

파일형식	주요 설명
AVI	AVI(Audio Visual Interleaved)는 MS사가 개발한 파일 형식 오디오와 비디오 데이터가 교대로 기록되는 방식으로 생방송이나 VOD의 파일 저장방식으로 많이 사용
MPEG	Moving Picture Experts Group 형식 동영상데이터를 효과적으로 압축하는 기술구현
MOV	Apple사의 매킨토시 컴퓨터에서 활용, Quick Time Movie를 지원하기 위한 파일
ASF	Advanced Streaming Format로 Intel사의 멀티미디어 파일 형식 통합 멀티미디어 파일로 안에는 이미지, 오디오, 비디오, URL, 실행프로그램까지 포함이 가능
Kine Master 키네 마스터	안드로이드 유일의 전문가 수준의 편집 기능을 모두 갖춘 동영상 편집 앱이다. 멀티 레이어, 정밀한 자르기 및 트리밍, 오디오 멀티트랙, 상세 볼륨 조정, 컬러 LUT 조정, 3D 장면 전환 외 다수의 효과 및 기능을 지원

4) 멀티미디어 기능

멀티미디어의 기능은 모든 정보를 디지털 신호로 통합 처리하는 기능, 사용자 상호간에 정보를 송 · 수신하는 기능, 사용자가 접근하기에 편리한 장치인 휴먼인터페이스 등이 핵심적인 기능이다.

멀티미디어의 구조는 첫째, 선형 콘텐츠는 영화화면 표현과 같이 탐색, 제어 없이 진행된다. 녹화형 멀티미디어 프레젠테이션은 내비게이션 시스템으로 상호 작용한다. 둘째, 비선형 콘텐츠는 사용자의 상호작용을 제공하여 컴퓨터 게임이나 컴퓨터 기반 훈련을 사용하여 진행 상황을 제어할 수 있다. 생방송형 멀티미디어 프레젠테이션은 발표자와 상호 작용을 통해 대화하게 된다.

〈표 12-6〉 멀티미디어의 구조

구조	특 징	예
선형 콘텐츠	탐색, 제어 없이 진행 내비게이션 시스템과 상호작용	영화화면 표현 녹화형 프레젠테이션
비선형 콘텐츠	진행 상황을 제어 발표자와 상호작용	컴퓨터 온라인 게임 생방송형 프레젠테이션

(1) 하이퍼미디어(Hyper media)

하이퍼미디어(Hyper media)는 테드 넬슨(옥스퍼드대 교수)이 만든 용어이며, 비선형 매체의 정보를 만들기 위해 모여 있는 멀티미디어이다. 하이퍼미디어는 넓은 의미로 멀티미디어와 더불어 상호작용하는 비선형 관념이 추가된 것이다. 하이퍼미디어는 하이퍼텍스트(Hypertext, 한 문서에서 다른 문서로 즉시 접근할 수 있게 링크를 통한 전이 정보)를 멀티미디어에 접목시킨 것이다.

월드와이드웹(World Wide Web, WWW, W3, Web)은 하이퍼미디어의 기본 예이다.

(2) 디지털미디어(Digital media)

디지털미디어(Digital media)는 IT 기술 기반을 의미하는 '디지털'과 멀티미디어(복합 매체)를 의미하는 '미디어'가 합성된 용어이다. 아날로그 미디어는 신문, 라디오, 테이프 등이며 디지털 미디어와 대조된다. 컴퓨터는 이진 체계를 기반으로 임의의 데이터를 표시할 때 0과 1로 상태를 구분한다. 디지털 오디오, 디지털 영상, 그리고 다른 디지털 콘텐츠와 같은 디지털 미디어(정보를 표현하는 형식)를 만들 수 있으며 디지털 정보 처리 컴퓨터를 통해 공유할 수 있다. 디지털 미디어는 이전의 아날로그 매체에 비해 크나큰 변화를 가져왔다.

리치 미디어(rich media)는 인터넷 광고가 소비자와 상호작용이 가능한 형태를 일컫는 말이다. 원시적 형태의 광고에 비해 더 풍부한(Rich) 정보를 습득할 수 있다는 특징이 있다.

5) 1인 미디어

미디어는 정보통신기술의 발달과 함께 인터넷이 일상화되고 스마트폰이나 태블릿 PC 등의 스마트 기기가 대중화되면서 개인들이 언제 어디서나 정보와 의견, 콘텐츠 등을 활발하게 교류하고 공유할 수 있는 커뮤니케이션의 장으로 발전하고 있다. 이러한 미디어 환경 속에서 개인들은 송신자이자 수신자의 역할을 동시에 수행하며, 1인 미디어 채널로서의 기능을 할 수 있다.

팟캐스트는 아이팟(iPod)의 pod와 방송(broadcast)의 cast가 합쳐진 단어이다. Personal On Demand broadcast의 줄임말이다.
팟캐스팅(Podcasting)은 인터넷을 통하여 미디어 파일을 배포하는 것이다. 시청하려는 사용자들이 원하는 팟캐스트를 선택하여 정기적 혹은 새로운 내용이 올라올 때마다 자동으로 구독할 수 있도록 함으로써 방송을 전달하는 방법을 의미한다.

1인 미디어는 개인이 혼자서 다양한 콘텐츠를 직접 기획, 생산하고 유통시키는 것이다. 즉, 콘텐츠를 공유할 수 있는 커뮤니케이션 플랫폼이며, 새로운 형태의 커뮤니케이션 채널을 말한다. 1인 미디어는 사용자 손수제작물(User Created Contents), 유튜브를 시작으로 세계 각국에서 인터넷 동영상 플랫폼들이 드러내기 시작했다. 1인 미디어는 지상파 방송에서 볼 수 없었던 다양한 소재와 개인화된 취향 및 관심에 부합하는 콘텐츠를 제작한다.

크리에이터(Creator)는 일반적으로 동영상을 생산하여 유튜브 등에 업로드하는 창작자이다. 크리에이터들이 이러한 동영상 플랫폼으로 이동하면서 빠르게 성장하고 있다.

> 아프리카(afreeca)TV(2006년)는 대한민국의 SNS 미디어 플랫폼이며, 인터넷 개인 방송 서비스로, 특별한 기술 · 장비 · 비용 없이도 누구나 쉽게 PC나 모바일 기기(스마트폰, 태블릿 컴퓨터 등)로 언제 어디서나 실시간 생방송을 할 수 있는 개인 미디어이다. 아프리카TV는 방송하는 창작자를 'BJ(Broadcasting Jockey)' 라고 일컬어 왔다.

2005년 UCC 열풍의 시작이었던 아프리카TV의 전신인 w플레이어를 시작으로, 카카오TV, 네이버TV, 팝콘TV 등이 부담 없이 비디오와 오디오를 스트리밍(streaming, 인터넷상에서 음성이나 동영상 등을 실시간으로 재생하는 기술)할 수 있는 인터넷 방송 서비스들이 생겨났다. 주요 1인 미디어 인터넷 스트리밍 플랫폼 업체는 스트리트게이머, 아프리카TV, 유튜브, 카카오TV(구 다음TV팟), 트위치, 판도라TV, 팝콘TV, 풀티비, V라이브 등이다.

1인 미디어 방송의 주 고객층은 청소년이다. 한국언론진흥재단의 '2016년 10대 청소년 미디어 이용조사' 를 보면 청소년 4명 중 한 명(26.7%)은 일주일에 한 번 이상 1인 미디어 방송을 본다. 중학생이 32.2%로 가장 많았고, 고등학생 24.8%, 초등학생 22.6% 순이었다.

1인 크리에이터 시장은 규모가 커지면서 동영상의 제작 지원과 배급을 담당하는 새로운 산업 분야가 등장하였다. 다양한 채널에서 수익을 창출한다는 의미의 '다중채널 네트워크(Multi Channel Networks)' 산업이다.

다중채널네트워크(MCN)는 페이스북, 유튜브, 트위치TV, 아프리카TV 등 인터넷 스트리밍 플랫폼에서 활동하는 사람들의 기획사를 말한다. MCN사업자는 창작자의 방송 제작을 지원하고 광고를 수주하여 수익을 배분하는 형식으로 운영된다. 주요 국내 MCN는 DIA TV, 트레져 헌터(Treasure Hunter), 샌드박스 네트워크, 비디오 빌리지, 오스카 엔터테인먼트, 루키스트 엔터테인먼트, 채널 좀비왕, 콩두 컴퍼니, 난쟁이 팩트, 미디어 자몽, 예띠 스튜디오, e 스포츠 커넥티드 등이다.

MCN협회에서 산업구분은

• 크리에이터(Creator)를 보유하거나 콘텐츠를 제작하는 기업

- 콘텐츠를 유통하거나 플랫폼을 운영하는 기업
- 광고 기획 및 판매 기업
- MCN 관련 법률, 미디어 등 자문역할, 비즈니스하는 기업

셀피(selfie)는 우리말로 '셀카'를 뜻한다. 스마트폰이나 웹 카메라 등으로 사진을 찍어 소셜미디어서비스(SNS)에 올리는 행위를 뜻하는 단어이다. 셀피가 옥스퍼드 2013년 올해의 단어로 선정됐다.
드론 촬영은 기존의 비행기나 지미집을 활용하기보다 편리하고, 간편하며, 시간이 절약된다.

2. 콘텐츠(Contents)

1) 콘텐츠(Contents) 정의

콘텐츠(Contents)는 복수형으로 대부분 구체적인 것으로 내용이나 목차를 가리키며, 단수형인 콘텐트(Content)는 추상적인 의미나 성분의 양을 표시한다.

콘텐츠의 정의는 문화산업진흥기본법(제2조3항)과 콘텐츠산업진흥법(제2조1항)에서 동일하게 "부호, 문자, 도형, 색체, 음성, 음향, 이미지 및 영상 등(이들의 복합체 포함)의 자료"라고 정의하였다.

콘텐츠는 각종 매체가 제공하는 정보이다. 저작물(著作物, 인간의 사상과 감정을 표현한 것), 창작물의 의미로 쓰이기도 한다. 즉, 콘텐츠를 "멀티미디어를 통해 전달되는 자료(또는 정보, 지능, 지식)의 표현물(텍스트, 그래픽, 소리, 동영상) 또는 창작물(그림, 음악, 게임, 영화, 프로그램 등)"이라고 정의하였다.

2) 디지털콘텐츠(Digital Contents)

디지털콘텐츠(Digital Contents)는 디지털과 콘텐츠가 결합한 개념으로 기존의 아

날로그 콘텐츠를 디지털화한 것이다. 디지털은 정보의 표현방식이며, 콘텐츠는 문자(text), 이미지(graphic), 음성(voice) 그리고 동영상(video)과 같은 자료(정보, 지능, 지식)를 디지털의 형식으로 제작 혹은 가공한 것이다.

(1) 디지털콘텐츠 사례

손수제작물(UCC ; User Created Contents)인 동영상 디지털콘텐츠를 제공하는 웹사이트이다. 유튜브는 전 세계에서 이용되고 있는 콘텐츠 동영상 디지털콘텐츠 사이트이다. 오마이뉴스, 조선일보 키위닷컴 등이 있다.

위키피디아(Wikipedia)는 GNU(자유문서사용허가서)에 따라 인터넷에서 모두가 자유롭게 글을 쓸 수 있고 고칠 수 있는 사이트이다. 텍스트를 비롯하여 동영상, 그림 등을 문서에 포함하여 하나의 디지털콘텐츠를 만들 수 있다. 위키백과(2001년)는 비영리 법인으로 위키를 이용하여 전 세계 사람들이 함께 만들어가는 웹 기반의 다언어(275개) 백과사전이다.

오디언(Audien.com)은 '책을 듣는다' 라는 구호에서 시작한 디지털콘텐츠 제공 업체이다. 책 내용을 음성으로 재구성하여 '오디오북' 을 만들어 콘텐츠를 유-무료로 제공한다.

한국콘텐츠진흥원의 문화콘텐츠닷컴은 2005년부터 문화원형 디지털콘텐츠 제공(30만 개)을 통해 다양한 창작활동 및 저작물의 법적 보호 기반을 마련하며 안전한 콘텐츠 이용환경을 조성하였다.

(2) 디지털콘텐츠 3요소

디지털콘텐츠 3요소는 정보의 콘텐츠(내용), 디자인, 기술(Technology)의 적정성이며, '콘텐디자이닐리지(ContenDesigNology)' 라고 한다.

콘텐디자이닐리지는 디지털콘텐츠 개발에 가장 핵심적인 구성요소로 디지털콘텐츠를 효과적으로 전달하기 위해서는 사용자들의 특성을 잘 반영하는 것이 필요하며, 사용자 지향적인 정보를 정확하게 제공할 수 있어야 한다.

(3) 디지털콘텐츠 특징

- **비파괴성** 아날로그 자료와 다르게 디지털 자료는 세월이 흘러도 변하지 않는다.
- **변형 용이성** 파괴적 의미의 변형이 아니라 디지털화돼 있기 때문에 자유롭게 정보의 추가, 삭제, 수정이 용이하다.
- **보관 편리성** 보관 비용이 저렴하고 공간적인 낭비가 거의 없다.
- **결합성** 여러 종류의 디지털콘텐츠끼리 쉽게 결합하여 더 좋은 콘텐츠를 만들 수 있다.
- **재생산성** 한 번 생산된 디지털콘텐츠는 반복 재생산이 가능하다. 디지털화된 음악, 동영상, 애니메이션 등은 데이터베이스에 저장되어 언제든지 사용자의 요구에 의해서 재생산이 가능하다.
- **상호작용성** 정보이용자가 동시에 정보제공자가 되는 상호작용이 가능하다.
- **편집성** 디지털콘텐츠는 새로운 내용의 추가와 수정이 용이하다. 따라서 텍스트, 음악, 그림, 동영상, 애니메이션 등의 각종 미디어가 통합된 형태로 가공되어 새로운 멀티미디어를 창출할 수 있다.
- **비소멸성** 디지털콘텐츠는 한번 생산되면 형태나 품질을 반영구적으로 유지할 수 있다. 따라서 필요에 따라 언제든지 원하는 형태로 사용이 가능하며, 동시에 수많은 사용자가 사용하더라도 디지털콘텐츠 자체의 감소를 가져오지 않기 때문에 디지털 경제발전의 원동력이 되고 있다.

(4) 아날로그콘텐츠와 디지털콘텐츠 비교

구분	아날로그콘텐츠	디지털콘텐츠
제공 수단	책, 신문, TV 등의 기존 미디어로 제공되는 콘텐츠	최신 정보기술을 활용하여 디지털로 제작된 정보생산품
제공 형태	아날로그	디지털
제공 방향	단방향	쌍방향
제공 주체	콘텐츠 제공자와 이용자가 명확히 구분	콘텐츠 제공자와 이용자의 구분이 불명확
제약성	시간과 공간의 제약을 받음	시간과 공간의 제약이 없음
개선비용	업데이트의 비용이 큼	업데이트가 쉽고 비용이 저렴
제공 절차	순차적인 방법으로 정보를 제공	정보의 제공방법이 자유로움

3. 미디어콘텐츠

미디어콘텐츠란 미디어와 콘텐츠의 합성어이다. 즉, 멀티미디어와 디지털콘텐츠의 융합을 뜻한다.

미디어콘텐츠는 멀티미디어 소프트웨어, 게임, 3D 애니메이션, 디지털 방송, 디지털 사운드, 스마트 콘텐츠 등을 포함한다.

미디어콘텐츠는 예술과 기술이 융합하여 창조적 콘텐츠로 만들어지는 것이며, 미래의 새로운 부가가치를 이끌어낼 수 있는 융합 분야이다.

미디어콘텐츠는 PC, 스마트기기 등의 IT기기와 인간의 상호 작용을 통해 인간의 삶의 질을 높이는데 디지털콘텐츠가 사용된다.

OTT(over the top)

OTT(over the top)는 '기존의 범위를 넘어서'라는 뜻으로 인터넷을 통해 방송 프로그램 · 영화 · 교육 등 각종 미디어콘텐츠를 제공하는 서비스이다. Top은 TV셋톱박스 같은 단말기를 의미한다.

OTT서비스는 초기에 단말기를 통해 영화 · TV 프로그램 등 프리미엄 콘텐츠를 VOD

방식으로 제공하는 서비스를 지칭했다. 이후 인터넷 기술변화에 따라 콘텐츠 유통이 모바일까지 포함하면서 OTT의 의미가 확대됐다.
우리나라의 OTT 서비스는 지상파연합의 'pooq', CJ 헬로비전의 티빙(tving), 현대 HCN의 에브리온TV, 아프리카TV, 이동통신사의 OTT가 있다. 최근에는 SK 브로드밴드에서 b tv와 hoppin을 합친 옥수수라는 OTT 플랫폼을 출시했다.
OTT 서비스의 방송 콘텐츠를 시청하는 국내 이용자 수가 300만 명을 넘지 않아 '300만의 저주' 라는 말이 생길 정도로 업계의 수익구조가 열악하다. 한 예로 5700만 뷰를 달성한 '신서유기' 역시 유료시청자수 부족으로 적자를 면치 못했다. OTT서비스 이용자 수는 꾸준히 증가하는 추세이지만 수익의 증가로 이어지지 않아 OTT서비스의 미래에 대한 우려가 커지고 있다.

4. 문화콘텐츠

문화산업진흥 기본법 정의(제2조)에 따르면,

콘텐츠는 부호 · 문자 · 음성 · 음향 및 영상 등의 자료 또는 정보이다.

문화적 요소는 예술성 · 창의성 · 오락성 · 여가성 · 대중성이다.

디지털콘텐츠는 부호 · 문자 · 음성 · 음향 및 영상 등의 자료 또는 정보로서 그 보존 및 이용에 효용을 높일 수 있도록 디지털 형태로 제작 또는 처리한 것이다.

문화상품 문화적 요소가 체화되어 경제적 부가가치를 창출하는 유 · 무형의 재화(문화콘텐츠, 디지털문화콘텐츠 및 멀티미디어문화콘텐츠 포함)와 서비스 및 이들의 복합체

디지털문화콘텐츠 문화적 요소가 체화된 디지털콘텐츠

멀티미디어콘텐츠 부호 · 문자 · 음성 · 음향 및 영상 등과 관련된 미디어를 유기적으로 복합시켜 새로운 표현 및 저장기능을 갖게 한 콘텐츠

문화콘텐츠는 문화적 요소가 체화된 콘텐츠이다. 테마별로 자연유산, 문화자원(유산, 원형, 요소), 인물, 음식, 특산품, 축제(이벤트, 체험, 5일장), 각종 시설 등으로 분류하여, 역사성, 사실성, 진정성, 독특성, 창의성 등으로 정리한 콘텐츠이다.

번역기(飜譯機, Translator)

1. 구글(Google) 번역기

구글에서 제작한 기계 번역(Machine Translation)으로 2016년부터 영어, 중국어를 시작으로 딥러닝 기술이 적용되었다.
입력을 통해 103개 언어 번역

- **탭하여 번역** 어떤 앱에서나 텍스트를 복사하면 번역이 표시됨
- **오프라인** 인터넷에 연결되지 않은 상태에서 59개 언어 번역
- **즉석 카메라 번역** 카메라를 사용하여 38개 언어의 텍스트 즉시 번역
- **카메라 모드** 텍스트를 사진으로 찍어서 37개 언어로 고품질 번역
- **대화 모드** 32개 언어로 양방향 즉석 음성 번역
- **필기** 키보드를 사용하는 대신 문자를 써서 93개 언어로 번역
- **표현 노트** 어떤 언어에서든 번역에 별표 표시 후 저장하여 나중에 참고

Google 번역에서 다음 기능에 액세스할 권한을 요청할 수도 있다.

- **마이크** 음성 번역에 필요
- **카메라** 카메라를 통한 텍스트 번역에 필요
- **문자 메시지** 문자 메시지 번역에 필요
- **저장용량** 오프라인 번역 데이터 다운로드에 필요
- **계정 및 사용자 인증 정보** 로그인 및 기기 간 동기화에 필요

2. 파파고(papago)

파파고(papago)는 네이버가 무료로 제공하는 기계 번역(Machine Translation) 서비스이다. 이름의 유래는 에스페란토어에서 앵무새를 뜻하는 단어에서 가져왔다. NAVER LABS에서 자체 개발한 인공신경망(Artificial Neural Network) 기반 번역 서비스로 현재 사용 가능한 언어는 한국어, 영어, 일본어, 중국어, 프랑스어, 스페인어의 6개 국어로, 총 30종 언어쌍의 통 · 번역을 제공한다. 현재, 안드로이드, iOS에서 지원을 하며, PC에서도 사용이 가능하다. 네이버 웨일에서도 내장되어 있다.

네이버랩스에서 운영하는 NAVER labspace Neural Machine Translationbeta 라는 서비스가 있다.

파파고(papago)의 주요 기능은

- 일대일(1:1) 대화 모드는 대화형 번역으로, 음성 인식을 통하여 번역한다.
- 이미지 번역은 갤러리에 있는 사진이나, 카메라로 새로 찍은 사진 속에 있는 글자들을 드래그하는 것으로 부분을 지정하여 텍스트로 변환하여 번역한다.
- WSD 화면은 번역할 문장 속에서 동음이의어가 감지되었을 경우, WSD(Word Sense Disambiguation) 기능을 통해 번역 결과 탭에서 해당되는 단어에 밑줄이 그어진다. 그 단어를 클릭하면, 여러가지 의미를 간단한 도형으로 표현한 그림이 표시되어, 알맞은 도형을 선택하는 것으로 더 정확하고 올바른 번역 결과를 얻을 수 있다.

3. S 번역기

삼성전자에서 제작한 S 번역기 문서 참조. S 번역기를 제작한 회사는 구글 번역기를 만든 회사와 동일한 회사이다.

4. 시스트란 번역기

시스트란에서 인공신경망 기술을 기반으로 만든 번역기이다. 하버드대와 공동연구하고 있으며 OpenNMT에 오픈되어 있다.

5. 빙 번역기

마이크로소프트에서 제작했다. 2013년 7월 현재 43개 언어를 지원한다. 기술문서 번역에서는 구글보다 좋은 결과를 보여준다. 이유는 방대한 MSDN 번역자료가 있기 때문이다. 트위터와 페이스북의 번역 기능이 바로 이 번역기 기반이다.

제2절 문화관광콘텐츠 개발

학습 목표	1. 문화관광 콘텐츠에 대해 학습한다. 2. 문화관광 콘텐츠 개발 방향, 목적, 방법과 단계에 대해 학습한다.

1. 문화관광콘텐츠

문화관광은 문화재 자원(유형문화재, 무형문화재, 기념물, 민속자료 등)과 박물관, 미술관, 콘서트 홀, 문화예술 축제, 이벤트, 공연 및 전시, 문화센터 등을 활용한 고유한 장소를 방문하는 행위이다.

문화관광콘텐츠(Culture Tourism Contents)는 '문화관광'의 개념과 콘텐츠의 표현물 또는 창작물로 가치를 창출하는 '문화상품'을 의미한다.

문화상품은 문화적 요소가 체화되어 경제적 부가가치를 창출하는 유·무형의 재화(문화콘텐츠, 디지털문화콘텐츠 및 멀티미디어문화콘텐츠 포함)와 서비스 및 이들의 복합체이다.

문화관광콘텐츠는 문화콘텐츠, 창작콘텐츠, 관광콘텐츠, 디지털콘텐츠로 구분한다.

문화관광콘텐츠	문화관광 + 문화상품(콘텐츠의 창작물) 문화관광 + (문화적 요소 + 재화 + 서비스) 복합체 문화콘텐츠 + 창작콘텐츠 + 관광콘텐츠 + 디지털콘텐츠

첫째, 문화콘텐츠는 그 지역의 테마별로 자연유산, 문화자원(유산, 원형, 요소), 인물, 음식, 특산품, 축제(이벤트, 체험, 5일장), 각종 시설 등으로 분류하여, 문화적 요소(역사성, 사실성, 진정성, 독특성, 창의성 등)로 정리한 콘텐츠이다.

둘째, 창작콘텐츠는 그 지역을 대표하는 상징물이나 창작물의 콘텐츠이다. 상징물은 그 지역을 대표하는 식물(나무, 꽃), 동물(새), 인물, 색상 등을 디자인하여 심볼이나 마크, 브랜드 슬로건 등을 표현한다. 창작물은 캐릭터, 에듀테인먼트(Edutainment) 등으로 표현한다. 에듀테인먼트(Edutainment)는 교육(education)과 오락(entertainment)의 합성어로 즐기면서 학습할 수 있는 교육자료 형태이다. 에듀테인먼트는 학습과정에서 게임과 같은 오락성, 도전성, 몰입성, 모험성 등이 중요한 요소로 고려된다.

셋째, 관광콘텐츠는 단일관광과 복합관광으로 구분한 콘텐츠이다. 단일관광은 관광지, 숙박, 음식, 교통, 부가시설 및 주변지역 등의 정보를 포함한다. 복합관광은 코스별, 테마별, 계절별, 대상별(트래킹, 산악), 체험별, 수학여행별(2박 3일)로 구별하여 단일관광과 연계한다. 그리고 관광코스는 그 지역의 여행사와 협력하는 것도 한 가지 방법이다.

넷째, 디지털콘텐츠는 가공유형과 미디어(매체)로 구분하여 콘텐츠를 제작한다.

가공유형은 오프라인(책, 소책, 리플릿, 안내지도, 포스터, 축제달력)과 온라인(애니메이션, 동영상, CD, VOD, eBook 등)으로 구분하고, 미디어(매체)는 인쇄매체(사진, 지도, 그림), 방송매체(공중TV, 케이블TV), 디지털매체(웹사이트, 스마트App, KIOSK, QR코드 등)로 구별하여 콘텐츠를 제작한다.

	가공 유형	미디어(매체)
오프라인	책, 소책, 리플릿, 안내 지도, 포스터, 축제 달력 등	인쇄매체(사진, 그림, 지도)
온라인	애니메이션, 동영상, CD, VOD, eBook 등	방송매체(공중 TV, 케이블 TV)
		디지털매체(웹사이트, 스마트App, KIOSK, QR코드 등)

2. 문화관광콘텐츠 개발

문화관광콘텐츠 개발의 목적은

첫째, 문화 유산을 발굴하여 문화 원형을 기록에 의해 스토리텔링하고, 둘째, 문화적 요소를 객관적으로 보존하며, 셋째, 문화 자원을 교육적, 역사적, 문화적인 가치를 높이고, 넷째, 창조적인 문화관광콘텐츠와 지역 특산품을 개발하며, 다섯째, 지역의 주민과 지자체가 직접 참여하여 자긍심이 고취되며, 여섯째, 주변 지역과 연계하여 지역 문화관광을 활성화하고, 지역의 경제 발전을 도모하고자 한다.

〈그림 12-2〉 **콘텐츠 개발 목적**

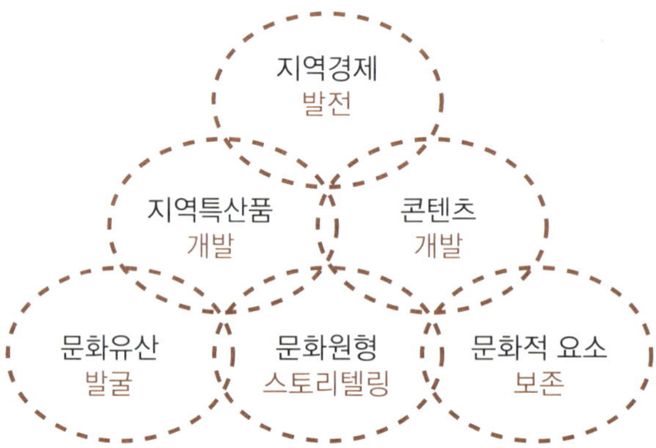

문화관광콘텐츠 개발의 방향은

첫째, 개발 단계에 따라 각각의 기간과 예산을 기획하여 실행한다.

둘째, 개발 콘셉트와 방향을 명확히 설정하여 원천자료 수집하여 테마별 분류와 정리한다.

셋째, 개발 목적에 따라 관련 업체를 선정하여 창작물 콘텐츠를 제작한다.

넷째, 개발된 콘텐츠는 목적에 따라 적절한지 평가를 실시한다. 평가는 진단평가, 만족평가, 욕구평가로 구분하고 각각의 평가 문항을 제작하여 수록한다. 진단평가는 내-외적 전문가 평가이고 만족평가는 관광객의 만족 평가이며, 욕구평가는 향후 제작 시 고려할 사항을 분석하여 반영하기 위함이다.

3. 문화관광콘텐츠 개발 방법

문화관광콘텐츠 개발 방법은

첫째, 지역 개발에 타당한 창의적인 기획(Planning)을 단계적으로 발전시킨다.

둘째, 지역(도시)에 대한 기존 문화재 정립과 새로운 문화적 요소를 발굴하고, 지역 관광과 주변 지역 간의 연계하여 관광 프로그램을 개발하며, 다양한 디지털콘텐츠를 개발한다.

셋째, 지역 마케팅을 어떻게 할 것인지 마케팅믹스(Marketing Mix)의 단계이다.

〈그림 12-3〉 문화관광콘텐츠 개발 모델

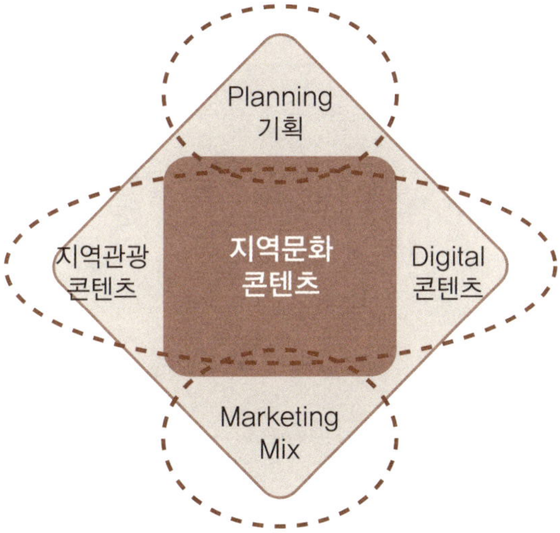

4. 문화관광콘텐츠 개발 단계

문화관광콘텐츠 개발 단계는 지역(도시)에 대한 콘텐츠를 기획(Planning)단계, 문화콘텐츠 개발, 관광 콘텐츠 개발, 디지털 콘텐츠 개발 그리고 마케팅믹스(Marketing Mix)로 5단계를 제시한다.

첫째, 1단계는 기획단계로 그 지역 주민부터 경험이 많은 전문가까지 포함되도록 한다. 기획단계의 세부 5단계는 주제설계단계, 세부계획단계, 개발계획단계, 운영계획단계, 평가설계단계로 구성한다.

〈표 12-7〉 문화관광콘텐츠 개발의 기획단계

기획 단계	단계 비전	기획 항목
주제 설계	지역성 발굴	• 지역 클러스터(Cluster) 구축(지자체 / 지역문화전문가 / 관광전문가 / 콘텐츠개발사) • 지역개발의 목표, 방향, 범위, 운영
세부 계획	진정성 발굴 (문화)	• 문화유산, 문화원형, 문화적 요소의 조사 및 분석 • 스토리텔링 및 스토리보드 • 디지털 콘텐츠 개발 범위 • 체크리스트 작성
개발 계획	지속적 개발	• 지역 콘텐츠 발굴 • 문화 콘텐츠 개발 • 관광 프로그램 개발 • 디지털 콘텐츠 개발
운영 계획	신뢰성 구축	• 콘텐츠 유지/보수 • 콘텐츠 운영 방법 • 콘텐츠 추가 발굴
평가 설계	지역성 평가	• 평가 지표(공동, 개별) 구축 • 평가 지표 운영 방법

둘째, 2단계부터 4단계까지(문화, 관광, 디지털콘텐츠)는 '분석 → 설계 → 개발 → 검수' 단계의 절차로 진행한다.

〈그림 12-4〉 문화관광콘텐츠 개발 단계

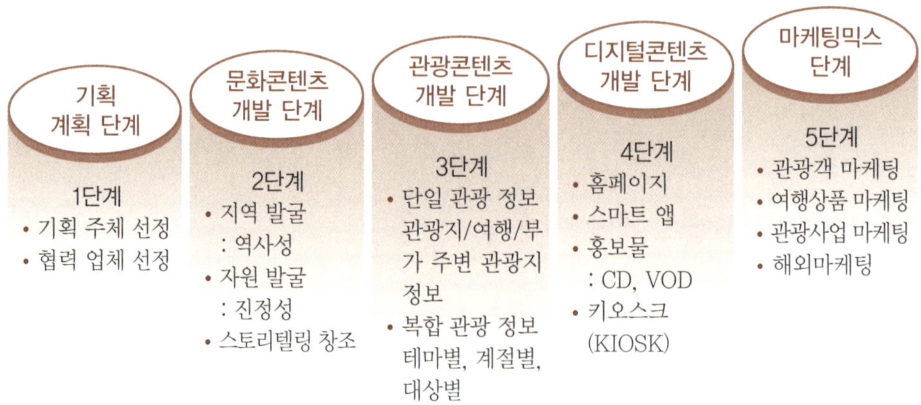

셋째, 5단계는 관광객이 그 지역을 방문할 수 있는 다각적인 마케팅 믹스전략이 필요하다.

제13장

관광 방송콘텐츠 및 관광기념품

제1절 관광 방송콘텐츠
제2절 관광기념품

Cultural Tourism

제13장 관광 방송콘텐츠 및 관광기념품

제1절 관광 방송콘텐츠

학습목표	
	1. 관광(국외 / 국내 / 국제) 방송콘텐츠에 대해 이해한다.
	2. 관광 방송콘텐츠 효과에 대해 고찰한다.

1. 국외관광 방송콘텐츠

국외관광은 내국인이 국외 지역을 관광하는 Outbound 여행이다. 국외관광 방송콘텐츠는 1995년부터 시작되었다.

1) 세상은 넓다

http://i.imgur.com/IMB75jm.png

KBS 1TV에서 1995년 9월 4일~2014년 12월 31일, 매주 월~금요일에 주 5회씩, KBS 2TV에서 2015년 1월 9일~4월 3일, 매주 금요일에 방영되는 국외여행 프로그램이다. 방송 횟수는

3424부작이다. 방송에서 소개되지 못한 오지, 색다른 정보를 제공, 그리고 이미 방송된 관광명소는 출연자의 색다른 시각에서 취재되었다.

http://img.visualdive.co.kr/visualdive2016/2016/08/13987667_626623514187082_7316065312492925323_o.png

2) 걸어서 세계 속으로

KBS 1TV에서 2005년 11월 5일~현재, 매주 토요일 오전 9시 40분(50분)에 방영 중인 해외여행 프로그램이다. 프로듀서가 해당 국가(120개국 이상)에 직접 가서 촬영한 영상을 배경음악과 설명하는 내레이션으로 소개한다.

자료 : http://kbs.co.kr/세상을걷다

3) 트레킹노트 세상을 걷다

UHD KBS1에서 2006년 1월 1일~현재, 0시 40분에 방영되고 있다. 우리나라는 물론이고 세계의 오지를 찾아다니며 담아온 비경들을 시청자들에게 소개하는 프로그램이다.

4) 좌충우돌 만국유람기

부산MBC에서 2006년부터 현재까지 방영하는 전국구 프로그램이 되었다. 초창기 제목은 '좌충우돌 두 남자의 만국유람기' 였다.

연예인 남자(1~2명)가 세계를 여행하며, 각 나라의 문화, 명승지(신 세계 7대 불가사의 도시) 등을 체험하는 해외여행 프로그램이다. 출연자는 볼리비아 & 칠레 편(2017년)에 양상국(개그맨)이다.

5) 세계테마기행

EBS1에서 2008년 2월 25일부터 현재까지 (2,000회 이상), 매주 월요일~목요일 20시 50분에 방영(40분) 중인 해외여행 프로그램이다. 매주 사진작가, 교수, 배우 등의 다양한 출연자 한 명이 직접 자유로운 배낭여행자만이 느낄 수 있는 살아있는 체험기를 전해드리고자 기획된 해외 배낭여행 프로그램이다.

6) 꽃보다 할배

자료: http://www.ondemandkorea.com/

tvN에서 2013년 7월 5일부터, 매주 금요일 21시 45분~23시 30분 방영. 실버 남자들 중심의 해외 배낭여행 프로그램이다. 출연자는 이순재, 신구, 박근형, 백일섭, 이서진이다.

2013년 7월 5일부터 2013년 8월 16일까지 시즌 1 프랑스/스위스 편이 방영되었다. 2013년 8월 23일부터 2013년 9월 20일까지 시즌 2 중화민국(대만) 편이 방영되었다. 2014년 3월 7일부터 5월 2일까지 시즌 3 스페인 편이 방영되었다. 2015년 3월 27일부터 5월 8일까지 시즌 4 그리스 편이 방영되었다.

7) 꽃보다 누나

http://ojsfile.ohmynews.com/

tvN에서 2013년 11월 29일~2014년 1월 17일 방영. 중년여자 중심의 해외 배낭여행 프로그램이다. 출연자는 윤여정, 김자옥, 김희애, 이미연, 이승기이며, 터키 이스탄불, 크로아티아 편을 방영했다.

8) 꽃보다 청춘

https://img-wishbeen.akamaized. net/

tvN에서 방영되는 청년 남자 중심의 해외 배낭여행 프로그램이다. 출연자는 편마다 바뀌며, 4탄에는 응답하라 1988 포상휴가 안재홍, 류준열, 고경표, 박보검이 출연했다.

2014년 8월 1일~10월 10일, 페루, 라오스 편을, 2016년 1월 1일~4월 1일, 아이슬란드, 아프리카 나미비아 편이, 2017년 11월 7일~11월 28일 오스트레일리아 편을 방영했다.

9) 내 친구의 집 어디인가

JTBC에서 2015년 2월 7일~2016년 4월 29일(62부작)까지 방영했으며, 각기 다른 나이, 국적(비정상회담 출연)의 사람들(유세윤, 6~7명)이 친구의 집으로 찾아가 겪는 해외 친구/친지 여행 프로그램이다.

방문지는 대한민국, 중화인민공화국, 벨기에, 네팔, 이탈리아, 캐나다, 오스트레일리아, 프랑스, 독일, 뉴질랜드, 태국, 미국이다.

http://img1.daumcdn.net/

10) 신서유기(新西遊記, New Journey to the West)

tvN과 포털사이트 네이버 TV캐스트에서 방영한 중국, 베트남 각국의 다양한 체험을 하는 해외여행 프로그램이다. 출연자는 강호동, 이수근, 은지원(시즌 1~4), 이승기(시즌 1), 안재현(시즌 2), 송민호, 규현(시즌 3, 4) 등이다.

2015년 9월 4일~2015년 10월 2일(시즌1 인터넷판), 2016년 4

월 8일~2016년 4월 15일(시즌1 TV판, 중국 시안), 2016년 4월 19일~2016년 6월 14일(시즌2 인터넷판), 2016년 4월 22일~2016년 6월 17일(시즌2 TV판, 중국 청두, 리장), 2017년 1월 5일~2017년 1월 6일(시즌2.5 인터넷판), 2017년 1월 8일~2017년 3월 12일(시즌3 TV판, 중국 구이린, 샤먼), 2017년 6월 13일~2017년 8월 22일(시즌4 TV판, 베트남)에 방영했다.

11) 배틀 트립(Battle Trip)

자료: http://google.co.kr/

KBS 2TV에서 2016년 4월 16일~현재까지 방송하고 있다. 일정한 주제에 맞추어 각 관광지를 둘러보고 온 출연자들이 두 팀으로 나뉘어 100인으로 구성된 방청객 판정단에게 많은 선택을 받느냐에 따라 승패를 정한다.

목적지는 대개 해외의 관광지를 대상이며, 국내외를 가리지 않고 모두 여행의 대상이 된다.

12) 뭉쳐야 뜬다(패키지로 세계일주)

http://pds.joins.com/news/component/JTBC/

JTBC에서 2016년 11월 19일~현재까지 방영중인 해외 패키지상품 여행 프로그램이다. 출연자는 김용만, 김성주, 안정환, 정형돈, 게스트 등이다.

여행지는 태국(방콕, 파타야), 중국(장가계), 일본(규슈, 홋카이도, 오사카, 교토), 스위스, 베트남(다낭), 캄보디아, 싱가포르, 라오스, 오스트레일리아, 미국(하와이), 캐나다, 체코, 오스트리아. 대만, 한국(순천), 아프라카(짐바이브), 캐나다(서부) 등이다.

13) 배낭 속에 인문학

TV조선에서 2017년 5월 24일~2018년 현재까지 방송 중인 해외 배낭여행 프로그램이다.

14) 둥지탈출

tvN에서 2017년 7월 15일~9월 2일(시즌1, 8부작), 2017년 12월 5일~현재 방영 중이다. 아이들(평균 15세)이 부모(연예인)의 둥지를 떠나 누구의 도움도 없이 서로만을 의지한 채 정해진 기간 동안 낯선 나라(네팔, 폴란드)의 사람들과 생활하는 해외 청소년 배낭여행 프로그램이다.

http://dasiboa.com/dasi_media/2017/12/12-12242017-1.jpg

15) 오지의 마법사

MBC에서 2017년 7월 30일~2018년 2월 4일(18회), 매주 일요일 방영하며, 낯선 오지에서 72시간(3일) 이내에 정해진 목적지에 도착해야 집으로 돌아오게 설정한 해외 무전여행 프로그램이다.

콘셉트는 주로 히치하이킹이나 물물교환, 무전취식 등의 방법을 쓰거나, 김태원의 버스킹으로 경비를 마련하는 등으로 여행을 이어 간다. 출연자는 음악인 김태원, 배우 김수로, 개그맨 윤정수, 엄기준 및 최민용, 한채영 등이다.

16) 나의 외사친(외국인 사람 친구)

JTBC에서 2017년 10월 15일~12월 24일. 일요일 20시50분~22시30분(100분) 방영하였다.

나이 빼고는 모든 게 다른 세계 각국의 동갑내기와 친구가 되는 콘셉트로, 관광지가 아니라 평범한 외국인 친구의 일상에서 일주일 동안 소통하는 외국사람 친구 만들기 프로젝트다. 동갑내기 친구를 통해 외사친들이 가진 다른 꿈, 고민을 함께 나누며, 서로의 다름을 이해하고 「인생 중간 평가」의 시간을 돌아볼 수 있다.

www.google.co.kr/

개그맨 이수근은 아들 둘과 부탄의 초등학생 친구(도지)를, 배우 오연수는 이탈리아의 한 레몬 농장의 동갑내기 친구(조반나)를, 가수 윤민수의 아들 윤후는 나홀로 미국으로, 가수 윤종신 부자는 호주 바이런베이의 다섯 남매 다둥이 아빠를, 심상정 의원은 스페인 순례자의 길에서 모니카 수녀를 찾아 떠나 공감을 형성하는 친구 맺기이다.

17) 짠내투어

자료: http://google.co.kr/

tvN에서 2017년 11월 25일~2018년 현재, 매주 토요일 방영한다. 여행자는 방송인 김생민, 개그맨 박명수, 박나래, 가수 정준영, 기타 게스트 등이 정해진 랜드비 예산으로 3박 4일 해외 자유여행 프로그램이다.

김생민, 박나래, 정준영/박명수는 하루씩 맡아 각자 개성을 담은 하루의 여행일정을 설계한다. 모든 여행이 끝나면 투표를 통해 가장 가성비 좋은 일정을 설계한 출연자가 우승한다. 우승한 설계자는 보상으로 여행 마지막 날 본인이 원하는 스몰 럭셔리 여행을 즐길 수 있다.

국외관광 방송콘텐츠 특징

1995년~ 관광지 간접 소개 : 세상은 넓다(1995~2015), 걸어서 세계속으로(2005 ~), 트레킹 노트 세상을 걷다(2006 ~)

2006년~ 관광지 직접 싱글 체험 : 좌충우돌 만국유람기(2006 ~)

2013년~ 관광지 직접 자유 체험 : 꽃보다 할배(2013 ~), 신서유기(2015 ~)

2015년~ 관광지 인간 소통 공유 : 내 친구의 집은 어디인가(2015~), 나의 외사친(2017~), 짠내투어(2017~)

2. 국내관광 방송콘텐츠

국내관광은 내국인이 국내 지역을 관광하는 Domestic 여행이다. 국내관광 방송콘텐츠는 2006년부터 시작되었다.

1) 영상앨범 산(山)

자료: http://google.co.kr/

KBS 2에서 2006년 1월 1일부터~현재까지 매주 일요일 오전에 국내-외의 명산을 찾아서, 자연이 주는 아름다움을 느껴보고, 산과 더불어 살아가는 사람들의 다양한 모습을 보여주는 방송 프로그램이다. 전편은 '앨범 한국백경' 이었다.

2) 1박 2일(시골형)

KBS 2에서 2007년 8월 5일~현재까지 매주 일요일에 방영하는 국내여행 오락 프로그램이다(SBS 런닝맨은 도시형).

자료 : http://google.co.kr/

전국 각지를 돌아다니면서 1박 2일 동안 재미있고 다양하게 체험하면서, 지역을 자연스럽게 소개한다.

중국의 쓰촨위성 TV와 '1박 2일'의 포맷 제작 협약을 체결하고, 1박2일(兩天一夜, 양천일야)로 방영되기 시작했다.

3) 한국기행

www.google.co.kr

EBS 1TV에서 2009년 8월 24일~현재까지 매주 월요일~금요일 오후에 방영하는 국내여행 다큐멘터리 프로그램이다. 대한민국의 비경을 찾아가는 공간여행이며, 역사와 풍습, 건축, 문화의 향기를 느끼고 전달하는 시간여행이다.

4) 삼시세끼(산촌/어촌형)

자료 : http://google.co.kr/

tvN에서 2014년 10월 17일~2017년 10월 20일. 금요일 21시 50분(100분) 방영. 낯설고 한적한 시골 민박집에서 남자들이 '한 끼'를 만들어 먹고 즐기는 국내 민박여행 프로그램이다. 출연진은 이서진 외 2명(에릭, 윤균상) + 초대손님, 연출은 나영석 PD이다.

1기 정선편 1(2014년 10월 17일~12월 26일 11부작), 2기 어촌편 1(9부작), 3기 정선편 2(18부작), 4기 어촌편 2(10부작), 5기 고창편 1(12부작), 6기 어촌편 3(12부작), 7기 바다목장 편(2017년 8월 4일~2017년 10월 20일 12부작)을 방영했다.

5) 콧바람 여행

KBS 프라임(N) LIFE에서 2015년 5월 31일부터 12부작으로 매주 일요일에 방영하

였다. 가이드 아나운서, 연예인 등 2명이 1박 2일 동안 가까운 국내여행지를 찾아다니는 국내여행 프로그램이다.

6) 여행생활자 집시맨

자료 : http://google.co.kr/

MBN에서 2016년 8월 25일~현재까지 매주 목요일에 방송 중이다. 집시맨은 연예인이 아닌 일반인이 다양한 트럭, 승합차, 버스를 개조한 운송수단이나 캠핑카로 국내 각지를 여행한다.

MC는 가수 김C 또는 가수/배우 이현우가 집시맨을 찾아가서, 재료를 획득하여 음식을 만들어 먹으며 살아가는 이야기를 나누는 국내 캠핑카 여행 프로그램이다.

7) 구석구석 코리아

자료 : http://google.co.kr/

YTN에서 2016년 9월 02일~2018년 현재까지 매주 금요일에 방영한다. 가이드 1명(아비가일)이 아름다운 풍광을 자랑하는 전국의 명소와 우리네 인심과 전통 문화를 간직하고 있는 뒷골목 시장 등을 찾아 숨겨진 맛집과 이색 볼거리를 발굴해 소개하는 국내여행 프로그램이다.

8) 섬총사(도서형)

http://dasiboa.com/dasi_media/2017/11/28-11272017.jpg

tvN과 올' 리브(O' live)에서 2017년 5월 22일~12월 18일(31부작, 시즌1)에 방영했다. 개그맨 강호동, 배우 김희선, 정용화 3명과 게스트

1~2명이 4박 5일간 현지인들의 집에서 1명씩 민박하면서 동고동락 섬 생활하는 국내 섬 여행 프로그램이다.

섬 주민들(주로 어르신들)과의 교감에 초점을 맞추고 있는 것이 특징이다. 촬영장소는 우이도(신안), 영산도(신안), 생일도(완도), 홍도(신안군). 어청도(군산시) 등이다.

9) 알쓸신잡(알아두면 쓸데없는 신비한 잡학사전)

tvN에서 출연자들이 국내를 관광하면서 다양한 관점의 이야기를 나누는 '수다 여행' 으로 국내 무박여행 프로그램이다. 시즌1은 2017년 6월 2일~7월 28일(9부작), 시즌2는 2017년 10월 27일~12월 29일(10부작), 매주 금요일에 방송했다.

자료 : http://google.co.kr/

출연자는 MC 유희열, 작가 유시민, 맛 칼럼니스트 황교익 등이며, 연출은 나영석, 양정우 PD이다.

10) 효리네 민박

JTBC에서 2017년 6월 25일~9월 24일(시즌1, 14부작), 2018년 2월 4일~(시즌2, 10부작), 매주 일요일에 방송했다.

자료 : http://google.co.kr/

가수 이효리, 이상순 부부는 제주도에서 민박■ 집을 운영하면서 아르바이트생 가수 아이유(이지은, 시즌1), 가수 윤아(소녀시대, 시즌2),

■ 민박은 숙박업의 일종으로, 농어촌지역과 준농어촌지역의 주민이 거주하고 있는 단독주택을 이용해서 농어촌 소득을 늘릴 목적으로 숙박 · 취사시설 등을 제공하는 사업이다. 게스트하우스(Guest house)란 숙박시설의 하나로 외국인 여행자에게 저렴한 가격으로 숙소를 제공한다.

배우 박보검 등과 함께한다. 콘셉트는 제작진의 개입을 최대한 줄이고, 출연자들이 다양한 고객들과 생활문화 체험을 경험하는 국내 민박여행 프로그램이다.

국내관광 방송콘텐츠 특징

2006년부터는 관광지를 소개하려는 방송(영상앨범 산, 한국기행 등)이며, 2007년부터는 관광지를 소개, 오락하려는 방송(1박2일 등)이었다.
2014년부터는 관광지를 소개, 오락, 체험하려는 방송(삼시세끼, 집시맨 등)을, 2017년부터는 관광지를 소개, 오락, 체험, 공유하려는 방송(섬총사, 알쓸신잡, 효리네 민박 등)이었다.

3. 국제관광 방송콘텐츠

국제관광은 외국인이 국내 지역을 관광하는 Inbound 여행이다. 국제관광 방송콘텐츠는 2017년 6월(어서와~ 한국은 처음이지?)부터 방송하기 시작하였다.

1) 윤식당

자료 : http://google.co.kr/

tvN에서 매주 금요일에 방영된 해외 관광 식당 프로그램이다. 시즌 1은 2017년 3월 24일~5월 19일(9부작), 인도네시아 길리 트라왕안 섬 해변에서, 시즌 2는 2018년 1월 5일~3월 23일, 스페인 카나리아제도 테네리페 섬 가라치코에서 한국식당을 경영하는 모습을 담고 있다.

연출은 PD 나영석, 이진주이며, 출연자는 윤여정(사장 겸 메인셰프), 이서진(총무 겸 서빙과 캐셔), 정유미(보조셰프), 신구(아르바이트생, 시즌1), 박서준(보조셰프, 시즌2)이다. 한국음식 요리를 판매하면서 한국을 알리고, 외국에 머무르며 이국적인 풍경을 보여준다.

2) 어서와~ 한국은 처음이지?

MBC 에브리원(every 1)에서 2017년 6월 1일~2018년 3월 15일(시즌1), 매주 목요일에 방영했다. 한국에 체류하는 외국인 방송인들(비정상회담)이 모국의 친구 / 지인 3명을 초대하여 4박 5일간 체험하는 국제관광 프로그램이다.

방한한 국가는 이탈리아, 멕시코, 독일, 러시아, 인도, 핀란드, 프랑스, 영국 등이며 제주도 특별편(이탈리아 / 멕시코 / 독일 / 인도 합동)을 방송했다.

〈그림 13-1〉 어서와 한국은 처음이지

자료: http://google.co.kr/

3) 서울 메이트

tvN 및 OLIVE에서 2017년 11월 11일~2018년 현재까지 매주 토요일에 방송한다. 국내 연예인의 가정집에서 호스트가 외국인 메이트(mate)들에게 한국의 생활과 문화를 체험하는 국제관광 민박 프로그램이다.

http://image.chosun.com/sitedata/image/201711/07/2017110702426_0.jpg

배우 이기우 : 서초동 하우스 : 멕시코 2명

배우 장서희 : 자양동 : 네덜란드 1가족 6명

개그맨 김준호 : 여의도동 : 필란드 여자(5~60대) 3명

가수 구하라 : 논현동 : 스웨덴 3자매(K팝과 한국 드라마를 사랑하는 소녀들)

4) 헬로우 방 있어요?

자료 : http://cfile25.uf.tistory.com/ image/9938E6335A1D41B32DDCF6

MBN에서 2017년 11월 28일~2018년 1월 2일까지 매주 화요일에 방송했다. 국내 연예인 5인(배우 윤다훈, 김기방, 모델 송경아, 이영은, 모델 아이린 등)이 이태원에서 직접 운영하는 외국인 게스트하우스로 한국의 생활과 문화를 체험하는 게스트하우스 국제관광 프로그램이다.

국제관광 방송콘텐츠 특징

2017년 6월부터는 관광지를 소개, 오락, 체험하려는 방송(어서와~ 한국은 처음이지? 등)을, 2017년 11월부터는 관광지를 소개, 오락, 체험, 공유하려는 방송(서울 메이트, 헬로우 방 있어요? 등)이었다.

4. 관광 방송콘텐츠 효과

방송콘텐츠가 관광수요에 미치는 효과는 매우 크다. 한국관광공사에 조사에 따르면 해외여행을 계획하는 국민 중 84.7%가 TvN '꽃보다' 시리즈를 보았으며, 이 중 64.7%는 프로그램이 해외여행 계획에 영향을 미쳤다고 답했다. 뿐만 아니라 가장 가고 싶은 여행지 또한 촬영지였던 프로그램의 배경이 되었던 곳들이 다수 선정되었다.

1). 방송콘텐츠의 관광활용

방송콘텐츠 방영으로 지역문화 소개 및 내국인 관광이 증가했다. 방송콘텐츠 수출로 방한 외국인이 증가했다.

2) 방송콘텐츠를 통한 지역 변화

지역의 역사, 문화, 관광지를 이해하고, 지역의 방문 및 관광지로 변화했다.

3) 방송콘텐츠가 관광수요에 미치는 효과

여행 패러다임의 변화를 주도하고, 관광객 증대효과와, TV 속 명소 테마관광상품을 추진했다.

4) 방송콘텐츠 노출의 역효과

관광객의 무분별한 행동으로 환경 변화를 유발하고, 해외여행에 빠진 예능 프로그램과 기존 관광지의 특성을 왜곡했다.

제2절 관광기념품

학습목표
1. 관광기념품의 개념에 대해 이해한다.
2. 문화에 대해 구분하고 속성, 특징, 분류 등에 대해 고찰한다.

1. 관광기념품

선물(膳物, gift, present)은 "남에게 고마움이나 기쁨을 표현하기 위해 보내는 것"이다. 보통 기념일에 많이 주고받으며, 대표적인 것은 생일 선물과 크리스마스 선물이다.

기념품(紀念品)의 국어사전 정의는 "기념으로 주거나 사는 물품"이며, 벼리 기(紀), 생각할 념(念), 물건 품(品)이다. 때론 기록할 기(記)를 쓰기도 한다.

기념품(紀念品)의 영어사전 정의는 "소베니어(souvenir, 여행에서 구입한) 또는 메먼토(memento, 어떤 일을 기념하거나, 사람-장소를 기억하기 위한) 물품"이다. 또한, 받는 이를 기쁘게 하는 물품이다.

관광기념품(tourism souvenir)은 소베니어(souvenir)의 개념으로 "관광이나 여행을 한 후 지인에게 주는 물건"으로 정의하였다. 관광기념품은 관광객이 관광지 방문을 기념하고 관광지의 문화와 전통을 상징하고 추억을 회상하기 위해 구입하거나 취득하는 상-제품이다.

관광기념품의 유형은 광의적으로 토산품, 특산품, 공예품, 민예품, 공산품으로 구분된다.

〈표 13-1〉 **관광기념품 정의**

구분		사전적 정의	예
토산품	토산품 土産品	그 지방 토지에서만 특유하게 나는 물품	농산물, 건어물, 인삼, 직물류
	특산품 特産品	다른 지역에서도 생산되지만, 어떤 지역에서 특별하게 생산되는 물품	칠상, 향토술, 김치
공예품	공예품 工藝品	실용적이면서 예술적 가치가 수공업으로 만든 장식적인 공작품	도자기, 금속, 돌, 짚 공예, 도장
	민예품 民藝品	민간에 전해 오는 전통민속 예술품이며, 장식적인 요소를 축소시킨 생활용품	민속악기(장구), 부채
공산품 工産品		최근에 쉽게 접할 수 있는 대중 제품	의류, 신발, 양말, 화장품류, 문구류, 과자류, 가전제품 등

관광기념품 개발 방향은 다음과 같다.

기념품 시장 현황	기념품 개발 방향
기념품에 대한 신뢰 부족 • 국적불명의 기념품 난립 • 지역 기념품의 고유성 미약	지역을 대표할 수 있는 기념품의 고유성 및 차별성
미적-실용적 디자인의 부족 • 상품에 대한 미적 불만족 • 대중적 상품으로의 접근 취약	고객관점의 미적측면과 사용편의성에 대한 만족시킬 수 있는 제품 개발
비전문적 제품 전개 • 전문화된 기념품 디자인업체 부제 • 영세한 생산업체와 판매점	지역 기념품개발을 위한 전문 디자인 인력 및 업체 양성
체계적 시스템 부재 • 디자인-상품 클러스터 기반 부족 • 분산적 지원 체계	상호 수익창출을 할 수 있는 디자인-생산업체 및 지원기관 간의 조직적 역할 수행

자료출처 : 이준화(2008), '문화관광상품으로서의 기념품 디자인콘텐츠 개발', 경희대학교 대학원 박사학위논문.

관광기념품의 속성은

속성	요　소
고유성	관광지의 상징, 독특함
문화성	관광지의 문화, 역사적 요소
심미성	디자인, 재료, 예술적 요소
운송용이성	보관, 이동 용이
경제성	적절한 가성비
품질성	기술, 우수성

한국관광공사는 우리나라 및 전국 각 지역을 대표하는 관광기념품을 발굴하기 위해 1998년 이후 매년 '대한민국 관광기념품 공모전'을 개최되고 있다.

1) 공모대상

관광기념품의 종류는 패션소품, 장식품, 전자제품, 문구류, 생활소품, 식품, 의류, 기타 등이다.

2) 공모부문

- **'전통' 부문** 전통적 디자인 및 이미지를 반영하여 한국 고유의 정체성과 상징을 보유한 기념품
- **'현대' 부문** 최근 현대적 디자인 및 이미지가 창의적이고 실용성 있는 기념품
- **'창작 아이디어' 부문** 한국의 문화, 자연환경, 먹거리, 관광지 등 다양한 콘텐츠를 소재로 하여 실제 상품화 가능한 관광기념품 아이디어

3) 심사기준

구 분		심사항목	배점	평가사항
공 통		상품성	40	가격, 시장성
		디자인	30	심미성
		창의/실용성	20	독창성, 참신성, 기능성
부문별	전통/현대	품질수준	10	상품의 질적 측면
	아이디어	완성도	10	실현가능성, 구체성
합 계			100	

※ 전통/현대 부문은 전문가 심사과정을 통해 출품작의 수상 부문이 확정됨.

4) 시상 내역

상훈	시상내역	전통기념품	현대기념품	창작 아이디어	시상금(단위:만 원)
대상	대통령상	1		-	1,500
금상	국무총리상	2			500
은상	문화체육관광부 장관상	4			300
동상	한국관광공사 사장상	2	2	1	200
장려상	후원기관장상	3	3	2	50
입선	한국관광공사 사장상	10	10	5	30
합 계		수상작 수			45개
		시상금			5,850

2. 관광기념품 판매업(외국인 전용)

외국인전용 관광기념품 판매업은 1982년 관광기념품 판매업이 폐지된 후 1987년 신설된 업종으로 외국인을 대상으로 국산품만을 판매할 수 있었다.

관광객이용시설업의 '외국인전용 관광기념품 판매업'이 관련 법률에 따라 2014년 12월 말 기준으로 폐지되어 220개가 폐업되었다.

3. 면세점(免稅店, Duty free shop)

면세점은 우리나라를 벗어나 외국으로 출국하는 내·외국인에게 관세 및 내국세 등 과세가 면제된 상품을 판매하는 장소이다. 관세법(제196조)에서는 '보세판매장'이라는 용어로 정의한다.

면세점(免稅店)은 물건에 세금(소비세, 주세, 수입품의 관세 등)을 면제하여 판매하는 소매점이다. 면세점은 주로 공항 또는 항만, 도시 내 번화가, 또한 국제선 항공기 내에서도 면세점과 같은 역할을 한다.

면세점(免稅點)은 세금을 면제하는 기준이 되는 한도액이 있다. 일정한 금액이나 가격 또는 수량 이하의 과세 물건에 대하여는 과세를 하지 않는 것으로서, 경제정책적·사회정책적 측면을 고려하여 설정되었다.

면세 혜택은 '관세', '부가가치세', '개별소비세', '주세', '담배소비세' 등의 면세 혜택을 제공하고 있다. 다만, 이 혜택은 구매한 면세품을 국내로 반입하지 않고 해외로 반출하는 조건으로 부여되는 것이다.

면세점 운영은 외국인 관광객 유치를 통한 외화획득과 관광진흥을 목적으로 1979년에 처음 설치되었다.

면세점 분류는 면세되는 시점에 따라 사전면세점과 사후면세점으로 나눈다.

사전면세점(Duty Free)은 외국인 관광객이나 해외로 출국하는 내국인이 세금 없이 물건을 살 수 있는 판매장이다. 비행기 표와 여권이 필요한 시내 면세점, 출국장 면세점, 내국인 면세점 등이다.

사후면세점(Tax Free 혹은 Tax Refund)은 외국인이 물품을 사고 출국할 때 영수증을 공항의 환급계산대에 제출하면 부가가치세와 개별소비세를 돌려준다. 즉시환급제는 구매할 때 부가가치세를 뺀 가격으로 사는 것이다.

면세점 종류는 설치장소와 목적에 따라 출국장면세점, 시내면세점, 지정면세점, 기내면세점, 외교관면세점으로 구분한다. 종류별로는 출국장면세점이 21곳, 시내면세점 17곳, 지정면세점 5곳, 외교관면세점 1곳이며, 총 49개소의 보세판매장이 운영 중에 있다(2018년 3월 현재).

1) 출국장면세점

출국장은 공항과 항만에 위치하며, 가장 흔한 형태의 면세점이다. 구입한 물건을 바로 받을 수 있으며 출국심사 후 출발 대기장에서 이용할 수 있다. 출국장에 있지만 입국장에 있는 경우도 있다. 점포나 체인 형태가 많으며 시내 면세점보다 가격이 비싼 것이 특징이다.

2) 시내면세점

시내면세점은 도시의 내부에 위치한 면세점이다. 구매한 물건을 즉시 수령할 수 없다. 공항 또는 항만에서 출국 심사를 받은 이후 면세품 수령처(인도장)에서 취득할 수 있다.

3) 지정면세점

지정면세점은 그 국가의 내국인 관광 유치를 중점으로 하는 도시에 설치된다. 기존 면세점과 달리 국내선 이용자들을 대상으로 면세품을 판매한다. 제주특별자치도에는 지정면세점이 운영되고 있다. 대한민국 제주특별자치도 제주시와 서귀포시 등에 설치되었다.

제주시 제주국제공항(국내선 출발장), 제주항 내에 있는 JDC면세점과 서귀포시 제주국제컨벤션센터, 성산항 내에 있는 JTO면세점에서의 쇼핑이 가능하다.

4) 기내면세점

기내면세점은 항공기 내에서 카탈로그를 보고 주문하면 즉시 구매하는 방식이다. 항공기에서는 물건 수량에 제한이 많은 편이고, 작은 비행기는 몇몇 품목을 안 들여놓는 경우도 많다. 이런 제한 때문에 항공사에서는 인터넷으로 면세품 예약을 받는 시스템도 운영하고 있다. 일부 항공사에선 출국편에 미리 주문했다가 귀국편에 받을 수도 있다. 기내면세점은 시내면세점보다 할인혜택이 적은 편이다.

5) 외교관면세점

우리나라에 주재하는 대사관, 영사관, 공사관 직원 및 가족 등에게 외국물품을 판매하는 면세점이다. 광화문에 위치한 동화면세점이다.

면세점 송객수수료 첫 1조 원 돌파

송객수수료는 여행사가 데려온 관광객의 구매액에 비례하여 지급된다. 송객수수료율은 구매액의 15~25%로 알려져 있다.
관세청에 따르면, 전국 22개 시내 면세점 사업자가 여행사와 가이드 등에 준 송객수수료는 2017년 1조 1481억 원으로 전년(9672억 원, 매출 8조 8712억 원의 10.9%) 대비 19% 증가했다. 2015년 5630억 원이던 면세점의 송객수수료 지출이 2년 만에 두 배로 증가한 것이다. 특히 대기업 면세점의 송객수수료율은 매출의 20.1% 수준이다. 1위 사업자인 롯데의 송객수수료가 가장 낮고, 2위인 신라, 3위인 신세계 순으로 높다.
2017년 '사드보복'으로 중국인 단체관광객이 대폭 줄었음에도 송객수수료 지출이 증가한 것은 중국인 보따리상 '다이궁(代工)'의 매출이 늘었기 때문인 것으로 추정된다. 한국에서 면세품을 사다 중국서 되파는 다이궁 입장에선 단체관광객이 한국에 오지 못하는 상황이 오히려 호황이었다. 다이궁도 주로 여행사를 통한 패키지 관광 형태로 방한한다. 동료 다이궁들과 함께 대량으로 구매해야 할인을 더 받을 수 있기 때문이다.
면세업계 관계자는 "사드 보복 이후 중국인 유치 경쟁이 심화되며 신규 면세점들이 경쟁적으로 송객수수료율을 올리는 경쟁이 심화돼 매출이 늘어도 영업이익은 크게 줄었다"고 했다. 통상 면세업계는 여행사와 6개월 또는 1년 단위로 송객수수료 계약을 맺고 있다.

조선일보(2018년)

임대료는 고정적인 임대료를 지급하는 '최소보장액 방식'과 매출과 연동되는 '영업요율 방식' 가운데 하나를 선택해야 한다.

4. 관광객 현황

1) 내국인 관광객 현황

〈표 13-2〉 입국 및 출국 수

연도	입국(외국인)		출국(내국인)		비 고
	인원(명)	성장률(%)	인원(명)	성장률(%)	
2007	6,448,240	4.8	13,324,977	14.8	
2008	6,890,841	6.9	11,996,094	-10.0	세계금융위기
2009	7,817,533	13.4	9,494,111	-20.9	한일 관계
2010	8,797,658	12.5	12,488,364	31.5	
2012	11,140,028	13.7	13,736,976	8.2	
2013	12,175,550	9.3	14,846,485	8.1	
2014	14,201,516	16.6	16,080,684	8.3	
2015	13,231,651	-6.8	19,310,430	20.1	중동 메르스, 한중 관계
2016	17,241,823	30.3	22,383,190	15.9	
2017	13,335,758	-22.7	26,496,447	18.4	한중사드관계

자료 : 관광지식정보시스템(www.tour.go.kr)

2) 외국인 관광객 현황

한국을 방문한 후 출국하는 외래관광객(교포 및 승무원 제외)을 대상으로 매월 1000명씩 1년간 12,000명(입국자 비례배분법)을 2016년 공항(인천, 김포, 김해, 제주), 항만(인천, 부산)에서 8개국으로 번역된 설문지로 조사한다(한국문화관광연구원, 2017).

여행형태는 개별여행 9,314명(77.6%), 단체여행 1,998명(16.6%), 에어텔 691명(5.8%)등이다. 체류기간 5일(30.7%) 등으로 나타났다.

방한 횟수는 1회 7,032명(58.6%), 2회 1,609명(13.4%), 3회 871명(7.3%), 4회이상 2,491명(20.8%)이다. 여자 6,380명(53.2%), 20대 4,584명(38.2%), 휴가 6,294명(52.4%) 등이다. 동반인원 3.0명 등이다. 친구/연인 45.2%, 혼자 24.5% 등이다. 서울

78.0%, 제주 20.2% 등이다. 쇼핑 중복 품목은 향수/화장품 64.3%, 식료품 41.6%, 의류 40.7% 등이다.

(1) 국가별 입국 현황

〈표 13-3〉 외래관광객 현황(2016년)

거주국	입국 수	구성비(%)	평균지출액($)	평균체류일
중국	7,752,022	50.2	2,060	6.1
일본	2,270,036	14.7	814	3.9
대만	823,417	5.3	1,244	5.1
미국	811,417	5.2	1,338	9.8
홍콩	642,338	4.2	1,520	6.3
태국	417,800	2.7	1,124	5.6
말레이시아	286,738	1.9	1,032	7.1
베트남	217,265	1.4	1,020	6.5
싱가포르	203,463	1.3	1,573	7.6
기타	생 략			
전체(2016)	15,456,810	100.0	$1,625	6.4
2014년	12,326,753			

자료 : 한국문화관광연구원(2017), "2016 외래관광객 실태조사"

(2) 주요 활동

(중복응답, 2016년 상위 10위 기준, 단위 : %)

구분	2016년	2015년	2014년	2013년	2012년
쇼핑	75.7	71.5	74.0	70.9	72.8
식도락 관광	51.0	47.3	46.4	39.0	48.4
자연경관 감상	28.6	30.0	31.7	17.6	13.3
고궁/역사 유적지 방문	25.0	26.2	27.2	16.2	14.2
유흥/오락	15.2	11.9	9.2	9.6	8.4
업무수행	11.4	12.9	14.3	16.6	16.5

구분	2016년	2015년	2014년	2013년	2012년
박물관/전시관 방문	10.5	10.5	8.9	6.5	6.7
테마파크	10.5	8.3	8.9	7.1	5.1
휴양/휴식	8.5	7.6	7.4	8.9	8.6
공연/민속행사/축제참가 및 관람	7.9	6.9	5.1	5.5	5.2

(3) 주요 방문지

(중복응답, 2016년 상위 10위 기준, 단위 : %)

구분	2016년	2015년	2014년	2013년	2012년
명동	63.2	60.7	62.4	58.9	61.5
동대문시장	48.6	47.5	49.8	45.8	49.0
남산/N서울타워	33.6	32.0	34.2	25.5	28.9
고궁	30.1	34.9	35.0	31.6	32.3
신촌/홍대주변	25.9	22.9	24.0	19.6	16.5
남대문시장	22.6	22.8	22.4	26.5	31.8
인사동	21.9	20.3	24.4	23.8	26.2
강남역	21.2	18.2	18.4	-	-
박물관(기념관)	18.9	21.0	17.6	20.4	22.4
잠실(롯데월드)	18.6	18.4	19.0	24.3	23.3

1) '강남역'은 2014년부터 추가된 항목임
2) 일러두기2 참조

〈그림 13-4〉 향후 3년 내 관광목적 재방문 의향

(단위 : %)

구분	2016년	2015년	2014년	2013년	2012년
재방문 의향	84.1	85.6	85.4	84.3	84.6
매우 그렇다.	35.1	36.5	27.7	25.6	24.1
그렇다.	49.0	49.1	57.7	58.8	60.5
보통이다.	12.8	11.5	11.9	13.2	12.5
별로 그렇지 않다.	2.8	2.6	2.5	2.1	2.4
전혀 그렇지 않다.	0.3	0.3	0.3	0.1	0.5

〈그림 13-5〉 타인 추천 의향

(단위 : %)

구분	2016년	2015년	2014년	2013년	2012년
추천 의향	88.9	90.3	89.5	85.4	86.9
매우 그렇다.	33.7	34.6	25.6	21.8	22.4
그렇다.	55.2	55.7	63.9	63.6	64.4
보통이다.	9.9	8.5	9.7	13.5	11.8
별로 그렇지 않다.	1.1	1.1	0.7	0.8	1.0
전혀 그렇지 않다.	0.0	0.1	0.1	0.3	0.2

〈그림 13-6〉 한국 이미지 변화

(단위 : %)

구분	2016년		2015년		2014년	
	여행 전	여행 후	여행 전	여행 후	여행 전	여행 후
이미지	82.8	91.2	79.2	91.1	77.5	90.4
매우 좋았다.	24.6	38.1	22.8	39.8	77.5	31.0
좋았다.	58.2	53.0	56.4	51.3	15.3	59.4
보통이다.	16.8	8.2	19.8	8.1	62.2	9.0
나빴다.	0.3	0.6	0.9	0.6	21.4	0.5
매우 나빴다.	0.1	0.0	0.1	0.2	0.1	0.1

2014년부터 추가된 문항임

참고문헌 ›››

MAB한국위원회(http://www.unescomab.or.kr/). 생물권보전지역.

경주시티투어(www.cmtour.co.kr/).

공주시티투어(http://tour.gongju.go.kr/). 공주시청.

국가기록원(http://www.archives.go.kr/). 행정안전부 유엔해양법협약.

국가문화유산포털(http://heritage.go.kr/heri/).

국가법령정보센터(www.law.go.kr/).

국가지질공원(www.koreageoparks.kr/).

국립고궁박물관(www.gogung.go.kr/).

국립공원(www.knps.or.kr/portal/main.do).

국립등대박물관(https://www.lighthouse-museum.or.kr/kr/)

국립무형유산원(www.nihc.go.kr/). 문화재청 소속기관.

국립문화재연구소(www.nrich.go.kr/).

국립민속박물관(https://www.nfm.go.kr/).

국립습지센터(http://www.wetland.go.kr/). 국립환경과학원.

국립중앙박물관(https://www.museum.go.kr/).

국립한글박물관(https://www.hangeul.go.kr/).

국립현대미술관(https://www.mmca.go.kr/).

국립해양박물관(knmm.or.kr/).

국제항공운송협회(http://gomdoripoob.tistory.com/15).

국토환경정보센터(http://www.neins.go.kr/)

관광용어사전(https://kto.visitkorea.or.kr/kor/notice/data/report/dictionary.kto).

관광정보시스템(https://www.tour.go.kr/).

글로벌세계대백과사전(https://ko.wikipedia.org/wiki/).

김치박물관(https://www.kimchimuseum.com/).

나들이뷰(http://www.tripview.co.kr/). 임진각, 평화누리공원.

나무위키(https://namu.wiki/).

네이버국어사전(https://ko.dict.naver.com/).

네이버지식백과(https://terms.naver.com/).

두산백과사전(www.doopedia.co.kr/).

대한민국역사박물관(www.much.go.kr/).

문화재청(https://www.cha.go.kr/main.html).

문화체육관광부(https://www.mcst.go.kr/).

문화체육관광부(2017). 2016년 외래관광객 실태조사 보고서.

문화콘텐츠닷컴(http://www.culturecontent.com/main.do). 한국콘텐츠진흥원.

미래유산(http://futureheritage.seoul.go.kr/). 서울미래유산.

박정희(2004). 문화원형 콘텐츠 비즈니스 활용 연구: 고구려 고분벽화를 중심으로, 서울산업대학교 산업대학원 석사학위논문.

부여시티투어(http://tour.buyeo.go.kr/html/tour/). 부여군청.
생물권보전지역(http://www.unescomab.or.kr/). MAB한국위원회.
서울문화포털(https://culture.seoul.go.kr/).
서울시티투어(www.seoulcitybus.com/).
서울역사박물관(www.museum.seoul.kr/m/index.do).
세계관광기구(UNWTO) (http://www2.unwto.org/en).
세계지질공원(http://www.globalgeopark.org/).
소상공인시장진흥공단(www.semas.or.kr/). 중소기업청 산하기관.
아시아태평양관광협회(https://www.pata.org/).
여행정보센터(www.tourinfo.or.kr/).
오디언(www.audien.com/). 오디오북.
유네스코(UNESCO) (http://portal.unesco.org/).
유네스코와 유산(http://heritage.unesco.or.kr/wh/wh_intro/). 세계유산.
유튜브(https://www.youtube.com/). 모기업 구글.
익산시티투어(http://www.iksan.go.kr/tour/). 익산시청.
외교통상부 해외안전여행(http://www.0404.go.kr/)
위키백과(https://ko.wikipedia.org/wiki/). 위키피디아(온라인 백과사전).
전쟁기념관(https://www.warmemo.or.kr/).
조선일보(http://news.chosun.com/). 조선닷컴 국제.
파주시(http://www.paju.go.kr/index.do).
코레일관광개발(http://www.korailtravel.com/).
하인수?권한조(2017). 『Hospitality & Tourism Industry 필수용어해설』, 서울: 기문사.
한국국제문화교류진흥원(http://kofice.or.kr/). 한국문화산업교류재단.
한국관광공사(https://kto.visitkorea.or.kr/).
한국관광공사 고캠핑(https://www.gocamping.or.kr/).
한국관광통역안내사협회 (www.kotga.or.kr/).
한국관광협회중앙회(https://www.ekta.kr/).
한국문화관광콘텐츠개발(주) (http://www.kcntc.com).
한국문화정보원(https://www.kcisa.kr/).
한국민족문화대백과사전(http://encykorea.aks.ac.kr/).
한국여행업협회(https://www.kata.or.kr/).
한국의집(https://www.koreahouse.or.kr/).
한국지역문화콘텐츠연구원(www.kircc.org/).
한국콘텐츠진흥원(http://www.kocca.kr/cop/main.do).
한식진흥원(http://www.hansik.or.kr/). 농림축산식품부 소관.
해양수산부(2017). 2016년 크루즈 관광객 195만 명 달성, 보도자료(1월 9일).
해외문화홍보원 (http://www.kocis.go.kr/kocc.do). 한국문화원.
Jary, D. & J. Jary(1991). 'Social structure', in The Harper Collins Dictionary of Sociology, New York: Harper Collins.

저|자|소|개 ›››

■정 삼 권

[학 력]

- 한국외국어대학교 수학 이학사 졸업
- 경희대학교 관광대학원 관광경영학 석사 졸업
- 경희대학교 대학원 호텔관광학 박사 졸업

[경 력]

- 사)한국호텔외식경영학회 산관이사 / 운영이사
- 유한대학 호텔관광과 산학협력조교수

현) 일도정보시스템 총괄이사
경희대학교 호텔관광학부 겸임교수
김천대학교 영어글로벌학과 초빙교수

[주요 논문]

- 여행업에서 인스턴트 메신저를 활용한 업무 효율성에 관한 연구
- 정보시스템 품질이 사용자 만족과 개인 및 기업 성과에 미치는 구조 관계 연구
  : 관광산업 파트너십 품질 중심

외 학술논문 30편 이상 게재

문화관광론

2019년 2월 10일 초판 인쇄
2019년 2월 20일 초판 발행

저 자 정 삼 권
발행인 한 인 환
발행처 도서출판 **기 문 사**
등 록 1978. 8. 9. NO. 6-0637
주 소 서울시 동대문구 안암로 50-1(용두동) 홍신빌딩 3층
전 화 02) 2265-7214 / 922-8662~8663
팩 스 02) 922-8772

homepage : www.kimoonsa.co.kr
e-mail : book@kimoonsa.co.kr

ISBN : 978-89-7723-815-2 93980

저자와의 협의하에 인지생략

정가 : 20,000원